ディヤン・スートラ【新装版】

瞑想の道

The Path of Meditation

A Step by Step Guide to Meditation

OSHO

市民出版社

Originally published as
"The Path of Meditation"
By Osho
Published by arrangement with Osho International Foundation,
Bahnhofstr. 52, 8001 Zurich, Switzerland
Photographs with permission of
Osho International Foundation

はじめに

私は子供のころ、よく地域の図書館から、自分の分と姉妹のチケットで通学かばんに入る一週間分の量を借り、八冊から十冊の本を抱えてはよろけながら帰宅したものです。でもおかしなことに、私はちょっとした「本の虫」にもかかわらず、和尚の本を熱心に読んだことがありません。私は彼の講話テープを聞くのが好きです――彼の声の響き、言葉と言葉の間に訪れる、あの有名な沈黙の間合いに私は陶然となります。私は、何かが欠けているように思われる本の言葉よりも、そちらのほうが好きでした。

しかしそれも、和尚コミューン・インターナショナルの英文出版部でワークをしているとき、あなたが手にしている、この本の校正をしてくれないかと頼まれた時までででした。読むにつれ、和尚の言葉と内側でつながる感じがし始めたのです。まるで、今ここで和尚が話していて、私はその言葉にくつろいでいるかのように。最初の一文――「あなたがたを歓迎したい。それは、あなたがたが神性への渇望を抱いているからだ」に、私は涙しました。

この神性への憧れをあなたも抱いているなら、「瞑想の道」はあなたのための本です。このマハバレシュワールのささやかな集《つど》いの九つの談話は（むしろ「座談」とでも呼びたいところですが）、マスターと弟子の間にのみ存在する、親密な雰囲気を漂わせています。和尚は章ごとに、一言一言に、そして言葉と言葉の間の沈黙に、存在しています――そうです、あなたは本当にそれを「聞く」ことができるのです！

各章はそれぞれ、瞑想の様々な側面――瞑想の土台、霊的《スピリチュアル》な旅における身体・マインド・感情の浄化のはたらき、それらの本質、それをいかに日々の生活に調和させるか――を扱っています。また、各章の終わりで和尚は、強烈な呼吸法を行ないながら、彼が言うところの「決意」へと人々を導きます――「私は沈黙を体験する、私は瞑想を体験する」と。

私はこの本をただ読むだけでなく、さまざまな瞑想に導入されていく中で和尚とつながり、和尚が示唆するこの強力な決意を試し、この本を生きました。

この本の終わりに至り、山並みや瞑想キャンプを後にすると、旅から帰還した感を覚えます――もはや旅立った時とは異なり、理解と内なる沈黙の、両方において豊かになって。

マ・ディビヤム・ソナ

目次

Contents

本書はインド、マハバレシュワールの瞑想キャンプにて
弟子と友人たちに向けて心おもむくままに語られた談話です。

第1章

瞑想の土台

The Foundation of Meditation

親愛なる人たちへ

はじめに、あなたがたを歓迎したい。

それはあなたがたが神性への渇望を抱き、ありきたりの生から探求者の生への向上を望み、世俗的な欲望に屈せず、真理への渇きを抱いているからだ。

真理への渇きを感じたことのある人は幸運だ。無数の人が生まれる中で、真理への渇望を覚える人はほんのわずかしかいない。

真理を知ることは、大いなる祝福だ――だが、それに対する渇望を抱くことも、同じくらい大いなる祝福なのだ。たとえ、それを成就しなくとも構わない。だが、この渇きを経験したことがまったくないとしたら、実に不幸なことだ。

わたしは、真理を知ることが重要なのではないと言いたい。重要なのは、あなたがそれを渇望していること、その体験に向けて全力を尽くしていること、そのために懸命に努力し求めていること、この目的のために、できることは何でもしようと決意していることだ。にもかかわらず、それを成就しないとしても問題はない。しかし、この渇きをまったく体験したことがないなら――それは最大の悲劇だ。

わたしはまた、真理を知ることは、それを真摯に求めることほど重要ではないと言いたい。そのあこがれ自体が歓びだ。欲望が無意味なものに対してだったら、手に入れても歓びはないだろう。しかし意味あるもの、究極なるものを求めて手に入らない場合、それを手にしなくとも、あなたは歓びに満たされる。繰り返そう。つまらないものを欲して、それを得たとする。それでも、究極なるものを求めて得られないほうがまだ幸福だ……手に入らなくともなお、あなたは歓びと幸福感に満たされるだろう。

神性は、それを探求する情熱に応じて内側に芽生えはじめる。至高の魂やエネルギーが、外側からあなたの存在の中へ入っていくということではない。種子はすでに内在しており、それが育ちはじめるのだ。しかしそれが育つのは、あなたが自らの渇きに暖かみを、自らの渇きに熱や炎を注ぐことができたときだけだ。

神性を渇望すればするほど、ハートの中に潜む種子が育ち、それが芽生えて神性となる可能性、その殻が割れて花を咲かせる可能性は高まる。

神性の体験について考えたことがあったら、静寂や真理への欲求を経験したことがあったら、内なる種子が芽生えを渇望しているのだと理解しなさい。内側に秘められた渇きが、満たされることを欲している。非常に意義ある奮闘が内側で起こっていることを理解しなさい。あなたはこの奮闘を助け、支えなくてはならない。それを支えなさい。種子が芽生えるだけでは不充分なのだから。

さらに滋養のある環境も必要だ。種子が芽を出したからといって、花も咲かせるわけではない。そのためには、さらに多くのことが必要となる。

地面に蒔かれた多くの種子のうち、木に成長するのはごくわずかだ。その可能性はすべての種子にある。どれも芽生えて木に成長し、今度はそれぞれがさらに多くの種子をつくり出すだろう。一粒の小さな種子には、森全体をつくり出す力と可能性がある。地球全体を樹木で覆い尽くす可能性をはらんでいる。だが、この途方もない力と可能性を持つ種子が破壊され、何も出てこないこともあるのだ。

そしてこれは、一粒の種子の可能性にすぎない——人にはそれより遥かに可能性がある。一粒の種子は、実に壮大なものを生み出すことができる……。ひとつの小石を核爆発を引き起こすのに用いると……そこから途方もないエネルギーが生み出される。実存の内側や意識の中でこの核融合を体験するとき、この開花、この爆発、そのエネルギーと光こそが神性の体験だ。わたしたちは、神性を外側から体験することはない。意識の爆発によって自らがつくり出したエネルギー、成長、実存の開花、そのエネルギー自体が神性だ。そしてあなたには、このエネルギーに対する渇きがある。だから、わたしはあなたを歓迎するのだ。

だが、ここに来たからといって、あなたがこの渇きを抱いているとは限らない。単なる見物人として、ここに来ているのかもしれない。漠然とした好奇心から、ここにいるのかもしれない——しかし表面的な好奇心ではどんな扉も開かないし、ただの見物人には何の秘密も明かされない。生においては、何を受け取るにも支払いをし、多くのものを犠牲にしなければならない。

好奇心に価値はない。だから、好奇心は人をどこへも連れていかないのだ。好奇心は、あなたが瞑想へ入っていくのを助けはしない。必要なのは自由への本質的な渇きであって、好奇心ではない。

わたしは昨晩、誰かにこんな話をした。あなたがオアシスの近くにいて、喉の渇きで死にかかっているとする。渇きは強烈で、水が手に入らなかったらすぐに死んでしまうだろうと思うほどの状態に達している。そのとき誰かが、飲んだらお前は死ぬのだという条件で水を差し出したら――その水の値段はあなたの命だ――あなたは喜びすら感じながら、この条件を呑むだろう。死が決定的なとき、渇きをいやしてから死んで、どうしていけないものか？

この強烈な渇望と切望を内側に携えているなら、この途方もない圧力のもとで内側の種子は割れ、成長しはじめるだろう。種子はひとりでに芽生えることはない。ある状態が必要だ。その堅い外皮にひびが入り、中の柔らかい芽が伸びるには、強い圧力と充分なぬくもりが必要だ。わたしたち誰もがこの堅い覆いを持っている。そこから出たいのなら、単なる好奇心では無理だ。だから、このことを覚えておきなさい。単に好奇心からここにいて、好奇心にとらわれたままでいるなら、あなたを助けるためには何もできない。また見物人としてここにいて、孤立したままでいるなら、あなたのためには何もできない。

だから、一人一人が自分の内側を見つめ、神性への真摯な渇望を抱いているかどうかを見定める必要がある。誰もがこう自問しなければならない――「わたしは真理を知りたいのだろうか？」神性への渇きが本物か、真理を、沈黙を、至福を求めているかどうかをはっきりさせなさい。そうでなければ、ここで何をしようと意味はないと理解することだ。目的がなければ、それは無意味になるだろう。無意味な努力が実を結ばなくとも、瞑想の責任ではない――責任はあなたにある。

だから始めるにあたって、自分の中に真の探求者を探すことが必要だ。そして、この点をはっきりさせなさい――あなたは本当に何かを求めているのか？　もしそうなら、それを見出す方法はある。

昔、仏陀がある村を訪れていた。一人の男が彼に尋ねた。「あなたは毎日のように、誰もが光明を得られるとおっしゃいます。だとしたら、どうして全員が光明を得ていないのですか？」

「友よ」、仏陀は答えた。「ひとつやってみなさい――夜、村人全員の名簿をつくり、名前の脇にそれぞれの欲望を書くのだ」

男は村へ行き、みなに尋ねた――それは小さな村で、わずかな人々しかいなかった。彼らは答えてくれた。夜になって彼は戻り、仏陀に名簿を手渡した。仏陀は尋ねた。「これらの人々の何人が、光明を求めているのかね？」

男は愕然とした。光明を望むと記された人は、一人もいなかったのだ。すると仏陀は言った。

「わたしは、誰もが光明を得られると言う。しかし、誰もが光明を望んでいるとは言わないのだ」

誰もが光明を得られるということと、誰もが光明を望んでいるということは格段に違う。もしあなたが望むのなら、それは可能だと見ていい。あなたの探求が真理に対するものだとしたら、この世のどんな力もあなたを引き止められはしない。だが、真理を渇望していないなら、同じようにどんな力も、あなたにそれを授けることはできない。

だからまず、自分の渇きが本物かどうかを吟味することだ。もしそうなら、道は用意されていると安心していい。そうでなければ道はない――あなたの渇きこそが、真理への道となる。

前置きとして二番目に言っておきたいことは、あなたは何かに対してしばしば渇きを抱きながら、欲するものを手にする見込みはまったくないと思っていることだ。あなたは欲求を抱いているが、それについて楽天的でない。欲求はあるものの、絶望感を伴っている。

いま、はじめの一歩が楽天的に踏み出されるなら、最後の一歩も楽天的に終わるだろう。このことも理解しなさい――はじめの一歩を楽観的でなく踏み出したら、最後の一歩は打ちひしがれて終わるだろう。最後の一歩を満足と成果のあるものにしたければ、はじめの一歩を楽天的に踏み出すことだ。

この三日間、わたしはそう言い続ける――そして生きているかぎり言い続けるだろう――あなたはごく楽天的な態度をとるべきだ。意識の状態に関するかぎり、自分の行為が積極性と消極性のどちらに根差しているかに大きく左右されると、気づいたことはないだろうか？　はじめから悲観主義者だったら、木の枝に座りながら同時に、その枝を切り落としてしまうようなものだ。

　だからわたしはあなたに言おう。この探求においては、オープンであることがとても重要だ。楽天的であるということは、この世に真理を理解した人がたった一人しかいなくても、神聖な至福や安らぎを体験した人が人類史上にたった一人しかいなくても、自分だってそれを体験できない理由はないと思うことだ。

　その生が真っ暗闇で、その望みがまったく日の目を見たことのない、幾多の人々に目を向けてはいけない。歴史の中で真理を体験した人々に目を向けなさい。決して木に育つことのない種子に目を向けてはならない。それは腐って、ゴミになってしまった。成功し、神性を体験した幾人かの人に目を向けなさい。そして覚えておくように。それらの種子に可能だったことは、すべての種子に可能だ。ある人に体験可能なことは、ほかの人も体験できる。

　種子としてのあなたの可能性は、仏陀やマハヴィーラやクリシュナやキリストのものと同じだ。自然は、光明に関してえこひいきをしなかった。どの人にも等しく可能性がある。しかしそう見えないのは、この可能性を現実に変えようとしない人が大勢いるからだ。

　だから楽天的でいることは、基本的な必要条件だ。もし誰かが安らぎを体験し、至福を体験したことがあったのなら、自分にも可能性があるという確信を持ちなさい。悲観的になり、自尊心を捨ててはいけない。悲観的になることは、自分を侮辱することだ。それは、自分には真理を体験する価値がないと見なしていることだ。わたしはあなたに言おう。あなたには価値がある、きっとそれを達成するだろう。

やって確かめてごらん！　あなたは、生涯を失望感とともに生きてきた。さしあたり、この三日間の瞑想キャンプでは楽天的な気分を養いなさい。究極なるものが起こること、必ずそれが起こることに対して、できるかぎり楽天的でありなさい。なぜか？　外側の世界では、楽天的に対処しても成功しないことがある。だが内側の世界では、楽天性は実に有効な手段だ。あなたがどこまでも楽天的なら、体のあらゆる細胞が楽観に満ち溢れ、肌のあらゆる毛穴が楽観に満ち溢れ、すべての呼吸が楽観に満ち溢れ、あらゆる思考が楽観の光を受ける。あなたの生命力は楽観で脈打ち、あなたの鼓動は楽観にみなぎる。あなたの存在全体が楽観に満たされるとき、それはあなたの内側に究極なるものが起こり得る状況をつくり出す。

悲観性もある種の人格をつくり出す――全細胞が泣き、悲しみ、疲れ、落胆し、生気を失ったような性格――生きているのは名ばかりで、魂は死んでいるようなものだ。この人が何かを探求する旅に出たら……。霊《スピリチュアル》的な道の旅は、もっとも難儀な旅だ――これより高い山の頂に登った者は誰もなく、これより深い海に潜った者は誰もない。自己の深みはもっとも深遠であり、その高みは比類なくそびえている。この道を歩こうと思う者は、とことん楽天的でないといけない。

だからあなたに言おう。この三日間は、ごく楽天的な気分を保ちなさい。今晩寝るときは、楽観に満ちて眠りにつきなさい。そして明日の朝起きたら何かが起こるだろう、何かが起こるはずだ、何かが為されるはずだという確信とともに眠りなさい。

楽天的な態度をとりなさい。こうも言い添えたい――長年の経験から結論に達したのだが、人間の否定性というものは非常に強くなり得る。だから何かを達成しはじめていても、否定性ゆえにそれが見えないことがあるのだ。

以前、ある人が妻を連れ、よくわたしのところに来ていた。はじめて会ったとき、彼は妻が眠れないのですと言った。彼はわたしに彼女の状態を説明した――「彼女は、薬なしではまったく眠れません。しかも薬を使ってすら、三、四時間しか眠れないのです。そして妻は怖がっています。奇妙な恐怖心が、彼女を掻き乱しているようです。家の外に出るのは怖がるし、家で寝ていると家が崩れるのではないかと恐れるのです。近くに誰もいないと、独りだったら死んでしまうと怖がります。だから常に誰かが近くにいないといけません。夜は非常事態に備えて、自分のそばに薬をすべて置いておくのです」

わたしは、ちょっとした瞑想を始めたら助けになるだろうと助言した。彼女は実験を始めた。七日後にわたしは彼に会って尋ねた。「どうなったかね？　奥さんはどんなかね？」

彼は言った。「たいして進歩はありません――よく眠るだけです」

一週間後、わたしは再び彼に会って尋ねた。「何か変化は？」

彼は言った。「あまり状態は変わっていません。でも、少し怖がらなくなりました」

また七日たってから、彼に再び会って尋ねた。「何か起こったかね？」

「取り立てて何も」と彼は言った。「いままでは、いくらか眠ろうとしています。怖がらなくなり、もうそばに薬を置くこともなくなりました――こんな程度です」


わたしはこれを否定的な見方と呼ぶ。この男は何かを体験したとしても、それを見極めることも、認めることもできないだろう。この人の中には、こうした見方が組み込まれている。否定的な人は何も体験できないし、実際に何かを体験したとしても、それを認められない――そして、そうでなければ可能な多くのことが妨害される。

肯定的なアプローチをとることに加えて、わたしはこんなことも提言しよう。この三日間は自分に起こることだけを考えるように――起こらないことに思いをめぐらせてはいけない。この三日間、何が起ころうとも見ていなさい。そして起こらないことは忘れてしまいなさい。実際に体験したことだけを覚えておくこと。もしささやかな安らぎ、静寂を味わったのなら、それをはぐくみなさい。それはあなたに希望を与え、あなたを前に押し進めてもくれるだろう。起こらなかったことに滋養を与えたら、あなたは気勢をそがれ、実際に起こったことも台無しになる。

だからこの三日間、瞑想の実験の中で、体験したささやかなことすべてに注意を向け、それを進歩の礎《いしずえ》としなさい。起こらなかったことにエネルギーを注いではいけない。

人が常に不幸なのは、自分の持てるものを忘れ、手に入らないものを得ようとするからだ。生に対してこのような基盤を持つのは、完全に間違っている。自分の持てるものを理解し、それをもとに生きる人間になりなさい。

どこかで読んだのだが、ある男がもう一人に不満をもらしていた。「僕はひどく貧乏で、何も持っていないんだ」

するともう一人の男は言った。「君がそれほど貧乏なら、ひとつできることがある。わたしは君の右目が欲しい。五千ルピー出そう。五千ルピー取って、右目を渡すんだ」

最初の男は言った。「そいつはとても無理だ。右目は渡せないよ」

すると相手は持ちかけた。「両目で一万ルピー出そう」

再び最初の男は答えた。「一万ルピー！　だが、それでも目は渡せない」

ついに、相手は持ちかけてきた。「君の命をくれるなら、五万ルピー出そう」

このとき最初の男は言った。「でもそれは不可能だ！　自分の命は渡せない」

相手の男は言った。「つまり、君は価値あるものをたくさん持っているということだ。一万ルピーでも売れない両目があり、命がある――なのに君は何も持っていないと言っていたのだ！」

わたしは、こういうたぐいの人間について、こういうたぐいの考えについて話している。あなたが持っているものを尊重しなさい――たとえささやかであろうと、瞑想を通して体験したこともだ。そのことを思い、そのことを語りなさい。なぜなら体験するか否かは、この考え方により大きく左右されるからだ――そして楽天性はさらに多くのことを生み出す。そして、手に入らないものというのは……。

ある女性がわたしのもとによく来ていた――彼女は教養ある大学教授、サンスクリット学者だった。彼女は七日間の瞑想キャンプに参加していた。そしてキャンプの初日、瞑想のあとでわたしのところに来て言った。「お許しください。わたしには神性との交感《コミュニオン》がまったくないのです」

それは実験の初日にすぎなかったのに、彼女は神性と出会っていないと言ったのだ！

そこでわたしは言った。「もし神性と出会っていたら、それは危険なことだった。というのも、それほど簡単に神性と出会えるなら、あなたはそれを尊重しないだろうからね」。さらにこうも言った。「十分間目を閉じて沈黙して座っていれば、神性を知る用意が整うと考えている人は、本当に愚かに違いない」

だから、わずかであっても静寂の閃きを体験したら、太陽全体を見たのだと考えなさい。ごくささやかな光の体験でも、太陽に至るのを助けてくれる。暗い部屋に座っていて一条の光線を見たら、二通りに対処できる。ひとつは「わたしを取り巻く深い闇に比べたら、このかすかな光線が何になるだろう？　かすかな光線に何ができる？——わたしの周りにはこれほどの暗闇があるというのに」と言うこと。

もうひとつは「この暗闇にもかかわらず、少なくとも一条の光がある。そしてその光線のほうへ行けば、太陽が存在する源泉に辿り着くだろう」と考えることだ。だからわたしは、暗闇のことばかり考えないようにと言う。たとえかすかでも、わずかであっても光線があるなら、それに集中しなさい。それはあなたに肯定的な見方を芽生えさせてくれるだろう。

普通、あなたの生は正反対だ。わたしが薔薇の茂みを見せたら、あなたは言うだろう。「そこに見るべき何ものがあるというのです？　存在はまったく不公平です。薔薇の花は三つか四つなのに、棘は何千とあるのですから」。これはひとつのとらえ方であり、ひとつのアプローチだ。別のとらえ方ならこう言うだろう。「存在は実に神秘的です。あの何千もの棘の中から薔薇を創造したのですから」。あなたは、こんなふうにとらえて言うこともできるだろう。「あの棘だらけの中に、一輪の薔薇……。神秘的な世界ではありませんか！　あの棘だらけの中で薔薇が咲く可能性たるや、本当に奇跡のようです」

だからわたしは、あなたに二番目のアプローチをとってほしい。この三日間、瞑想の中でとらえたかすかな希望の光線から土台を築き、それを堅固なものにしなさい。

三番目に、この三日間の瞑想のあいだ、あなたは今夜までと同じようなやり方で生きることはないだろう。人間は習慣だらけのロボットだ。もし自分の習慣の範囲にとどまるなら、瞑想への新たな道は非常に難しいだろう。だから、いくつかのことを変えるよう、あなたに提言しよう。

ひとつの変化は、この三日間、話をできるだけ最少限にとどめることだ。お喋りは今世紀最大の不幸のもとだ！　あなたは自分がどれだけ喋っているか、気づいてすらいない。あなたは朝から晩まで、眠るまで喋り続ける。誰かに話しかけているか、話しかける人が誰もいないと自分に話している。

この三日間は、絶え間なく喋る習慣をやめることに意識的でありなさい。それは単なる習慣だ。これは瞑想者にとって極めて大切なことだ。三日間、できるだけ話をしないでいてほしい。敢えて話すとき、それは純粋なものであるべきだ。日常のありふれたお喋りではいけない。実のところ、毎日いったい何を話しているのかね？　それには価値があるのかね？　話さなかったら、何かよくないことでもあるのかね？　あなたはただお喋りをしているにすぎない——たいした価値はない。話さないとしたら、ほかの人の害になるかね？　あなたの話を聞かないと、ほかの人は何かを逃したとでも思うのだろうか？

この三日間、誰ともあまり話さないことを心にとめておきなさい。これは途方もなく助けになる。そしてもし敢えて話すなら、瞑想に関することに限るといい。だが、まったく話さないとしたら、そのほうが遥かにいい――できるだけ沈黙していなさい。わたしは、あなたに沈黙を強制したり、言いたいことは書いたりというように厳しくするつもりはない。話すのは自由だ。でもお喋りはいけない。必要があるときだけ、意識的に話しなさい。

このことは二通りにあなたを助ける。ひとつの恩恵は、話すことで失われるエネルギーをすべて保存できることだ。すると、そのエネルギーを瞑想に用いることができる。第二の恩恵は、それがあなたを他人から切り離し、そのときあなたは単独のうちにあるということだ。わたしたちはこの山間の地にやって来た。ここに集った二百名の人々全員が、ただ互いに話し、互いにお喋りするつもりだとしたら無益なことだ。だとしたら、あなたはこれまでと同じように依然として群衆の中にいて、沈黙を体験できないだろう。

沈黙を体験するには、ただ山中にいるだけでは不充分だ。自分を他者から切り離し、独りになる必要がある。本当に必要なときだけしか、人と接触しないようにしなさい。自分はこの山中にたった一人で、周りには誰もいないと想像してごらん。ここへは一人で来たかのように過ごしなさい。あなたは独りでいて、独りで動き回ることになるだろう。木の下に独りで座りなさい。数人でたむろしてはいけない。この三日間は、離れて独りで過ごしなさい。生の真理は、群衆の中で過ごしていてはわからない――そんなふうには体験できないものだ。群衆の中で、意義ある体験が起こったためしはない。沈黙を味わった者はみな、完全な孤独の中で、独りあることの中で味わったのだ。

他人と話すのをやめ、内側のお喋りも外側のお喋りもやむとき、自然は神秘的なやり方であなたとコミュニケーションを始める。自然は常に、あなたとコミュニケーションをとっている。でも、あなたはあまりにお喋りに夢中なので、彼女のやさしげな声を聞かない。内側に語りかけてくる声を聞くには、自らを静かにさせなくてはならない。

だからこの三日間は、常に話を控えることだ。うっかり習慣から話しはじめたら、再び思い出しなさい。そしてすぐにやめて、あやまりなさい。独りでありなさい。あなたはそれを、ここで実験することになる。だが自分自身でも努めることだ。

どこでも好きなところへ行き、木の下に座りなさい――あなたは、自分が自然の一部であることをすっかり忘れてしまった。あなたは自然の近くにいることが、究極なるものの体験を容易にしてくれることも知らない――それは、ほかのどこよりも容易なのだ。

だから、この素晴らしき三日間を存分に利用しなさい。人から離れ、独りでありなさい。そして不必要に話さないこと。みなが静かにしていても、独りであり続けなさい。瞑想者は独りでなくてはならない。ここにとても大勢の人がいる。だから全員が座って瞑想していると、瞑想している人の集まりがあるように見えるかもしれない。しかし、すべての瞑想は個人的なものだ。集団は瞑想できない。ここに座っていると、あなたは大きな集団の中にいる。しかし自己の内側に入っていくと、誰もが独りだと感じるだろう。

目を閉じれば独りだと感じ、沈黙すればもはや集団はなくなる。ここには二百名の人がいるが、それぞれはただ自分自身とともにあり、ほかの百九十九人の瞑想者とともにいるのではない。瞑想は集団的には行なえない。すべての祈り、すべての瞑想は、個人的で私的なものだ。

ここに居るときも、ここを離れていくときも、独りでありなさい。ほとんどの時間を沈黙して過ごしなさい。話してはいけない。しかし単に話をやめるだけでは充分ではない。内側で続く絶え間ないお喋りを止めるためにも、意識的に努力する必要がある。あなたは自分に向かって話し、自分に対して答えている——静かになり、それも落としてしまいなさい。この内側のお喋りを止めるのが難しかったら、この騒音を止めるよう、きつく自分に言い渡しなさい。その騒音が嫌いなのだと言いなさい。

あなたの内なる自己に語りかけなさい。自分に示唆を与えるのは、瞑想者として重要なことだ。ときどきこれを試してごらん。どこかに独りで座り、マインドにお喋りをやめなさいと言い、自分はそれが嫌いなのだと言う。すると一瞬、内側のお喋りがやむ。そうとわかったら、あなたは驚くだろう。

三日間話さないよう、自分に示唆を与えなさい。三日のうちに違いに気づくだろう……徐々に、ゆっくり、ゆっくりとお喋りは減っていく。

四番目の要点。あなたは、何らかの不満や問題を抱えているかもしれない——それに注意を払わないように。小さな問題や困難を体験しても、それに注意を向けないことだ。わたしたちは娯楽のためにここにいるのではない。

最近、わたしは中国の尼僧の話を読んだ。彼女は数軒の家しかない、とある村を訪れていた。暗くなり、彼女は独りだったので、集落の前に行って村人たちに頼んだ。「どうか、どなたか家に泊めていただけないでしょうか」

彼女はよそ者で、そのうえ別の宗教の人間だったので、村人たちは戸を閉ざしてしまった。隣村はかなり遠く、暗くて彼女は独りだった。その夜は屋外で過ごさねばならなかった。彼女は桜の木の下で眠った。真夜中、彼女は目を覚ました――寒かった。そのせいで眠れなかったのだ。見上げると、花は満開に咲き誇っていた。木は花に覆われ、月は高く、月あかりはたいそう美しかった。彼女はしばし、圧倒的な歓びを体験した。

朝、彼女は村に引き返し、一夜の宿を拒んだ人全員に感謝を捧げた。彼らが「どうしてまた？」と尋ねると、彼女は言った。「昨晩わたしに戸を閉ざしたあなたがたの愛のため、あなたがたの慈悲と親切のためです。おかげでわたしは、しばし信じがたい歓びを体験できました。わたしは桜の花が咲き誇っているのを、月が輝いているのを見ました。そして、以前は見たこともないものを見たのです。もしあなたがたが寝場所を与えてくださっていたら、それを見ることはなかったでしょう。そのとき、あなたがたの親切、戸をすべて閉ざしてしまった理由に気づいたのです」

これはひとつの物の見方だ。あの夜、あなたもいたるところで門前払いをくらい、夜通し怒りを覚えていたかもしれない。人々に強い憎しみや怒りを感じるあまり、桜の木に咲いている花に気づかなかったかもしれないし、月が昇るのも見なかっただろう。感謝の念を体験しなかったのは言うまでもない。あなたはこうしたことを、何ひとつ体験しなかっただろう。

生と関わるもう一つの方法がある——それは生のすべてに対して感謝にあふれているときだ。そして覚えておきなさい。この三日間は、すべてに対して感謝すること。受け取るものに感謝の念を感じなさい。受け取らないものに煩わされてはいけない。これが感謝の基本だ。あなたの中に気楽さと明快さが生まれるのは、この基盤の上だ。

要約するとわたしが言いたいのは、この三日間、あなたが徹底的に内側へ向かい、瞑想し、沈黙へと入っていくよう努めることだ。この旅では、非常に強固な決意が必要だ。あらゆる思考の過程が生じる意識的なマインドは、ほんの一部にすぎない。マインドのほかの部分はさらに奥が深い。もしマインドを十の部分に分けると、意識的なマインドは一箇所だけだろう。ほかの九箇所は無意識的なマインドだ。わたしたちの思考や推論は、一箇所でしか起こらない。しかし脳のほかの部分は、このことに気づいていない。脳のほかの部分は、それを感じていない。瞑想しよう、究極の至福であるサマーディに入ろうと意識的な決意をしても、脳の大部分はこの決意に気づかないでいる。この無意識の部分は、この決意に関してわたしたちを援助してはくれない。だが、その援助を得なければ成功は不可能だ。援助を得るためには、断固とした意識的な努力が必要となる。では、どうやってこの意識的な努力をするかを説明しよう。

目覚めるときは、決意とともに目覚めなさい。そして夜眠りに就き、ベッドに横たわったら、五分間決意を思い返し、眠りに落ちていくときに繰り返すのだ。

この、意志を強固にするエクササイズについて説明したい。そうすれば、ここでも普段の生活でも実践できるだろう。説明したように、この決意とともにあなたのマインド全体は、意識的なものも無意識的なものも、両方ともこう決意する。「わたしは沈黙する、わたしは瞑想を体験すると決めた」

ゴータマ・ブッダが光明を得た夜、彼は菩提樹の下に座って言った。

「わたしは光明を得るまで、この場所から立ち上がるまい」

あなたは「でも、どんな関係があるというのだ？　立ち上がらないことが光明を得ることを、どう助けるというのか？」と思うかもしれない。しかし、「わたしは……すまい」という決意は全身に広がっていく――そして彼は、光明を得るまで立ち上がらなかった！　驚くことに、まさにその夜、彼は光明を得た。彼は六年間試みてきたが、以前はこれほどの強烈さを抱いたことはなかった。

決意を強固なものにするための、ちょっとしたエクササイズを教えよう。ここでも、夜眠る前にも、わたしたちはこのエクササイズをすることになるだろう。

完全に息を吐き出し、吸わないでいたら何が起こるだろう？　わたしが完全に息を吐き切り、鼻をつまんで塞ぎ、息を吸い込まないでいたら何が起こるだろう？　まもなく、わたしの存在全体は息を吸い込もうとあがく。体のあらゆる毛穴や数百万の細胞は、空気を求めて叫ぶのではないだろうか？　息を長く止めようとすればするほど、呼吸への渇望は無意識のマインドに深く浸透していく。息を止めるのが長ければ長いほど、わたしの存在の最奥の箇所は空気を求めようとするだろう。そして最後の瞬間まで持ちこたえると、わたしの全存在が空気を要求する。もはやそれは、単純な欲求ではない。影響を受けるのは表層だけではない。いまや、それは生死に関わる問題だ――いま、より深い層、奥底の層も、もっと多くの空気を求めはじめる。

全存在が空気に飢える状態に至ったその瞬間、「わたしは瞑想を体験する」と繰り返すのだ。命が空気を求めているその瞬間、「わたしは沈黙の境地へ入っていく。これはわたしの決意だ――わたしは瞑想を体験する」という思いを繰り返す。マインドは、この状態でこの思いを繰り返さなければならない――身体《からだ》は空気を求め、マインドはこの思いを繰り返す。空気への要求が強ければ強いほど、決意は内側へさらに深く入っていく。そして全存在がもがきながらこの言葉を繰り返すと、決意の強さは数倍に高まるだろう。このようにして、それは無意識のマインドに達する。

あなたは毎日、日々の瞑想の前にこの決意を固め、夜寝る前もそうすることになるだろう。この言葉を繰り返してから眠りなさい。眠りに落ちていくとき、その瞬間にも「わたしは瞑想を体験する。これはわたしの決意だ——わたしは沈黙へと入っていく」という言葉を、絶えずマインドに鳴り響かせなさい。

自分がいつ眠りに落ちたのか気づきもしないくらい、この決意は絶えずマインドに鳴り響いていなければならない。睡眠中は意識的なマインドが休止し、無意識的なマインドの扉が開く。意識的なマインドが休止しているあいだ、マインドがこの思いを何度も繰り返すと、それは半意識的なマインドに入っていくことができる。やがて、あなたは意義ある変化を見るだろう——この三日のうちにも見るだろう。では早速、決意を強固にする手法を理解しよう。

そのやり方はこうだ——まず、ゆっくり深呼吸をする。できるだけ深く自分を満たし、肺を満たす。最大限に息を吸い込んだら、「わたしは瞑想を体験する」という思いを保ち続け、この言葉を繰り返す。そして息を吐き出す。ある時点で、これ以上吐き出す空気はないと感じるだろう。だが、空気はある——それも吐き出し、言葉を繰り返しなさい。今度は、もう空気はまったく残っていないと感じるだろう——でも、まだある。吐き出しなさい。恐れてはいけない——あなたは、決して完全に吐き出すことはない。だからこれ以上息は残っていないと感じても、常にある——吐き出そうと努めなさい。できるかぎり徹底的に吐き出し、「わたしは瞑想を体験する」と繰り返し続けるのだ。

それは奇妙な現象だ——それを通して、思考の過程は無意識のマインドにきっかけをつくる。強い決意が生まれ、明日には早くもその成果を理解するだろう。だから、決意を非常に強固にすることだ。今晩この場所を去る前に、実験を始めよう。あなたはそれを五回繰り返すことになる。つまり五回息を吸い込み、吐き出し、内側で思いを五回繰り返す。心臓に問題がある人、もしくはそのほかの問題があったら、一生懸命やらないように。穏やかにやりなさい。できるだけやさしく行ないなさい。具合を悪くすることはない。

わたしは体験すべき意志について話した。この三日間、毎晩寝る前にそれを実践しなさい。ベッドに横たわり、次第に眠りに落ちていきながら言葉を繰り返す。この過程に従って精一杯励んだら、あなたの声は無意識に届く。成果は簡単にあがり、間違えようもない。

今日は、こうしたいくつかのことについて話したかった。あなたは、すでに比較的重要な要点を理解してくれたことと思う。言ったとおり、話はご法度だ。自然と新聞を読まなくなり、ラジオを聞かなくなるだろう。それもまた一種の話なのだから。

わたしは、あなたが沈黙して独りになると言ったが……これは、できるだけ人と一緒にいるのを避けるという意味だ。ここにわたしたちが集まるときや、食べるとき以外……だが、そのときもあなたは静かになり、沈黙することになる。まるであなたがそこにいないかのように、完全な沈黙があるべきだ。ここへ瞑想に来るときも、沈黙して来ることだ。沈黙の三日間の成果がわかるだろう。道を歩くときは静かに――座ったり、立ったり、動き回ったりするときも静かにすること。そして、たいていは独りでいるようにしなさい。美しい場所を選び、そこに静かに座りなさい。もし誰かがあなたとともにいたら、その人たちも静かに座っていることだ――話してはいけない。さもなければ山も、その美しさも無駄になる。あなたは目の前にあるものを見ない。話ですべてをぶち壊してしまうだろう。独りでありなさい。

わたしは、どの人にも重要ないくつかのことに触れたかった。内側に渇きがないなら、またこの渇きを目覚めさせるすべがないように思えたら、明日それについてわたしに話しなさい。自分にあまり望みを持っていなかったり、見込みがあるとは思えなかったり、または決意を強固にするのが難しいと感じたり、瞑想するのは無理だと感じていたら教えてほしい。明日あなたは、これからの三日間に直面するであろう困難について、わたしに質問することができる。そうすれば、後で時間を無駄にしなくて済む。

自分を瞑想から阻む個人的な問題や、痛みや、悲しみを抱えていて、それから解放されたいなら、または瞑想中に困難に遭遇したら、個別に質問できるということを思い出しなさい。その質問は全員には当てはまらないだろう。それはあなた個人のためのものであり、あなたは別の手順に従うことになる。だからどんな問題を抱えていようと、これからの三日間に備えるため、明日の朝にははっきりさせておくように。わたしはこうしたいくつかのことを言っておきたかった。

視点を一点に定めつづけなさい。そして明日から為すべきことを開始し、明日から本当のワークを始めよう。

さあ、お互いに少し離れて座りなさい——ホールは充分大きいから、みな広がれるだろう。ここを立ち去る前に決意を固めよう。

……ごくゆっくり、ゆっくりと、あまりとぎれとぎれにならないように、肺を完全に満たしていきなさい。肺をいっぱいにしたら、「わたしは瞑想を体験する」と自分に向けて繰り返す。この言葉を繰り返しなさい。そして肺が最大限に満たされたら、しばらく息を止め、言葉を繰り返す。いらいらするかもしれない。吐き出したいと思うだろう。だが息を止め続け、言葉を繰り返しなさい。次に再び言葉を繰り返しながら、ゆっくり吐き出しはじめる。空っぽだと感じるまで吐き出し続けなさい。吐き出し、言葉を繰り返し続けなさい。完全に空っぽだと感じたら、この空虚さを保つ。まだ息を吸ってはいけない。できるだけ長く言葉を繰り返しなさい。それからゆっくり息を吸い込みはじめる。一回息を吸い込み、一回息を吐き出す。これで一ラウンドだ。みなこの手順にゆっくり、段階的に従うこと。

これを五回行なったら、背筋を真っ直ぐに伸ばし、ゆっくり呼吸し、五分間静かに座ってリラックスする。このエクササイズを十分間行なう。それから全員この場を静かに立ち去ることになる。覚えておきなさい。あなたは話さないことになっている。いまからだ。その意味では、瞑想キャンプはまさにいまから始まる。眠りにつくとき、このエクササイズを五回から七回、自分にとっていいと思えるだけ繰り返しなさい。それから明りを消して眠る。「わたしは沈黙する。これがわたしの目的だ」と考えながら眠りに落ちなさい。すると眠りがあなたを包み込むとき、この思いはあなたとともにある。

このエクササイズを五回終えたら、しばらく静かに休み、穏やかに呼吸しなさい。今度は、背筋を真っ直ぐにする。体の力を緩めなさい。背筋は伸び、体はくつろいでいる。目を閉じなさい。静かに深呼吸をして、わたしが言うように五回言う。「わたしは沈黙を体験する。瞑想を体験する。わたしは瞑想を体験すると決めた」。あなたの全存在に、瞑想へと入っていくのだと誓わせなさい。あなたの全存在にその言葉を響き渡らせなさい。これは意識のもっとも深い層に達するはずだ。

これを五回行なったら、ごく穏やかに、くつろいで座る。背筋を伸ばし、呼吸の速度を落としなさい。ゆっくり吐き出し、呼吸を見守り続ける。五分間休みなさい。この休止の間、あなたが固めた決意は内側深くに沈んでいく。五回、決意をしなさい。そして静かに座り、五分間呼吸を見守り、ゆっくりと呼吸しなさい。

第2章

身体から始めなさい

Begin with the Body

親愛なる人たちへ

昨晩は、どうやって内側に瞑想の土台を築くかについて話をした。わたしの瞑想へのアプローチは、どの教典にも、どの聖典にも、枝分かれしたどの学派にも基づいていない。わたしはただ、自分が辿ってきた道について、自己の内側に入ることで知った道について話しているだけだ。だから、わたしの話はただの理論ではない。それを試してごらんとあなたを招くとき、あなたも自分が渇望しているものを見つけることに成功するだろうと、わたしは確信している。わたしは、自分の体験しか話さないので安心しなさい。

わたしは、強烈な苦悩と痛みの時期を通り過ぎなければならなかった。試行錯誤の時期を通り過ぎなければならず、その時期わたしは内側へ向かおうと奮闘した。この方向へ向かうあらゆる道、あらゆる小道を試みようと、たゆまず努力した。

その頃はとても苦しく、苦悩と痛みに満ちていた。しかし常に努力が絶えることはなかった。そしてこの努力のおかげで——大きな滝が遥かな高みから落ちて、絶え間のない水流が岩をも穿つように——たぬまぬ努力によって、わたしは滝のように突破口を見つけた。わたしは、自分がこの突破口を見つけた手法について話すだけだ。

だからわたしは、絶対的な自信と確信を持って言うことができる。この手法を試みたら、成果は絶対保証される。当時は痛みや悲しみがあったが、もはやわたしの中には痛みも悲しみもない。

昨日、ある人がわたしに尋ねた。「人々は、あなたに自分の問題をどっさり尋ねます。それに煩わされることはないのですか？」

わたしは彼に言った。「問題が自分のものでないなら、煩わされることはない。誰かほかの人の問題なら、何の問題もない。その問題を自分のものとして受け取ると、問題が起こるのだ」

この意味で、わたしは問題を抱えていない。しかしわたしは、違う種類の悲しみを抱いている。それはわたしの周りに、苦しみ、多くの問題を抱えている人々を、たくさん見かけることだ。でもわたしは、彼らの痛みや問題は簡単に取り除けると思っている。というのも、とても単純な解決法があるからだ。もし彼らが扉を叩くなら、扉はいとも簡単に開くだろう。彼らは、まさにその目の前に立っているのに泣いている。それこそ、わたしがまったく違った種類の苦悩や痛みを感じるときだ。

パルーシー教の小話がある――

盲目の男とその友人が、砂漠を横断していた。彼らは別々の旅に出ようとしていたが途中で出会い、一方の男が盲人の男に道連れにならないかと誘ったに違いない。彼らは幾日間かともに過ごし、そのあいだに友情は深まった。ある朝、盲人の男は友人よりも早く起き、自分の杖を探してあたりを手探りした。砂漠の夜で、とても寒かった。冬だったのだ。杖は見つからなかったが、寒さのせいで硬直した蛇がいた。そこで盲目の男はそれを拾い上げると、神に感謝して「わたしは杖をなくしましたが、あなたはいま、もっと上等で滑らかな杖を下さいました」と言った。彼は神に感謝を捧げて言った。「あなたはとても慈悲深い」

そして彼はこの杖で友人を突っつき、「起きたまえ、朝だよ」と言って起こした。

友人は目覚めると蛇を見た。彼は怖じ気づいて言った。「何を握っている？　早く捨てろ！　そいつは蛇だ、危ないぞ！」

盲目の男は答えた。「友よ、君は妬ましさのあまり、わたしの美しい杖を蛇呼ばわりする。自分が手に入れるために、わたしにそれを捨ててほしいのだ——わたしは盲人かもしれないが、馬鹿ではないぞ」

友人は答えた。「君は気違いか？　気でも狂ったか？　すぐにそれを投げ捨てろ！　そいつは蛇だ、危ない！」

しかし盲目の男は言った。「君は何日もわたしと一緒に過ごしてきたのに、わたしがどんなに賢いかまだわかっていないようだ。わたしは杖をなくしたが、いま全能の神がもっと美しい杖を下さった。なのに君はそれを蛇だと言って、わたしを馬鹿にしようとしている」

盲目の男は、友人が嫉妬し妬んでいると考え、腹を立てた。そこで一人で出発してしまった。しばらくすると日が昇り、蛇は暖まって息を吹き返した。もう寒くはなかった。そして、蛇は盲目の男に噛みついた。

　わたしの言う痛みは、盲人の男の友人が、自分の友に感じた痛みと同じだ。彼と同じように、わたしは周りにいる人々に痛みを感じている。どの人も、手に杖でなく蛇を携えている。しかしわたしがそう言ったら、いったい何を妬んでそんなことを言うのだろうと、彼らは訝るだろう。わたしは誰かほかの人のことを話しているのではない。あなたのことを話しているのだ。

　わたしが、あなたの隣に座っている人のことを話していると思ってはいけない。わたしは、ほかならぬあなたに話している。そしてわたしには、あなたがた全員の手の中に蛇が見える。ただ杖のように見えるだけのものは、役に立たない。それは杖ではないのだ。あなたには道をはずしてほしくない。そしてわたしが妬みから、あなたの美しい杖を奪い取ろうとしているとは思わないでほしい。だから、それをあからさまに蛇とは呼ぶまい。ゆっくり、ゆっくり、あなたがしがみついているものが間違っていることを理解させてあげよう。

　実のところわたしは、あなたのしがみついているものが間違いだとも言っていない。わたしが言おうとしているのは、しがみつくべきもっと高い次元のものがあるということだ。体験すべき、もっと大きな歓びがある。生には、理解すべきもっと偉大な真理がある。あなたがいましがみついているものには、破壊に導く可能性があるだけだ。

わたしたちが生涯を費やして行なっていることは、最終的にわたしたちを破壊し、わたしたちの一生を破壊する。生命が失われ、一生が終わるとき、死の瞬間に人が苦しむ唯一の痛みと悲しみがある――それは、非常に貴重な生の喪失に対する後悔だ。

だから今日はじめに言いたいのは、わたしが昨晩話した渇きが生まれるのは、あなたが現在引きずっている生が誤りだと覚《さと》り、気づくときだけだということだ。渇きが生まれるのは、現在の自分の生き方が完全に間違いで、無意味だと気づくときだけだ。これは、かなり理解しにくいことだろうか？　あなたは、これまで集めてきたものに価値があると確信しているのかね？　これまで蓄積してきたものに、不滅性が認められると確信しているのかね？　あらゆる方向へ全力を尽くして築いているものが、砂の城ではないと本当にわかるかね？　それとも、しっかりした土台でもあるのかね？　この点を省みることだ。じっくり考えてみなさい。

生を省み、問いはじめると、内側に渇きが生まれる。真理への渇きは観想から生まれる。生について考える人は非常に少ない、非常にだ。ほとんどの人は、川を漂いながら下っていく流木のように生きる。それはただ漂い続けるばかりで、川が連れ去るままにどこへでも行く。川がそれを川岸のほうへ連れていけば、川岸へと漂っていく。流れの中ほどへ連れていけば、生気もなく、何の目的地もないかのように川の中ほどへ漂っていく。わたしたちの多くは、川を漂う木片のように生きている――時と状況が連れていくところへは、どこへでも行くのだ。

生について、その目的について考えることは、方向を見出す助けになる――川を漂う木片のように生きるべきか、風が運び去るままに吹き飛ばされていく枯葉のように生きるべきか。それとも一個人として、一人の人間、考える人間として、生における指針を持ち、なりたいものとなるべきものを決意し、自らの生とその展開を手中に収めた者になるべきなのか。

人間のもっとも偉大な創造物は自分自身だ――人間のもっとも偉大な創造は自己実現だ。それ以外に人が創造するものにはさほど価値はない。それは水に線を描くようなものだ。しかし人間が内側につくり出すもの、自分自身を生み出すことは、石を彫るのと似ている――それは決して消え去ることなく、永遠に自分とともにある。

だから自分の生について考えなさい――あなたは川に浮かぶ木片だろうか？　風に運ばれ、吹き飛ばされる枯葉だろうか？　このことを考えたら、自分が木片のように浮かんでいるのがわかるだろう。地面の枯葉のようにあたりに吹き飛ばされ、風の吹くところへどこでも運ばれていることがわかるだろう。現在、道はこうした葉で覆われている。あなたは自分の生において、意識的に前進したことがあるかね？　それとも風に翻弄されてきただけだろうか？　風に翻弄されてきたのなら、どこかに辿り着いたかね？　そのようにして辿り着いた人はいるだろうか？　生において意識的に選んだ目的地がないとしたら、どこにも辿りつくことはない。内側に意識的な目的地に対する渇きが生まれるのは、あなたがそれについて考え、内省し、瞑想したときだけだ。

この仏陀の物語を聞いたことがあるはずだ。これは、仏陀がいかに出家して修行者となり、いかに真理への欲求が内側に生まれたかについての物語だ。たいへん有名な話であり、非常に意味深い。

仏陀が子供の頃、彼の両親は息子がいつか偉大な王か皇帝、または偉大な僧侶になるだろうと告げられた。そこで父親は、仏陀が決して悲しみを体験しないよう、決して出家したくならないよう、すべてを手配した。父親は彼のために、当時の芸術と職人芸の限りを尽くし、ありとあらゆる贅をこらし、庭園を配して宮殿を建てた……。

季節ごとに異なる宮殿があった。父親は召使い全員に、仏陀にはしおれた花すら見せてはならないと命じた。花もまた死ぬのを知って、「おそらく自分も死ぬのではないか？」という疑問が生じないようにするためだった。そのため、死んだ花は夜のあいだにすべて庭園から取り除かれた。弱った木はどれも引き抜かれ、取り除かれた。彼の周りにいることを許されたのは若者だけだった。年老いた人々は入れてもらえなかった。それは仏陀が、「人間は年老いる……おそらく、いつか自分も年老いるのだ」と思うかもしれないからだった。

青年に成長するまで、彼は死について何も知らなかった。死というものを一度も耳にしたことがなかった。村で死ぬ人々のことは、完全に知らされなかった。それは、「人々が死ぬのなら、おそらく自分もいつか死ぬのだろう」と思わせないためだった。

わたしは観想の意味を説明しようとしている。観想とは、自分の周りで起こっているすべてを見つめることだ。目の前で死が起こっているのなら、それが自分の身にも起こるかどうかを観想しなさい。年老いた人を見たら、これもまた自分の身に起こるのかどうかを観想しなさい。

仏陀の父親はあらゆる手を尽くし、こうしたたぐいの観想が彼に起こらないようにと努めた――わたしは、この観想が生まれるよう、あなたがたに手を尽くしてほしい。父親はできるかぎり手を尽くして、仏陀に考えさせないようにした。だが、それでも事は起こった。


ある日のこと仏陀は外出し、老人が通りを歩いているのを見た。彼は付人に尋ねた。「この男に何が起こったのだ？　ほかの人も、こんなふうに見えるのか？」

付人は言った。「貴方に嘘はつけません――誰でもいつかは、彼のように老いなければならないのです」

仏陀はすかさず尋ねた。「わたしもか？」

付人は言った。「王子さま、貴方に嘘はつけません。誰しも例外ではないのです」

仏陀は言った。「わたしを宮殿に帰してくれ！　わたしはいま、自分も年老いることがわかった。明日にもこれが起こるなら、一刻の猶予もない」

これがわたしの言う観想だ。しかし付人は言った。「わたしたちは若者の祭典に行くのですよ。

村じゅうがわたしたちを待っています。参りましょう」

仏陀は言った。「わたしは行きたくない。若者の祭典は無意味だ。誰もがいつかは年老いるのだから」

もう少し行くと、彼らは葬儀の行列を見た。仏陀は尋ねた。「これは何だ？　この者たちは何をしている？　肩に担いでいるのは何だ？」

付人は答えるのをためらった。彼は言った。「貴方に言うべきではないのですが、嘘はつけません。この男は死んでしまったのです。死んだので、この者たちは彼を連れ去ろうとしているのです」

仏陀は尋ねた。「死ぬとはどういうことだ？」。彼ははじめて、人は死ぬものだと知った。

仏陀は言った。「もう行きたくない。わたしをすぐに帰してくれ！　死んだのはこの男ではない――死んだのは、むしろこのわたしだ」


これがわたしの言う観想だ。他人に起こったことは、いつか自分にも起こり得ると理解するなら、その人は観想に成功したということだ。自分の周りで起こっていることを理解しない人は盲目だ。そしてある意味で、わたしたちはみな盲目だ。蛇を手にしていた盲目の男の話をしたのは、このためだ。

だから、あなたがまず為すべきことは――そしてそれは非常に重要なのだが――周りで起こっているすべてを観察することだ。これを通して理解が生まれるだろう。だから、まずあなたが為すべきもっとも重要なことは、周囲のすべてを観察することだ。この観察を通して探求が生まれ、疑問が生まれる。そして今度はこれが、より高い次元の真理への渇きを生む。わたしはひどい痛みに苦しんできた。その痛みがやわらいだとき、その場に道への足掛かりが見えはじめた。では、この道への第一歩について話そう。

わたしは、究極の意識や、神性や、内なる実存に到達したいなら、ふたつのことが必要だとわかった。ひとつは周辺、瞑想の周辺だ。もうひとつ重要なのは、瞑想の中心だ。瞑想の周辺と、瞑想の中心——もしくは瞑想の身体《ボディ》と、瞑想の魂《ソウル》と呼んでもいい。今日は瞑想の周辺について話し、明日は魂または中心について話そう。明後日は瞑想の成果についてだ。この三点のみ——瞑想の周辺、瞑想の中心、そして瞑想の成果だ。別の言葉で言えば、瞑想の土台、瞑想そのもの、そしてその成就となる。

瞑想の土台は、あなたの周辺だけを含む。あなたの人格の周辺とは身体《からだ》だ。だから瞑想の周辺は、身体のみを含む。瞑想への第一歩は身体から始まる。だから覚えておきなさい。他人があなたに植え付けたかもしれない、自分の身体に対する否定的な思いはすべて捨てなさい。物質的《マテリアル》な世界と同様に、精神的《スピリチュアル》な世界においても、身体は単なる道具にすぎない。

身体は敵でもなければ友人でもない。それは誤ったことをするのにも、正しいことをするのにも使える道具だ。それを通して物質的な生に関わることもできるし、究極なるものと交わることもできる。身体はただの道具だ。誤解しないように。人はたいてい、身体は敵対するもの罪あるもので、われわれの敵であり、抑圧すべきだと信じている。わたしはあなたがたに言う。それは誤りだ——身体は敵でもなければ友人でもない。それはあなたがつくるものだ。だから身体は実に神秘的で、たぐいまれなものなのだ。

この世では、よからぬことは必ず身体を通して起こっている。正しいことは、必ず身体を通して起こっている。身体は単なる手段であり、道具だ。

だから瞑想のためには、身体に注意を向けることから始める必要がある。まずこの道具の調子を整えないことには先に進めないからだ。身体の調子がよくなければ、あなたは進めない。だから第一段階は身体の浄化だ。身体が純粋であればあるほど、内側により深く入っていくことが容易になるだろう。

身体の浄化とはどういうことか？　第一の意味は、身体つまり身体のシステムに、障害やブロックやしこりがないということだ——だとしたら身体は純粋だ。

こうしたしこりやブロックが、どのように身体に入り込んだのか理解しなさい。もし身体にブロックがなく、何の障害も、問題も、滞りもないとしたら身体は純粋であり、あなたが内側に入るのを助けてくれる。だが、もしあなたがひどく怒っているのにそれを表現しないなら、それが生み出す熱は身体のどこかに蓄積してブロックとなる。あなたは怒りがいかにヒステリーに至るか、いかに病に至るかを見たことがあるに違いない。最近行なわれている人体の実験によると、百の病気のうち五十は、身体でなくマインドに由来するものだ。精神疾患は身体の障害となる。身体に障害があり、健康でないと、身体の全システムは硬直して淀んでしまう。

霊的《スピリチュアル》な修行におけるさまざまな流派や、さまざまな宗教は、いずれも身体の浄化のために驚くべき革新的な実験を数多く行なってきた。これらの実験を理解するといい。こうした実験を試みるなら、数日のうちに身体がいかに神秘的であるかを発見するだろう。身体は敵とは感じられなくなり、神の住まう寺院となる。すると、それは敵ではなく友人だ。あなたは感謝を感じるだろう。身体はあなたではない。それは物質からつくられている。あなたと身体とは別物だ。にもかかわらず、あなたはそれを存分に利用できる。非常に協力的なので、あなたは感謝や恩義を感じるだろう。

身体をブロックから解放された状態に保つことは、身体の浄化のための第一歩だ。わたしたちの身体にはたくさんのブロックがある。たとえば数日前、一人の男がやって来て言った。「現在わたしは、数日間ある宗教の瞑想をいくつか実行しています。そして、マインドがとても静まりました」

わたしは彼に言った。「君のマインドが静かだとは思えないね」

彼は言った。「どうしてそう言えるのですか?」

わたしは答えた。「君は、やって来たときから両脚を揺すっているではないか」

彼は座りながら両脚を揺すっていた。わたしは言った。「そんなに両脚が揺れているとき、マインドは沈黙できないものだよ」

身体を揺するのはマインドの動揺が原因だ。マインドの動きが鈍ると、身体も速度を落とす。仏陀やマハヴィーラの身体は、彼らの彫像を形づくる石のように見えたものだ。彼らは石のように見えたものだ。彼らの彫像が石からつくられたのは偶然の一致ではない。その理由は、彼らが石のように見えはじめたからだ。内側のあらゆる動きが止まった。つまり、彼らは必要なときにしか動かなかった。そうでなければ、完全に動かないでいた。

あなたの脚が揺れるとき、それは捌け口が見つからない不満によって生じるエネルギーだ。そこであなたは、脚を揺すって発散させる。人は怒ると歯ぎしりし、拳を握りしめる――なぜだろう？　目が赤くなる――なぜだろう？　なぜ拳を？　たった一人のときでも、誰かに怒りを覚えると、あなたは拳を握りしめる。殴るべき相手はいないが、怒りによって生じたエネルギーは、どうにかして解き放たれなければならない。あなたの手の筋肉は緊張する。するとエネルギーが解き放たれる。

こうした厄介な事は、社会的な条件付けによってつくり出された。条件付けのない人の身体は、あなたよりも純粋だ。未開人の身体は、あなたより純粋だ。何のブロックもない。なぜなら彼は、あなたが自分の感情を抑えるような場面で、自分の感情をすんなり自然に表現するからだ。

想像してごらん。仕事をしているとき上司に何か言われて、あなたは怒りを覚える。しかし、拳を握りしめることはできない。さて、内側に生じたこのエネルギーは、すべてどうなるだろう？　このことを覚えておきなさい――エネルギーは単純に蒸発するものではない。エネルギーは決して破壊されず、決して終わることがない。あなたがわたしを怒らせるようなことを言ったとしよう。わたしはみなの前で怒りを表すことはできない。歯ぎしりも、拳を握りしめることもできない。あなたの名前を叫んだり、怒って飛び回ったり、石を拾い上げることもできない。わたしの内側で発動したエネルギーには、何が起こるだろう？――このエネルギーは、わたしの身体の一部を損なう。それはわたしの身体のどこかにブロックをつくるのに使われ、不調和が生まれる。このことでわたしが言いたいのは、わたしたちのほとんどの不調和は身体に現れるということだ。

あなたは驚くかもしれない。そして、そんなブロックは知らないと言うかもしれない。しかし、ひとつ実験をしてもらいたい。すると、自分の身体にどれだけブロックがあるかを発見するだろう。一人で部屋にいると自分が歯ぎしりをしたり、鏡を見るときに舌を突き出したり、怒りで目をかっと見開いたりするのに気づいたことはないかね？　こんなことをしたら、自分で自分に吹き出してしまうかもしれない。時には、シャワーを浴びているときに、突然ジャンプしはじめることもあるだろう。そして不思議に思う。「なぜジャンプしたんだろう？　どうして鏡に写る自分の姿に、歯をくいしばっていたんだろう？　なぜ鼻歌を歌いたい気分になるんだろう？」

あなたへの提案は、一週間に一度、三十分間だけ部屋に閉じこもり、自分の身体にやりたいことを何でもやらせることだ。あなたは驚くだろう！　身体は踊りはじめるかもしれない――したいと思うことは何でもさせなさい。止めてはいけない。身体は踊り出すかもしれないし、ジャンプしたり叫んだりもするかもしれない。想像上の敵に飛びかかるかもしれない。あり得ることだ。するとあなたは不思議に思う――「何が起こっているんだろう？」。こうしたことはすべて、抑圧されてはいるが依然として根強く存在し、表現を欲している身体の不調和だ。しかし、社会的な条件付けがそれを許さない。あなたもそれを表現するのを許さない。こうして多くの不調和が身体の中に居座ってきた。もしブロックでいっぱいだとしたら身体は不健全であり、あなたは内側に入っていけない。

だから、瞑想の第一歩は身体の浄化だ。そして身体の浄化の第一歩は、体内のあらゆる不調を一掃することだ。だから、新たな不調を蓄積しないこと。なおかつ古いものを解き放つ方法を見つけることだ。ひとつの解決法として、一ヶ月に一、二回、部屋に閉じこもり、身体がしたがることを何でもさせる。服をすべて脱いで裸で踊りたかったら、そうしなさい。服をかなぐり捨てなさい。そうした三十分間のジャンプのあとは、とてもリラックスして、静かで、爽快な感じがするのに驚くだろう。奇妙に思えるが、あなたは非常に静寂を感じる。この静寂がどこからやって来たのかと不思議に思う。運動したり歩いたりすると、身体が軽く感じられる――なぜだろう？　それは、体内の多くのブロックが解き放たれたからだ。

ときどき自分が喧嘩相手を探しているのはなぜか、わかるかね？　なぜあなたは、最初に通りかかった人に飛びかかって喧嘩しようと、手ぐすねを引いているのか？　それは、あなたがあまりにも多くのエネルギー・ブロックを溜め、それらがこぞって解放されたがっているからだ。戦争があるときはいつも——二回の世界大戦があったが——これらの世界大戦の最中、人々は朝いちばんで新聞を読むのにすっかり夢中になっていた。そして戦時中は、興味深いことがたくさん起こった。あなたがたは知らないかもしれないが、この戦争の最中に奇妙なことがふたつ起こった——ひとつは、全世界で自殺者が減ったことだ。

第一次と第二次世界大戦の最中、心理学者たちはこの現象に驚いた。戦時中はずっと、ほとんど自殺者が出なかったのだ。全世界で自殺者が減ったので、心理学者たちは当惑してしまった。当時は、殺人もほとんど起こらなかった。そしてもうひとつ奇妙なことに、戦時中は精神病も減少した。のちに彼らは、戦争に関するさまざまなニュースや、そのニュースの強烈さが、人々のブロックを解き放つ助けをしたことに気づいた。

戦争のニュースを聞くと、あなたは何らかのかたちで巻き込まれる。たとえばあなたの怒り……。いま、自分がヒットラーに腹を立てていると想像してごらん。そしてあなたはヒットラーの彫像をつくって、それを燃やす。スローガンを叫び、彼に向かって大声で抗議する。居間に座って彼のことを非難してもいい。ヒットラーはあなたの前にはいない。彼は幻の敵だ。しかし、こうしてあなたの多くのブロックが解き放たれ、より良い精神の健康がもたらされる。あなたは驚くだろう——

あなたは意識的には戦争を望んでいないが、内側深くでは起こってほしいと願っている。戦時中、人々は実に元気そうに見える。危険が間近にあろうと、それでも人々は元気そうだ。

以前、インドは中国に攻撃された。そのときあらゆるインド人に、突如としてエネルギーの爆発が起こった。なぜだかわかるかね？　その理由は、身体の多くのブロックが怒りを通して解き放たれ、そのせいで非常に身軽に感じられたからだ。戦争は絶えず起こるだろう。不健全な身体を持つ人々がいるかぎり、戦争は存在するだろう。すべての人々の身体が純粋になり、その解消に戦争を必要とするブロックがまったくなくなるまで、戦争は終わらないだろう。わたしがいま言っていることは、実に突拍子もなく聞こえるかもしれない。だが人々の身体が不健全であるかぎり、世界では戦争が起こるだろう。戦争を阻止しようとどれほど尽力しても、それでも人々が戦争からある種の快楽を得ることに変わりはないだろう。

あなたも争い事から快楽を体験することがある。考えてみなさい――争い事から一種の快楽を得てはいないかね？　どんなレベルの争い事でもいい――ヒンドゥー教とイスラム教のように、宗教間の争いでもいい。あなたは、それに根拠がないことに驚くだろう。ちょっと見渡してごらん、宗教が生まれると、常にそれは二十の宗派に分かれ、それぞれがいくつかの支部に分かれていく。なぜだろう？――それは、人間の身体があまりに不健全で不調和に満ちていて、何か口実を探してばかりいるからだ。争うためなら、人々はほんの些細な口実でもつかまえる。争いは何らかの解放を与え、よりリラックスさせてくれるからだ。

瞑想へと向かう第一歩は身体の浄化だ。

もうふたつ付け加えたいことがある。これまでの不調をすべて解き放つひとつの方法として、締め切った部屋で自分を完全に野性に帰し、自分に強いたあらゆる観念を落とすのだ。落としてしまいなさい！　それをすっかり起こらしめ、身体を観察し、それが何をするかを見届けなさい。踊ったり、ジャンプしたり、床に倒れて横になる。想像上の敵を殴る。誰かを刺す真似をし、撃つ真似をする。身体のあらゆる行為を観察し、それを起こらしめなさい。この実験を一、二ヶ月行なうと、その成果に驚くだろう。自分の身体がたいそう楽に、健康に、純粋になるのに気づくだろう。それは解放を見出した――古いブロックは捌け口を見つけるだろう。

その昔、探求者たちは林の中に入っていったものだ。彼らは独りでいることを好み、人込みの中にいるのは望まなかった。この主な理由のひとつは、浄化のためだった。仏陀やマハヴィーラが独りになったときに何をしたか、あなたには見当もつかないだろう。林にいたとき彼らが何を行なったかについては、一冊の本も述べていない。さて、彼らは何をしていたと思うかね？　わたしは確信を持って言うが、彼らは身体を浄化していたに違いない。「マハヴィーラ」という言葉はブロックが崩壊した者という意味だ――そしてこうしたブロックを破壊するための第一歩は、身体にある。だからまず、あなたが蓄積したブロックを解き放つことだ。はじめのうちは奇妙に思うだろう。

狂人のように振る舞ったり、飛び回ったりしている自分を笑いたくなったら、笑いを起こらしめなさい。泣きたくなったら、それを起こらしめなさい。いま、わたしが解き放ち《レットゴー》なさいと言ったら、笑い出す人もいるだろう。あなたの内側には、表現されず抑圧された痛みがある。それが出てくるだろう。または、押し止められ外に出るのを待っている笑いがある——それはブロックの形で体内にとどまっていた。いま、それが出てくるだろう。起こっていることは馬鹿げていると思うだろうが、それを起こらしめなさい。この身体の浄化法を自分でやってみなさい。するとブロックの上層が取り除かれ、身軽に感じられるだろう。

第二点は、新たなブロックが育たないよう注意することだ。わたしは、古いブロックを解き放つ方法について話した。だが、あなたは毎日新たなブロックを蓄積し続ける。わたしがあなたをひどく怒らせるようなことを言っても、社会的条件付けと社会的エチケットのせいで、あなたはそれを表に出さない。エネルギーの火の玉が体内に入り込む。それはどこへ行くだろう？　それは神経にストレスを生じさせ、それを混乱させ、とどまるかもしれない。だから怒っている人と安らかな人の瞳や顔つきには、違いがあるのだ——安らかな人の顔は、怒りの熱で歪むことがない。身体は、内部にまったく不調和がないとき、はじめて真の美しさを開花させる。その意味では、美しい身体とは不調和がないという指標にすぎない。そのとき瞳は美しくなり、もっとも醜い身体でさえ美しく見える。

若いとき、ガンジーの身体はとても醜かった。しかし年をとるにつれ、彼はより美しく見えるようになった。これは実に奇妙なことだった。その美しさは身体のものではなく、体内のすべてのブロックを解消した結果だった。これを見て理解した人は、ごくわずかだった。ガンジーが醜かったことは紛れもない――美の基準によって推し量るなら、彼を美しいとは見なせなかった。彼の幼年期や青年期の写真を見れば、醜いとわかるだろう。しかし年をとるにつれ、彼はますます美しく見えるようになった。自分の人生を美しく導いたなら、老年期の美しさは青年期にまさる。なぜなら、若い頃は内側で多くの激情がはたらくが、老年期には熱っぽさがすっかり消えるからだ。自分の人生を美しく生きたら、老年期は人生でもっとも美しい時期となる。そのとき、すべての熱っぽさが消え去るからだ。正しく成長し、生をトータルに生きたなら、あらゆる不調和は消えるだろう。

こうしたブロックがどのように身体に蓄積されるのか、不思議に思ったことはないかね? もしあなたがわたしに侮辱されて怒ったら、それはあなたの内側にエネルギーの急上昇を生む。そしてエネルギーは破壊できない。エネルギーは決して壊されることがない。エネルギーは使われなければならない。使われないと倒錯し、自己破壊的になる。あなたは使わなければならない――だが、このエネルギーをどう使うか?

想像してごらん。あなたは仕事をしながら怒っている――内側に強い怒りがあるが、表現できない。わたしはあなたに、こうしてみることを勧める——そのエネルギーを創造的に変容させるのだ。できるだけ自分の脚の筋肉を収縮させなさい——あなたの脚は誰にも見えはしない。硬直させ、できるだけきつく引き伸ばす。これ以上は無理だと思ったら、突然緩めなさい。あなたは怒りが消え去ってしまったのに気づき、驚くだろう。それに筋肉を鍛えて強くすることもできる。こうして、破壊的になる可能性のあった怒りの衝動は解き放たれる。おまけに脚も鍛えられる。あなたは怒りにブロックされた身体を、どの部分でも鍛え上げ、向上させることができる。生み出されたエネルギーは、創造的な方法で使われるだろう。あなたの手がブロックされているなら、両手の筋肉を緊張させてごらん。すると、怒りのエネルギーがすべて使われるだろう。胃がブロックされているなら、胃の全筋肉をすぼめ、怒りのエネルギーすべてが筋肉の収縮に使われていると想像してごらん。一、二分のうちに怒りは消え去り、エネルギーが創造的に使われたのがわかるだろう。

エネルギーは常に中立的だ。怒りによって生じたエネルギーそのものは、破壊的ではない。怒りという形で使われるから破壊的なのだ。より良く活用しなさい。より良い方法で使わないと、破壊的な形で存続するだろう。何かしなければ、それは消えることができない。それを利用することを覚えたら、人生に革命を起こせる。

だから身体を浄化するためには、古いブロックが解き放たれ、新しいブロックが創造的に変容されなくてはならない。これらはふたつの初歩的なステップであり、非常に重要だ。ヨーガのポーズ——アーサナの多くは、身体を創造的に用いることを意図したものだ。運動は身体を創造的に使う。

身体を創造的に使わないなら、祝福となるはずだったエネルギーは、すべて呪いとなるだろう。あなたがたはみな、自分のエネルギーによって苦しんでいる。別の言葉で言えば、エネルギーを持っているだけで問題となり、重荷になっている。

イエスの生涯における逸話がある。ある村を立ち去ろうとしていたところ、彼は屋根の上で卑猥な言葉を叫んだり、怒鳴ったりしている人を見かけた。イエスは梯子を登り、尋ねた。「友よ、何をしているのです？　なぜこんな見苦しいやり方で、人生を無駄にしているのですか？　酔っ払っているようですね」

男は目を開け、イエスに気づいた。彼は起き上がり、イエスに頭を垂れて言った。「主よ、わたしは重病で死にかかっていました。あなたはわたしを祝福し、元気にしてくれました。忘れちまったんですか？　わたしはもう、ぴんぴんしています。でも、この申し分ない健康で何をしましょう？　だから酒を飲むんです」

イエスは驚いた。男は言った、「わたしはもう元気です。この申し分ない健康で何をしましょう？　だから酒を飲んで、うまいことやってるんです」。イエスはこれを聞くと大きな悲しみを感じ、梯子を降りた。

そしてある村に入ると、男が娼婦の尻を追い回していた。彼は男を制止して尋ねた。「友よ、なぜあなたは、こんなふうに誤った目の使い方をしているのです？」

男はイエスに気づいて言った。「わたしのことを忘れちまったんですか？　わたしは盲目でしたが、あなたはわたしに触れてくれました。それで再び目が見えるようになったんです。さて、この目で何をしましょう？」

イエスは深く悲しみ、その村を立ち去った。村の外で、一人の男が胸を叩いて泣いていた。イエスは彼の頭に触れ、尋ねた。「なぜ泣いているのかね？　世の中には美しいものがたくさんある。人生は泣くためのものではない」

男はイエスに気づくと言った。「あなたは忘れてしまったんだ！　わたしは死んで、人々はわたしを埋めようとしていた。するとあなたの奇跡でわたしを生き返らせてくれた。さあ、この人生をどうしようっていうんだ？」

この話はまったくの作り話で、真実ではないように思える——しかし、あなたは何をしている、、、だろう？　あなたは、自分の生において何をしているのか？　あなたは集めたエネルギーのすべてを、自分を破壊することにしか使っていない。生にはふたつの道しかない——自分のマインドと身体に用意されたエネルギーを破壊的に使うなら、それは地獄への道だ。同じエネルギーを創造的に使えるなら、それは天国への道だ。創造性は天国であり、破壊性は地獄だ。自分のエネルギーを創造的に使えば、天国に近づくだろう。自分のエネルギーを破壊的に使えば、地獄へと向かうだろう——ほかに天国と地獄の意味はない。

自分のしていることを考えてみなさい。誰かが怒ったとき、その人の内側にどれほどのエネルギーが起こるかわかるかね？　激怒すると、たとえひ弱な男でさえ、穏やかなときは持ち上げることなど夢にも思わなかった岩を持ち上げるのを知っているかね？　怒った人は強者《つわもの》でも負かすことができる。穏やかな人など、あっという間だ。

昔、日本で起こったことだ。侍と呼ばれる人々がいた――その国の剣士たちで、剣で身を立てていた。彼らにとって生と死はゲームだった。偉大な剣士で、兵卒たちの長である侍がいた。彼の妻は、家の召使いの一人と恋に落ちてしまった。妻が他人と恋に落ちたら、果たし合いをするのが習慣だった。それは、彼らのうちの一人が殺されることを意味した。そして果たし合いに勝った者は、妻を自分のものにするのだった。

かくして召使いは、この偉大な剣士の妻と恋に落ちた。剣士は彼に言った。「愚か者め、いまとなっては死の果たし合いをするしかない。もはや我々は戦わねばならないのだ。明朝、刀を持って来るがいい」

召使いはすっかり震え上がった。彼の主人は実に屈強な男であり、自分は掃いたり塵を払ったりする召使いにすぎなかった――どうして刀などで戦えよう？　彼は刀に触れたことすらなかった。彼は言った。「どうやって刀を構えるのでしょう？」

侍は答えた。「もはや術《すべ》なきことだ。明日、お前は刀で戦わねばならない」

彼は家に帰り、そのことを一晩じゅう考えていた。逃げ道はなかった。翌朝、彼は刀を取り上げ——刀に触れたことは一度もなかったが——家を出た。人々は彼を見て衝撃を受けた。果たし合いの場に到着したとき、彼は燃え立つ炎のように見えたからだ。召使いを見ると、侍は少々たじろいで尋ねた。「お前は、刀の構え方を知っているのか?」——彼は刀を正しく握ってすらいなかった。召使いは答えた。「もう疑いの余地はない。わたしの死は確実だ。殺されるのが確実だから、わたしは勝とうと思う。死は確実だ。だからわたしはあなたを殺す」

そして、それは前代未聞の果たし合いだった——剣士が殺され、召使いが勝ったのだ! 召使いが自分の死は確実で、逃げ道はないと覚《さと》ったとき、それは彼の内側に途方もないエネルギーの爆発を生み出した。彼は刀でどのように戦うのか知らなかった。そこで、ただ予想とは逆のことをした。そのため、彼はいっそう危険になった。だが、彼の攻撃、怒り、気合いを見て取ると、剣士はたじろいだ。彼の経験はすべて無益だった。なぜなら、彼は非常に穏やかに闘っていたからだ。彼にとってこれは何でもないことであり、闘いはごくありふれたことだった。召使いのエネルギーの鋭い力に殺されるまで、彼は後退し続けた。彼は死んだ。そしてまったく無知だった男が、この技をまったく知らなかった男が勝ったのだ。

怒りや、そのほかの感情は、大きなエネルギーを与えてくれる。体内の生きた細胞は、すべてエネルギーを発生させている。また、体内にはエネルギーの貯蔵部がたくさんある。それらは非常時のためのものであり、安全策として日頃は使われていない。

わたしがあなたに、徒競走に参加してほしいと言ったとしよう。あなたはどんなに懸命に頑張っても、鉄砲を持った誰かに追いかけられているときほど、速くは走れないだろう。要点は、そのようなとき、非常時のために蓄えられていたエネルギーが血液中に放出されることだ。そのようなとき、身体にはたくさんのエネルギーが注がれる。このエネルギーが創造的に使われなければ、あなたに害をもたらし、あなたを破壊するだろう。

この世で犯罪を犯すのは弱い人たちでなく、強い人たちだ——彼らはあり余るエネルギーを持っているから、そうせざるを得ない。真相はこうだ。弱い人はたいして害を及ぼせないが、強い人は多くの害を及ぼし得る。というのも、彼らは自分のエネルギーを創造的に使う方法を知らないからだ。だからすべての犯罪は、過剰なエネルギーが原因だと考えられる。もし助けが差し延べられたら、彼らのエネルギーは驚くべき形で変容され得るだろう。歴史上、罪人が突如として聖人に変容した出来事が、数多くあることに気づくべきだ。そこにはただ、変容されるべき多大なエネルギーがあった。そして、すべてが変わったのだ。

アングリマールは、数多くの殺人を犯してきた。彼は千人殺す誓いを立てた。すでに九百九十九人殺し、その人たちの指でつくったネックレスを身に付けていた。あと一人だけ必要だった。アングリマールが近くにいると聞くと、人々は立ち去った。誰一人、彼のそばに寄りつかなかった。彼は人に目もくれず、一瞬たりともその人のことを考えもせず、見つけた人は誰であれ、ただ殺した。ビハールのプラサンジット王でさえ、彼を恐れていた——彼の名を口にするだけで、王はぶるぶる震えた。王は彼を追って多くの兵士を送ったが、アングリマールは捕えられなかった。

ある日、仏陀は丘陵地帯を通っていた。村人たちは彼に言った。「あそこに行ってはいけません！　あなたは穏やかなお坊様です。アングリマールは、あなたを殺してしまいます」

仏陀は言った。「わたしは自分の歩く道を選んだ。どんな理由があろうと、それは変えないつもりだ。アングリマールがいるなら、なおさらそこに行く必要がある。アングリマールがわたしを殺すか、わたしがアングリマールを殺すか、まだわからない」

しかし人々は言った。「それはまったく気違い沙汰です！　あなたは武器すら持っていない。どうやってアングリマールを殺そうというのです？」

仏陀は暴力の人ではなかった。だがアングリマールは巨漢で、ほとんど悪魔のような男だった。しかし仏陀は言った。「では、アングリマールが仏陀を殺すか、仏陀がアングリマールを殺すか見ようではないか。わたしは自分の選んだ道を歩くまでだ。いったん道を選んだら、わたしは変更しない。そして、アングリマールに会う機会があるのだから、それはこのうえなく幸運なことだ。願ってもない機会だ」

そして仏陀は、アングリマールが秘密の隠れ家から見張っている場所に行き着いた——一人の丸腰の僧侶が、静かに道を歩いていた。アングリマールは隠れ家から叫んだ。「聞け、こっちに来るな！　お前が遊行者《サニヤシン》だからこそ警告しているのだ。帰れ！　お前が哀れだ――そんなに静かに、ゆっくり歩いているのを見ているとな。帰るんだ！　これ以上近寄るな。俺は哀れみをかけるのには慣れていない。お前を殺すぞ」

仏陀は彼に言った。「わたしも誰かに申し訳ないと思うことには慣れていない。それに、このような挑戦に臨んで、どうしてサニヤシンが引き返せるだろう？　だからわたしは行く。あなたは隠れているところから出て来なさい」

アングリマールは、ひどく仰天した――「こいつは狂人に違いない！」。彼は斧を手に取り、降りていった。仏陀に近づくと彼は言った。「お前はいたずらに死を招こうとしているんだぞ」

仏陀は言った。「わたしを殺す前に、ちょっとしたことを、ひとつだけやってみなさい。あの木が見えるだろう？――そこから四枚の葉を取ってくるのだ」

アングリマールは斧を手に取り、木の枝を切り取って言った。「四枚どころか、四千枚あるぜ」

仏陀は言った。「もうひとつやってみなさい。わたしを殺す前に、その枝を再び木に戻すのだ」

するとアングリマールは言った。「そいつは難しい」

仏陀は言った。「破壊することなら子供でもできる。だが、何かに再び命を吹き込む人こそ真の人間であり、力のある人間だ。あなたは弱虫だ――破壊することしかできない！　自分を強い人間だと思うのはやめなさい――あなたは小さな葉っぱすら、枝に戻せないのだ」

アングリマールは少しの間、真剣に考えて言った。「それは本当だ。枝を戻す方法は本当にあるのか？」

仏陀は言った。「あるとも！　それがわたしのいる道だ」

アングリマールは考えた。そして彼のひとりよがりなマインドは、はじめて殺しに強さが存在しないことを覚《さと》った——弱い男でも殺しはできるのだ。そこで彼は言った。「俺は弱くない。だが、何ができるだろう？」

仏陀は言った。「わたしについてきなさい」

アングリマールは僧侶になった！　まさにその日、彼は施しを乞いに村へ行った。誰もが恐れをなした。彼らは家の屋根に登り、彼に石を投げ始めた。彼は血を流して倒れ——あらゆる方向から石で撃たれていた。すると仏陀が彼に近づいて言った。「アングリマール、僧侶アングリマール、起き上がりなさい！　今日、あなたは勇気を証明した。彼らの石があなたを撃っているとき、あなたのハートは怒りに溢れなかった。そして体が血を流し始め、傷を負っても、あなたのハートは彼らに対する愛に溢れていた。あなたは自分が人間であることを証明した。あなたは僧侶に、神性を知る者になったのだ」

プラサンジットは、アングリマールの変貌ぶりを聞くと、仏陀に会いに行った。彼は座ると言った。「アングリマールが僧侶になったと聞いた。彼に会えるかね？」

仏陀は言った。「わたしの隣に座っている僧侶がアングリマールです」

これを聞くと、プラサンジットの手足は震え始めた。この僧侶はまだ同じ名前で呼ばれており、王が感じていた恐怖も変わってはいなかった。

しかしアングリマールは言った。「怖がらないでください。あの男は行ってしまいました！　彼のエネルギーは変容されたのです。いま、わたしは別の道にいます。いまあなたがわたしを殺したとしても、あなたのことを恨まないでしょう」

人々は仏陀に、あれほど残酷な男がどうやって大きく変容したのかと尋ねた。仏陀は彼らに言った。「それは良い悪いの問題ではない。単にエネルギーの変容の問題なのだ」

この世の誰も罪人ではないし、聖人でもない。人は単にエネルギーの通り道だ。体内には、蓄積された多くのエネルギーがある。このエネルギーを創造的に使わなければならない。

だからまず、感情が湧き起こったら、どんな形の運動でもいいから、身体を通してそれを解き放ちなさい。次に、創造的になるようにしなさい。あなたがたはみな、創造性を持ち合わせていない。

昨晩わたしは、なぜ昔はどの村にも靴の修繕屋がいたかについて話した。誰かが彼の靴を履くたびに、修繕屋は「わたしがあれをつくったんだ」と自慢気に言うのだった。それは芸術家としての誇りだった。別の人は荷車の車輪をつくり、彼もまた「あれはわたしがつくったんだ」と自慢気に語るのだった。

近頃、あなたがたは創造の喜びを失ってしまった――手づくりの品はあまり残っていない。あなたは何もつくらない。現在の世の中のあり方では、まもなく手づくりの品はまったく残らなくなるだろう。何かを創造することで得ていた喜びは消えてしまった。それが損なわれてしまったら、このエネルギーすべてに何が起こるだろう?――それは破壊的になる。エネルギーは本来、破壊か創造のどちらかへ動かざるを得ないものだ。

創造的な生を送ることを学びなさい。創造性とは、単なる喜びのために何かをすることだ。彫刻をしてもいいし、詩を書いたり、歌を歌ったり、シタールを弾いてもいい――何をするかは問題ではない。だが仕事としてではなく、ただ喜びのためにそれを行なうことだ。生活の中で、単なる喜びのための何か、仕事ではない何かをやりなさい。すると、破壊的なエネルギーはすべて変容され、創造的になるだろう。

わたしは、あなたがたに感情の方向転換をしてほしい。この平凡な生を創造的な方向へと向けてほしい。心配することはない。家の周りに庭をつくり、草木を愛で、それに喜びを得ればいいだけだ。たいしたことをする必要はない――石を磨き、彫像をつくってごらん! 知性ある人はみな、生業に加えて何か創造的なことをするべきだ。創造性に時間をさかない人は、悩みに暮れて自らの生を滅ぼすだろう。

ちょっとした詩を書いてもいい――たいしたことをする必要はない。病院へ行って、病に臥した人に花をあげてごらん。通りで物乞いを見つけたら、抱きしめてごらん。ただ自分の喜びのために、創造的なことをしなさい。何かを与える必要はないし、何かを得る必要もない——行為そのものが喜びだ。

生において、単に喜びのための行為を選びなさい。あなたの全エネルギーをそれに向けなさい。すると、破壊的なエネルギーは残らないだろう。創造的になればなるほど、ますます怒りは消えていく。怒りは非創造的な人間であるしるしだ。あなたは内側に大きなエネルギーを抱えている——それはどこへ行くだろう？　それはセックスを通して、性欲を通して出てくる。それは何らかの形で表に出さなければならない。

多くの創造的な人々、優れた彫刻家や画家や詩人が独身でいた理由は、彼らのエネルギーが創造的な過程で使われていたからだ。彼らのエネルギーは変容され、昇華されていた。昇華されていなかったら、もっとも非創造的な、子供をつくることに使われただろう。そうなると、偉大なもの、優れた詩、優れた絵画を創造するのに使えるエネルギーは生殖に使われる。だからエネルギーの昇華、エネルギーの解放は非常に重要なのだ。

このことを覚えておきなさい。身体を完全に浄化するには、生を創造的に生きることだ。創造的な人だけが宗教的になれる——それ以外の人は宗教的になれない。

身体の浄化のための基本的な指針をいくつか話してきたが、まだ二、三、小さな要点がある。第一点は、基本中の基本だ。それに気をつけたら、些細な物事もおのずと大切にされるだろう。

身体の浄化の大きな助けとなる小さな要点のひとつは、滋養だ。あなたの身体は完全に物理的なメカニズムだ。何であれ取り込むものは、当然影響を及ぼす。アルコールを飲むと、身体の細胞は無意識になる――それは自然なことだ。そして身体が無意識だと、マインドに影響が及ぶ。身体とマインドは、互いに分かちがたいものだ。それらは結び付いている。

身体とマインドは別々ではない――それらは一緒で、ひとつの心身《ボディ・マインド》だ――それは心身相関的なのだ。マインドと身体はひとつだ。マインドは身体のもっとも微細な部分であり、身体はマインドのもっとも粗大な部分だ。別の言葉で言えば、それらはふたつの異なる物ではない。だから身体に起こることは、すべてマインドに反映される。またマインドに生じたものは、すべて身体に影響を及ぼす。マインドが病んでいたら、身体は久しく健康ではいられない。また、身体が病んでいたら、マインドは久しく健全ではいられない。ふたつのあいだではメッセージが交わされ、双方に影響を及ぼしている。だからマインドを健全に保つ方法を学ぶ人々は、自然と身体を健康に保つ方法を理解するのだ。彼らはそれに取り組む必要がない、努力する必要がない。


身体とマインドは結び付いている。マインドに生じることは、すべて身体にも生じる。だからあなたは、食事や何を食べるかに注意しなければならない。

第一に、身体が無気力になるほどたくさん食べてはいけない――無気力は不健全だ。身体を興奮させるような食べ物もいけない——興奮はアンバランスを引き起こすから不健全だ。あなたは身体が消耗しないよう、適度に食べるべきだ——消耗は虚弱をもたらすだけなのだから。エネルギーが生み出されなければ、より高い次元の意識へ向上していくのは不可能だ。あなたの食事はエネルギーを生み出すべきだが、刺激的であってはならない。エネルギーを生み出すべきではあるが、身体が無気力になるほど食べてはいけない。もし食べ過ぎたら、エネルギーのすべては消化に使われ、身体には無気力感が充満する。

身体が無気力なとき、それは全エネルギーが食べ物の消化に使われているということだ。身体の残りの部分は無気力になる。無気力は食べ過ぎのしるしだ。食後は、無気力ではなく再び元気になり、エネルギーを得た気分になるはずだ。これは理にかなったことだ。空腹だとあなたは食べる——すると、エネルギーを生み出す燃料が供給されたおかげで、再び元気な気分になるはずなのだ。なのにあなたは物憂い気分だ。この物憂さは、食べ過ぎて、すべてのエネルギーが食べ物の消化に使われているということにほかならない。身体の全エネルギーが胃に向けられ、残りの部分にエネルギーが欠如しているため、あなたは無気力に感じる。

食べ物があなたにエネルギーをもたらすなら、それは正しい。食べ物があなたを刺激しないなら、それは正しい。食べ物があなたを酔わせないなら、それは正しい。だから三つのことを覚えておきなさい——食事が健康的なら、あなたを無気力にはしないだろう。食事が健康的なら、あなたを刺激しないだろう。食事が健康的なら、酔った気分にはさせないだろう。この点について詳しい説明が必要だとは思わない。あなたがたは理解できるし、必要な調整もできるだろう。

ちょっとした要点のうちの第二点――運動は身体のために絶対に重要だ。身体を構成するすべての要素は、運動によって拡大するからだ。運動は拡大を助ける。走ると、あらゆる細胞――身体のあらゆる生きた細胞が拡大する。それらが拡大すると実に健康な感じがし、縮小すると気分が悪くなる。肺が酸素に満たされ、二酸化炭素がすっかり吐き出されると、血圧が上昇して不純物が清められる。だからヨーガでは、身体を清めること、身体の完全な浄化が、きわめて重要な必要事項と考えられている。だから、いくらか運動するのはいいことだ。

過度の休息は有害であり、過度の運動も有害だ。だからわたしは、たくさん運動しなさいとは言わない――過度の運動は不要だ。決まった運動を少々すれば、健康な感じがするだろう。そして休みすぎないこと――少しだけ休息しなさい――運動するのと同じだけ休むことだ。

今世紀は、運動と休息の場がない。わたしたちは奇妙な状況にある――運動もしないし、休息もしない。わたしたちが休息と呼ぶものは、ちっとも休息ではない。あなたは横になり、体をあちこち動かしたり、寝返りを打ったりする――これは休息ではない。休息とは長くて深い眠りだ――全身が眠り、すべての活動が速度を落とし、押さえてきたストレスが解放される。

朝起きて爽やかで健康な気分でないとき、それはあなたの振る舞いに影響を及ぼすと思ったことはないかね？　徹夜をした朝、乞食がやって来ると、あなたが施しを与える見込みはない。だが一晩よく眠ったら、あなたは施しを与えるのを拒否しないだろう。だから乞食は、朝になるとあなたの扉の前にやって来る。なぜなら、朝のうちは何かを貰うのは簡単だが、夜だとそうはいかないからだ。これは、まったく理にかなったことだ。これが、乞食が夜ではなく朝、物乞いに来る理由だ。夜は無駄骨だ。その頃までにあなたはひどく疲れ、身体はおそらく何もあげたくないような状態にある。だから彼らは朝やって来る。太陽は昇り、あなたは風呂をつかい、家の誰かは祈りを捧げる。すると乞食が外に立っている。彼を拒絶するのは非常に難しい。

身体が充分な休息をとると、それに応じてあなたの振る舞いも変わる。食事と休息が常に相関関係にあるのはこのためだ。食事はあなたのライフスタイルに関わるべきだ。両方とも純粋であれば、あなたは自らの生において途方もなく活気づき、内なる世界へ入っていくことが容易になる。

運動法を理解する必要があるのと同様に、いかに休息するかについても理解が必要だ。休息するためには、身体をリラックスさせる方法を知る必要がある。今晩瞑想をするとき、あなたはこれを理解するだろう。瞑想のあとで休息するとき、あなたは本当に休息しているだろう。

ここには、決まった運動ができなかったり、林に行けなかったり、山に登れない友人もいることだろう。その人たちには、別の瞑想を勧める。

朝、風呂を浴びたあと、締め切った部屋でベッドに十五分間横たわる。そして山を登っているか、ジョギングをしていると想像するのだ。ただ想像するだけで、何もしてはいけない。年とった人は実際に山へは行けない。そこで、締め切った部屋で目を閉じて横たわり、山登りをしているか、走っていると想像するのだ。太陽は輝き、あなたは走っている——あなたは激しく呼吸しはじめた。自分が実際に激しく呼吸しはじめるのに気づくと、あなたは驚くだろう。そして想像が充分たくましければ、十五分のあいだ、実際に屋外にいたような体験をしたのがわかるだろう。十五分のあいだに、まるで運動したかのように爽快な感じがするだろう。実際に運動する必要はない。なぜなら、運動するはずの体内の細胞が目覚めるからだ。別の言葉で言うと、それらが実際に運動するときに至る状態になるということだ。

夢の中で怖い思いをして目覚めるとき、心臓がまだどきどきしているのはなぜか、不思議に思ったことはないかね？　その恐怖は夢の中のもので、現実ではなかった——だとしたら、なぜ心臓はそんなにどきどきしているのだろう？　目覚めたあとでも、なぜどきどきしているのだろう？　心臓は鼓動を速めている。なぜなら、恐怖が夢の中のものか現実のものか、わからないからだ。心臓にわかるのは、恐怖があるということだけだ。このように、自分が運動していると想像すると、実際に運動したかのように助けになる——そこには何の違いもない。だから、こうしたことに精通した人々は、このような手法を生み出した。それらを小さな細胞の中に組み込めば、細胞の健康を損なうことはないだろう。なぜなら、細胞はこのようにして十五分間休息しながら運動するからだ。

試してごらん。出かけられない人はみな、夜に行なう予定の眠りのための瞑想とともに、この手法も使うといい。それを両方、寝る前にやるといい。こうして身体は浄化できる。身体が純粋なら、それ自体が大いなる歓びであり、この歓びの中であなたは内側により深く進むことができる。これが第一段階だ。

もうふたつ段階がある——思考の浄化と魂の浄化だ。これらについて説明しよう。

周辺には三つの段階がある——身体の浄化、マインドの浄化、そして感情の浄化だ。次に中心への三つの段階がある——無身体、無思考、そして感情からの自由だ。この六つの段階が完結するとサマーディが起こる。だからこの三日間にわたって、これらについて段階的に話していこう。それで充分だろう。あなたはそれについて考え、理解し、試みることになる。わたしの話はすべて、あなたに実験してもらうためのものだ。それを行なってはじめて、意味が明らかになる——さもなければ、わたしの話はあなたに何の神秘も明かさないだろう。

では、朝の瞑想をしよう。朝の瞑想について言いたいことがある。最初のステップは昨晩行なったものと同じ——決意をすることだ。五回、決意を固める。このあと二分間、深呼吸しながら休息する。それからしばらく沈黙して瞑想する。

まず決意、そして休息、最後のステップは瞑想だ。これが朝の瞑想の三つのステップだ。決意は昨晩わたしが言ったのと同じだ――深呼吸をし、空気が入ってくるとき、マインドに「わたしは瞑想へ入る意識的な努力をする。わたしは瞑想を体験する」という思いを維持する。呼吸が入ってきて、肺が満たされていくあいだ、この思いを絶えることなく維持しなさい。できるだけいっぱいに肺を満たし、一秒、二秒とできるだけ長く息を止める。吸い込むときは、できるだけたくさん空気を取り込み、そしてしばし息を止めなさい。ヨーガではこの訓練をプラック、ルンバック、レチャックと呼ぶ。息を吸い込み、止めると同時に決意する。それをマインドに響き渡らせなさい——それから息を吐き出し、思いをマインドに響き渡らせなさい。そして、マインドにその思いを響かせながら待つ。このようにして決意は内側深く、無意識のマインドに至る。あなたの全存在が、自分は瞑想へ入っていく決意をしたのだと知るだろう。するとあなたの全存在は、あなたを助けてくれる——さもなければ、あちこちをさまようばかりで、あなたはまったく変わらないだろう。

だからまず決意をし、次に感情の次元に焦点を当てなさい。決意をしたあと二分間、昨日わたしが話した希望や喜びの感情を連想すること。二分間、自分の身体が非常に健康な状態にあると思いなさい——大きな歓びを体験して身体の全細胞が生き生きとし、希望に満ちていると想像しなさい。事は起こるだろう——ただ決意するのだ。そして自分の周り一面に安らぎがあり、内側には大いなる至福があり、自分は希望に満ち、身体の全細胞が生き生きとして喜んでいるのを感じなさい。このあと朝の瞑想をしよう。

朝の瞑想のあいだ、背筋を真っ直ぐに保ち、リラックスして動かずにいなさい。身体のあらゆる動きを止め、背筋は真っ直ぐでなければならない。目を閉じ、ゆっくりと呼吸しなさい。ごくゆっくりと吸い込み、ゆっくりと吐き出す。呼吸を見守りなさい。目は閉じたまま、呼吸が入っては出ていくのを見守りなさい。

呼吸を見守るにはふたつの方法がある――ひとつは上下に動く腹部を見守ること。ふたつ目は呼吸が出ていく鼻の付近を見守ることだ。どちらでも自分にとって容易なほうをやりなさい。ほとんどの人は、鼻を見守るほうが容易だと思うだろう。空気が入っていくとき、それは鼻に触れ、外に出ていくとき再び鼻に触れる。呼吸が出入りするときに触れる箇所を見守りなさい。以前、臍への集中を試みたことのある人は、臍を見守るほうが簡単だろう。その人は臍を、膨らんだり凹んだりする腹を見守ることだ。いちばん心地よいところに焦点を当てなさい。十分間、呼吸を見守りなさい。

では、朝の瞑想のために静かにしよう。お互い離れて座りなさい。ほかの人に触れたり、音が聞こえたりしないよう、充分離れて座りなさい。

第3章

生の本質を見出す

Finding Quality in Life

親愛なる人たちへ

はじめに質問がきている。

一条の光を見出したら、探求者はこの体験をいかに大切にすべきでしょうか?

今朝話したように、あなたが体験する歓び、安らぎ、幸福感といった感覚はすべて、一日二十四時間絶えることなく内側に携えられるべきだ。これをどうするか? ふたつの方法がある。ひとつは瞑想中に体験したこの特別な意識の状態を思い出し、再生することだ。

たとえば瞑想中、あなたはゆっくり呼吸をしている。そこで昼間、特に何もしていない時間を見つけては呼吸の速度を落とし、呼吸が入っていく鼻の下の箇所に注意を留めなさい。こうした感覚を思い出しながら、自分は幸福で、歓びに溢れ、沈黙して、慈しみを受けていると想像しなさい。こうした感覚を呼び覚ましなさい。思い出すたびに——寝ていても、起きていても、通りを歩いていても、どこにいても——こうした感覚を呼び覚ますのだ。その結果、この記憶は日に何度も内側の何かを打つだろう。すると、思い出すための特別な努力がいらなくなる時が来る——それはまるで呼吸のように、常にあなたとともにある。

だから、まず思いが浮かぶたびに、こうした感覚を内側で絶えず反芻することだ。たとえばベッドに横たわっているとき、瞑想中の境地を思い出しなさい。散歩に出るとき、夜に月の光を見るとき、木の下に座ってあたりに誰もいないとき、自分の部屋で一人でいるとき、こうした感覚を思い出しなさい。バスに乗っていても、電車に乗っていても、一人で座って目を閉じて、こうした感覚を思い出しなさい。仕事に忙しい日中であっても、オフィスにいても、数分間立ち上がって窓辺に行き、何回か深呼吸をして、あの実存の境地を思い出すようにしなさい。

一、二分の想起を一日に十回から十五回ほど行なうと、それは次第に途絶えることのないものになるだろう。あなたは徐々に、思い出す必要はないことに気づく――それはあなたとともに留まる。だから、瞑想で体験したすべてを思考の中に携えることによって、意識へと導く――これがひとつの方法だ。

第二の方法は、すでに言った――夜眠るときに決意することだ。決意をより強固にする手段は、瞑想の状態を継続的なものにする手段でもある。瞑想の体験を得たら、その夜、床につくときに同じことをしなさい――瞑想中に体験したすべてを、内側に呼び覚ますのだ。すると、同じ体験が一日二十四時間、あなたとともにあるだろう。

決意を固めるために、あなたがたに与えたエクササイズ――息を吐き出しながら決意し、息を吸い込みながら決意するエクササイズだが……沈黙の境地を体験したら、同じ手順を用いなさい。そして瞑想中に感じたことはすべて、内なる潮流のように常に自分とともにあるという思いを、マインドにもたらすのだ。この思いを繰り返すことで、あなたは瞑想の感覚を難なく見出すだろう。同時にふたつを行なうと、さらに有益だ。あとで思考と感情の浄化について話すとき、これについてもっと詳しく検討できるだろう。ともあれ、このエクササイズを両方とも実験するといい。

二十四時間の流れの中で取り立ててすることがないとき、あなたは多くの自由時間を手にしている。この自由時間が、こうした瞑想の瞬間を思い出すことに使われるなら、それは途方もない違いを生み出すだろう。こんなふうに捉えてごらん。二年前、あなたは誰かに侮辱されたか、悲劇的な出来事を体験した——今日その出来事を思い出そうとすると、その出来事の全容を思い出すにつれ、徐々に身体とマインドが、二年前、実際に体験したときと同じ状態になっていくのに気づいて驚くだろう。もし二年前に誰かから侮辱され、今日その出来事——どのように感じられたか、どれほど自分が侮辱されたかを思い出そうとすると、まるで再び侮辱されているかのように身体とマインドが当時と同じ状態を体験するのを知って、あなたは驚くだろう。

意識の中にはあらゆるものが集積されており、それは消えることがない。体験はすべて貯蔵される。こうした記憶を呼び覚ますと、あなたは再び同じ出来事を体験し、再び同じ感情を体験できる。人間のマインドからは、何も消し去られない。

今日、瞑想しているあいだにいい感じがしたら、この体験を少なくとも五回から十回、その日のうちに思い出すことが大切だ。こうしてこの体験の記憶は、意識の中へさらに深く入っていく。そして何度も思い出すことによって、それは意識の恒久的な部分となる。だから尋ねられた質問に答えるなら、これがそのやり方だ。そして、実行するのは大切なことだ。

人は否定的なことばかり思い出し、肯定的なことはすべて忘れてしまうという過ちを頻繁に犯す。人の犯す基本的な過ちとは、価値のないことや否定的なことばかり思い出し、真に価値あることをすっかり忘れてしまうことだ。愛に溢れていたときを思い出すことは稀だ——自分の身体が実に生き生きと感じられた瞬間は、めったに思い出さない。沈黙を感じた瞬間は、ほとんど思い出さない。しかし、怒ったり動転したときや、侮辱されたり、誰かに復讐したときのことは、しょっちゅう思い出す。傷ついたときのことはしょっちゅう思い出すが、慈しみを受けたときを思い出すことは稀だ。だが、こうした慈しみに満ちた瞬間を思い出すのは、非常に大切なことなのだ。

それらを絶えず反芻することは、ふたつの点で助けとなる。もっとも重要なのは、こうした瞬間を反芻すると、それが再び起こる可能性が生まれることだ。いつも否定的なことを思い出していると、必ずまた同じ種類の体験をするだろう。いつも悲しいことを思い出していると、きっとまた悲しくなる。というのも、こうした傾向を助長すると、そのような出来事が人生で繰り返されることになるからだ。こうした感情はすべて内側に貯蔵され、その感情はますます幾度も反芻されやすくなる。

自分が思い出しがちな感情の種類を観察してごらん。わたしたちはみな記憶を持っている。あなたはどんな種類の体験を思い出す傾向があるだろう？　それから、このことも覚えておきなさい。過去の記憶が何であれ、あなたはそれを未来のための種子として植えており、将来それと同じ体験を収穫する。過去の記憶が未来への道を固めるのだ。

価値のないものは、すべて意識的に忘れてしまいなさい——それには何の価値もない！　もし、そうしたことを実際に思い出してしまったら、立ち止まって記憶に立ち去れと言いなさい。それはあなたにとって不要なものだ。棘はいっさい忘れ、花を思い出しなさい。あたりには棘がたくさんあるかもしれないが、花だってあるのだ。花を思い出すなら、あなたの生の棘は消え、生は花に満ち溢れるだろう。棘のことを思い出すと、生の花は消え失せ、棘ばかり取り残されるかもしれない。


あなたが何になるかは、あなたが培う記憶に左右される。思い出すことは、自己の一部となるからだ。何かについて始終考えていると、この思いは内側に変化をもたらし、わたしたちの生そのものになる。だから、好ましく純粋だと思うことだけを思い出しなさい、大切だと思うことだけを思い出しなさい。そして生においては……安らぎ、幸福、美、愛の瞬間を一瞬ですら持たないような惨めな人はいない。こうした瞬間を思い出すことが強靭さを与えてくれるなら、闇に取り巻かれようとも、内なる光がとても強いがゆえに、その暗闇を見ないこともある。あたり一面に悲しみがあっても、この愛と美と沈黙の体験を内側に携えているがゆえに、どんな悲しみも目に入らないこともある。棘に囲まれていても、花に囲まれていると感じるかもしれない。しかし、この逆もまたあり得る——それはあなた次第だ。

どの高みに至りたいかは、個人にかかっている。天国に住むか、地獄に住むかはわたしたち次第だ。天国と地獄は地理的な場所ではなく、主観的、心理的な境地だ。あなたがたの多くは日に何度も地獄にいたり、何度も天国にいたりする。しかし、あなたがたの多くは、一日の大半を地獄で過ごす。天国に戻る道を忘れてしまっている人すらいる。

しかし一日二十四時間、天国にいる人もいるのだ。まさにこの惑星上にいながら、天国に住んでいる人がいる。あなたもその一人になれる。あなたを止めるものは何もない。ただ、基本的で科学的な原理をいくつか理解することだ。

ある話を思い出した……。

仏陀にプルナと呼ばれる弟子がいた。彼は得度し、悟りを開いていた。プルナは言った。「わたしはこれからここを去り、必要とするすべての人々に、あなたのメッセージを広めたいと思います」

仏陀は言った。「ここを去る許可を与えてもいいが、はじめにひとつ尋ねておかねばならない。どこへ行きたいのかね？」

ビハールには、スカと呼ばれる狭い地域があった。プルナは言った。「スカに行くつもりです。

いままでどの僧侶もこの地域を訪れたことがありません。この地方の人々は、あなたのメッセージを聞いたことがないのです」

仏陀は言った。「誰もそこへ行ったことがないのには理由がある。そこの人々は非常に質《たち》が悪い。そこに行けば、彼らはあなたを侮辱するだろう。あなたは何と答えるかね？」

するとプルナは言った。「彼らに感謝します。なぜ感謝するかというと、彼らはたとえわたしを罵倒しても、少なくとも殴りはしないからです――彼らは殴ることもできるでしょうに」

仏陀は言った。「彼らの一人がお前を殴るかもしれない。そうしたら、どう応ずるかね？」

彼は答えた。「彼に感謝します。たとえわたしを殴っても、少なくとも殺しはしないのですから。彼は殺すこともできるでしょうに」

仏陀は言った。「お前に最後の質問をしたい。誰かがお前を殺すかもしれない。そうしたら、どう応ずるかね？」

プルナは言った。「暗闇を惑うことにもなりかねないこの生から解放してくれたことに、感謝するでしょう」

すると仏陀は言った。「ならば、どこへでも行くがいい！　もうどこへ行こうと、誰もがあなたの家族の一員だ。人のハートがそれほどまでに満ち足りて、それほどの極みにあるのなら、この世の何ものも彼を傷つけることはできない」

昨日ここへ向かいながら、わたしはマハヴィーラのことをある人に話していた。本当のこととは思えないだろうが、彼が道を歩いていると、突き出た棘さえ身を伏せたと言われている。これは作り話のように思える。誰が上を歩いていようと、棘に何の関わりがあるだろう？　上を歩いているのがマハヴィーラなのか、別の人なのか、棘に何の興味があるだろう？　それに、棘はどうしたら身を伏せられるというのか？　モハメッドについても聞いたことがある。彼が灼熱のアラビア砂漠を歩いていると、頭上に雲が現れ、太陽を遮ってくれたそうだ。これは完全に作り話のように思える。下を歩いているのは誰か、モハメッドなのか別の人なのか、それが雲と何の関わりがあるだろう？　どうしたらそんなことが可能なのか？

しかし、わたしはあなたがたに言う。それはみな本当のことだ。棘が身を伏せたとか、雲が現れたというわけではないが、こうした話は何かをわたしたちに示している。人はそれを通して、ある真実を表現しようとしていた。それを通して、非常に素晴らしいことが伝えられている——自らのハートが棘から解放された者は、棘に傷つけられることがない。また、ハートに焼けつくような情念を抱えていない者のために、大地はすっかり雲の傘で覆われ、彼は焦げるような太陽に晒されることはない。そしてこれは、まったく真実だ。

あなたの意識の状態がどうあろうと、あなたの生もまた、それと同じ質を持つだろう。不思議なことに、自己を浄化しようと努力すると、その人にとって全世界が親しみやすい場所になる。また愛に満ちていると、全世界はその人に愛を降り注ぐ。そして憎しみに満ちた人は、その報いに憎しみを受け取る——これは永遠の真実だ。何を差し出そうと、すべては自分に戻ってくる。それ以外にすべはなく、ほかにとり得るすべもない。

だから一日二十四時間、生における神秘的で神聖な瞬間を覚えているようにしなさい。そうしたいくつかの瞬間を呼び覚まし、あなたの生の土台としなさい。痛み、悲しみ、憎しみ、暴力の期間が長くとも、それらは忘れるようにしなさい。それらに価値はない。消し去るのだ。枯葉が木から落ちるように、価値のないものすべてを手放しなさい。そして、意味ある生き生きしたものだけを意識的に集め続けなさい。このプロセスを絶えず続けなさい。そこには純粋な流れ、美しい思考の流れ、溢れるほどの愛と幸せがあるべきだ。

すると、少しずつわかってくるだろう。思い出すことはさらに頻繁に起こるように見え、絶えず渇望しているものが、あたり一面に現れはじめる。そして、世界がまったく異なる光の中に現れる。いつもの人が違って見える——いつもの瞳、いつもの花、いつもの石が違った意味を持って見える……思いもよらないことだ。なぜなら、わたしたちは完全に違う世界に夢中になっているのだから。

だからわたしが言ったように、瞑想で体験したことを思い出しなさい——輝き、一条の光、ささやかな安らぎを。あなたの得たささやかな体験を、母親が子供の面倒をみるようにはぐくみなさい。はぐくまなければ、それらは死ぬだろう。貴重な物事であればあるほど、ますます大切にしなければならない。動物にも子供はいるが、さほど世話をする必要はない。下等な動物ほど、子供の世話をする必要性は低い。彼らは自分で自分の面倒をみる。だが進化の段階からすると、人間の子供は適切に世話されないと生き残ることができない。

意識の状態が高ければ高いほど、いっそうの保護が必要だ。体験が貴重であればあるほど、さらに多くの配慮を必要とする。だから、たとえささやかな体験しかしなくとも、それを注意深くはぐくみなさい。

あなたは、それをいかに大切にすべきかと尋ねたのだったね？　もしわたしがあなたにダイヤモンドをいくつかあげたとしたら、どうやってそれを大切にするだろう？　もし価値ある宝を発見したとしたら、どうやってそれを大切にするかね？　いかにそれを安全に保つかね？　どこにしまうかね？　あなたはそれを隠しておきたいだろう——胸の内に秘めておきたいだろう。


ある乞食が病院で死につつあった。司祭が彼のもとを訪れると、医師は司祭にその男は虫の息だと告げた。そこで司祭は、最後の儀式のために彼のもとへ赴いた。彼は乞食に「両手を組みなさい」と言った。

しかし乞食は言った、「お許しください。片方の手が開けられないのです」

彼は死にかけており、片方の手を開くことができなかった。そして間もなく、彼は息をひきとった。彼の手は開き、彼の集めた薄汚れた硬貨が数枚見つかった。拳の中に握り締めていたのだ……薄汚れた硬貨を数枚！　彼は自分が死につつあることを知っていたが、手を握ったままだった。

あなたは、ありふれた硬貨を大切にする方法を知っている——それは誰でも知っている。しかし、もっとも価値あるものを大切にする方法を知らない。あなたは、この拳を握った乞食のようだ。そして拳が開く時が来ると、薄汚れた数枚の硬貨のほかには何もない。

こうした体験を大事にしなさい……それらは本物の硬貨だ。それはあなたに啓示を与えてくれるかもしれない。新鮮なジュースを与えてくれるかもしれない。内側の何かを変容させてくれるかもしれない。何か新しいことが内側に引き起こされるかもしれないし、究極なるものへの渇望が内側に生じるかもしれない。だから、それらを大切にしなさい。わたしはふたつの手法を説明した。それを実験し続けたらわかるだろう。

別の友人が尋ねている。

セックスは創造的なエネルギーですか？
どうしたら夫婦の関係性を創造的なものにできるでしょう？

これは重要な質問だ。この質問が重要でない人は、ほとんどいないだろう。
この世には二種類の人しかいない——ひとつはセックスのために苦しんでいる人、もうひとつは性エネルギーを愛に変容した人だ。

セックスと愛は相反するものだと知ったら、あなたは驚くだろう。愛が育つにつれてセックスは減り、愛が薄れるにつれてセックスは増える。愛すれば愛するほど、性的ではなくなる――そして完全に愛に満ち溢れたら、内側には性的なものがいっさいなくなる。しかし愛がなければ、内側ではすべてが性的になる。

性エネルギーの変容と昇華は、愛を通してはじめて起こる。だからセックスを抑圧して、それから自由になろうとしても無駄だ。抑圧したら発狂することもある。世の狂人たちはみな、百人のうち九十九人は性エネルギーを抑制しようとしてきた。気づいているかもしれないが、文明が発展するにつれ、精神病は増加した。というのも、文明社会はほかの何よりもセックスを抑圧するからだ。

誰もが自分の性エネルギーを抑圧している。そして抑圧された性エネルギーは狂気を生み――精神病を生む。性エネルギーを抑圧する試み自体、狂気の沙汰だ。いわゆる聖人の多くは、実のところ気がふれている。その理由は、彼らが常に性エネルギーを抑圧しようとしてきたからに、ほかならない――セックスは抑圧すべきでないということを、彼らは知らない。

愛への扉が開いたら、セックスを通って流れていたエネルギーは、愛の光によって変容されるだろう。情念の炎だったものが、愛の光となるだろう。だからこの愛を広げなさい。愛はセックスの創造的な利用法だ。

生を愛で満たしなさい。でもあなたは、「わたしたちはいつだって愛しています」と言うだろう。

だがわたしはあなたに言おう。あなたはほとんど愛することがない。あなたは愛を渇望しているのかもしれない……ふたつのあいだには、大きな違いがある。愛することと、愛を必要とすることは、ふたつのまったく別の事柄だ。わたしたちの多くは、生涯子供のようであり続ける。それは、誰もが愛を求めているからだ。愛することは実に神秘的なことであり、愛を求めるのは実に子供じみたことだ。幼い子供は愛を求める――母親が愛を与えると彼らは育つ。彼らはほかの人からも愛を求め、家族が彼らを愛する。そして成長すると、彼らが夫なら妻から愛を求め、妻なら夫から愛を求める。そして愛を求める者は一様に苦しむ。なぜなら愛は求められないもの、愛はただ与えられるものだからだ。求めても必ず得られる確証はない。あなたが愛を期待する相手が、あなたからも愛を期待しているとしたら、これは問題だ。それはふたりの乞食が出会い、お互いに物乞いをしているようなものだ。世界のいたるところで、夫婦のあいだには結婚問題がある。その理由は、両者とも相手から愛を期待し、愛を与えることができないからにほかならない。

これについて少し考えてごらん――自らの絶えざる愛への欲求を。あなたは誰かに愛されたい。そして誰かがあなたを愛したら、いい気分がする。しかし、あなたは知らない――相手があなたを愛するのは、ひとえにあなたに愛されたいからだということを。それはまるで、魚に餌を撒いている人のようなものだ。彼は、魚に食べさせるために餌を撒いているわけではない。魚をつかまえるために撒いているのだ。彼は餌を魚にあげたいとは思っていない。ただ魚を手に入れたいから、そうしているにすぎない。あなたの周りで愛しているように見える人は、愛を得るために餌を撒いているだけだ。彼らは、相手がこの人からは愛を得る見込みがありそうだと感じはじめるまで、しばらく餌を撒くだろう。すると相手もまた愛を示し始め、最終的に自分たちは両方とも乞食であることに気づく。彼らは間違えていた――それぞれが、相手を皇帝だと思っていたのだ。そして相手から愛を得ていないことに双方が気づく時、それが虚構の始まる時だ。

だから、結婚生活は地獄とみなされる。なぜなら、誰もが愛を求めるが、与えるすべを知らないからだ。これこそ、あらゆる諍いの根本的な原因だ。どんな調停をしようと、どんな種類の結婚をしていようと、どんなルールを社会がつくろうと、わたしの言っていることが起こらないかぎり、夫婦の関係性は決して調和がとれないだろう。結婚生活をより良くする唯一の道は、愛とはただ与えられるものであり、要求するものではないと気づくことだ。それはただ与えられるのみだ。あなたが受け取るものはすべて祝福だ。それは、愛することに対する報酬ではない。愛は与えられるものであり、あなたが受け取るものは祝福だけだ。それは報酬ではない。そして、たとえ何も受け取らなくても、あなたは与えることができたから常に幸せだ。

夫婦が愛を要求するのではなく与え始めたら、生は天国になるだろう。そしてこの世はとても神秘的だ。もっと愛して要求をやめたら、さらに愛を受け取り、この神秘を体験するだろう。また、愛すれば愛するほど、セックスには巻き込まれなくなるだろう。

ガンジーは、妻のカストゥルバとともにスリランカを訪問していた。ガンジーは、最初の宴会の席で彼を紹介することになっていた人に、バ、つまり自分の妻も一緒だと告げた。そのときこの人は、ガンジーが母親と言っているのだと思った。バ、つまり母親という言葉から、ガンジーの母親も一緒に来ていると受け取ったのだ。そこで彼は、ガンジーを紹介して言った。「ここにガンジー氏と、その母君をお迎えすることは、たいへんな栄誉でございます」

バは少々驚いた。ガンジーの秘書も出席しており、彼はまずいことをしてしまったと思った。なぜなら彼は、ガンジーと一緒にいるのは誰なのかを、この男に告げなければならなかったからだ。彼はガンジーが自分のことを叱るのではないかと恐れ、意気消沈した。

しかし、ガンジーの言葉は実に素晴らしいものだった。彼は言った。「わたしを紹介してくださった人は、誤ってわたしの真実を語ってくれました。なぜなら数年来、バはわたしの妻ではなくなり、もはやわたしの母になっていたからです」

真のサニヤシンとは、その妻がいつしか自分の母親となる人だ。妻を残して逃げていく人ではない。真のサニヤシンとは、その夫がいつしか自分の息子となる人だ。

いにしえの賢者の素晴らしい言葉がある。その昔、賢者は、「汝に十人の息子が授からんことを。汝の夫が十一番目の息子とならんことを」と祝辞を与えたものだ。これは奇妙だ。それは、婚礼の際に花嫁に与えられる祝辞だった――汝に十人の息子が授からんことを、汝の夫が十一番目の息子とならんことを。それは素晴らしい考え方をする素晴らしい人々だった。そしてその背後にはまた、深遠な意味もあったのだ。

　夫婦の愛が成長すると、彼らはもはや夫婦でなくなる。関係性は変わり、彼らのあいだではセックスが減る。彼らの関係性は愛に変わる。セックスがあるかぎり、そこには搾取がある。セックスは搾取だ――あなたの愛する人をどうして搾取できるだろう？　セックスとはもっとも下劣で、人を食い物にするような、生けるものの利用法だ。愛しているなら、どうしてそんなふうに相手を搾取できるだろう？　どうしてそのように生けるものを利用できるだろう？　愛しているなら、愛が深まるにつれ搾取は消えていく。そして愛が消えると、再び搾取が増す。

　だからわたしは、セックスをいかに創造的なエネルギーにするかと尋ねた人に、セックスは非常に神秘的なエネルギーだと言いたい。この惑星上に、性エネルギーほど力強いエネルギーは存在しない。人の焦点のほとんどは、セックスにある。生の九割は性中枢《セックス・センター》に基づき、神性には基づいていない。生が神性の周りを巡っている人は、ごくわずかだ。ほとんどの人は性中枢の周りを巡り、性中枢を通して生を営んでいる。セックスは最大のエネルギーだ。正しく理解するなら、セックスほど人を掻き立てるエネルギーはないとわかるだろう。しかし、この性エネルギーそのものは、愛に変容され得る。そしてもし変容されるならば、まさにこの同じエネルギーは、光明への道となり得る。

だから、宗教がセックスと深く関わっていることは知っておく価値がある――それは一般に理解されているようなセックスの抑圧ではなく、セックスの変容と関わっている。宗教とは、セックスを抑圧するものではない。禁欲はセックスの対極ではなく、セックスの変容だ。セックスのエネルギー自体は、神聖なエネルギーへと変容される。性エネルギーが下へ向かって流れ、下降していたエネルギーは、上へ向かって動きはじめる。性エネルギーが上へ向かって上昇しているなら、それは意識の究極の境地に至る助けとなるだろう。そしてこのエネルギーが下へ向かうなら、世俗的な存在へと導くだけだろう。だが、このエネルギーは愛を通して変容され得る。

いかに愛するかを学びなさい。愛の意味を学びなさい。あとで感情について話すとき、愛の意味がはっきり理解できるだろう。いまは、これだけ言うにとどめておこう。

ある友人が尋ねている。

なぜ賢者たちは、集団となってともにワークしないのですか？

これはたいへんいい質問だ――真理を知り得た賢者は、なぜグループを組んでともにワークしないのか？　わたしは、賢者は常に共同でワークをしてきたと言いたい。ともにワークしてきたのは、生きている賢者だけではない。二十五世紀前に死んだ賢者さえも、生きている者を援助していると付け加えたい。だから、ともにワークしているのは同時代の賢者だけではない。それどころか歴史的かつ伝統的にみて、彼らは常にともにワークしてきたのだ。

わたしの言葉が真実だとしたら、それはわたしが仏陀や、マハヴィーラや、クリシュナや、キリストたちの支援を受けているからだ。わたしの言葉が真実なら、彼らの言葉がわたしの言葉にも溶け込んでいるのだ。わたしの言葉に力強さがあるなら、その力強さはわたし自身だけのものではなく、過去にその言葉を使った人々全員の力強さでもあるのだ。

しかし賢者でない人々は、決してともにワークしようとしない。そして真に宗教的でない、いわゆる賢者たちは大勢いる。彼らは宗教的に見えるだけだ。彼らとともにワークできるのは、節操のない人たちだけだ。彼らはわたしが先ほど触れたような賢者ではない。

こうした人々がともにワークできないのはなぜか？——それは彼らが、エゴの消滅によって聖者になったわけではないからだ。彼らが聖者であることは、エゴに餌を与えるひとつの方法でもある。そしてエゴのあるところでは、出会いは不可能だ。エゴは常に一番でいたいのだから。

わたしは、多くの宗教人が招かれた会議に参加していた。それは大きな催しで、宗教指導者の重鎮たちが多数招かれていた。傷つく人もいるだろうから名前はあげないが、そこにはインドの重要人物たちが大勢いた。この催しの主催者は、招待者全員がステージに座り、そこから聴衆に話すことを望んでいた。しかしある宗教指導者は、ほかの人々と一緒に座ることを望まなかった。そこで彼は主催者にメッセージを送り、「誰が上座に座り、誰が下座に座ることになっているのか?」と尋ねた。そして、「わたしは上座に座る。わたしは誰かの下座に座ることはできない」と言った。

自己本位で声高に話す人は少なくとも正直だが、このようなメッセージを送る人は複雑で、実に狡猾だ。この男は、自分はほかの誰とも一緒に座れないというメッセージを送ったのだ。組み立てられた大舞台は不要になった。演説者は集まった人々に話すために、一人ずつステージに座らなければならなかった。そのステージときたら、百人が座れるほど大きかったのにだ!

しかし、どうして百人の宗教指導者たちが一緒に座れるだろう? 彼らの中には、いばらの上以外には座れないシャンカラチャリアが数名いた。彼らが床の上に座れないなら、どうしてほかの宗教指導者たちが、彼らのいばらの隣の床に座れるだろう? このような人々は、ある椅子はほかよりも立派だと思っていたり、依然として座る席や、席の優劣によって自分が評価されると思っているのではないだろうか。それは彼らが何を重視しているかをさらけ出している。

ふたりの宗教指導者は出会うこともできなかった。というのも、挨拶のときにどちらが先に両手を合わせるかで、問題が生じるからだった。何らかのかたちで最初に挨拶した者は、相手よりも劣るのだ。これは驚きだ。先に両手を合わせるほうが、真に優る者なのだから。だが、この宗教指導者たちは、先に両手を合わせたほうが劣ると思っている。

わたしは、とある宗教家の重鎮の会合に出席していた。ある非常に重要な地位にある政治家も、その会合に出席していた。宗教家は一段高い台の上に座り、わたしたちほかの者は低いところに座っていた。会合が始まると、政治家は言った。「はじめに聞きたいのだが、なぜわたしたちはみな下に座り、君はその上に座っているのかね？　君が演説するつもりなら納得できる。だが、これは会合だ。これから討論するのだ。なのに君は高いところに座っている。だから討論は不可能だ。どうか降りてくれないかね？」

しかし宗教家は降りようとしなかった。すると政治家は尋ねた。

「降りられないというのなら――特別な理由があるなら、わたしたちに説明してみたまえ」

しかし彼は答えられず、びくついていた。代わりに弟子の一人が言った。

「かねてからの慣例で、彼は高い位置に座らなければならないのです」

政治家は言った。「彼はあなたの師《グル》かもしれないが、わたしたちのグルではない」。そして付け加えた。「わたしたちは挨拶のために両手を合わせたのに、君は返礼として両手を合わせなかった――君は祝福を与えたのだ！　このことを考えてみたまえ。ほかの宗教家が会いにやって来て、君が彼に祝福を与えたら喧嘩が起こるだろう。君も両手を合わせるべきだった」

すると返答はこうだった。「そのような慣例はないので、彼は両手を合わせられないのです」

たいへん険悪な状況になってしまったので、討論など不可能だった。わたしはこの宗教家に、

「こちらの政治家の方に、少し話をしてもよろしいでしょうか？」と言った。彼は許可してくれた。彼は会合が進行するよう、この事態の終結を望んでいた。事態は膠着していた。

わたしはこの政治家に尋ねた。「あなたの最初の指摘が、彼がほかの誰よりも高いところに座っていることだったのはなぜですか？」

さらにわたしは言った。「それから伺ってもよろしいでしょうか、あなたは彼が高いところに座っていることを指摘したのですか？　それとも、自分が低いところに座らされていることを指摘したのでしょうか？――というのも、あなたが高いところに座るよう、勧められることもあり得たのですから。そうしたら、あなたは疑問を抱かなかったでしょう。もしわたしたちがみな下に座り、あなたが彼とともに台の上に座っていたら、疑問を抱きはしなかったと思います。問題は、彼が高いところに座っていたから生じたのではありません。自分が下に座っていたことが、あなたの問題なのです」

その政治家はわたしを見た。彼は当時、大きな権力を持つ地位にあり、インドのもっとも有名な人物の一人だった。彼はしげしげとわたしを見つめた。彼は非常に真摯な人物だった。彼は言った。「その通りだ。わたしにそう言ってくれた人は誰もいなかった。そうだ、これは実に利己的なことだ」

宗教家は非常に喜んだ。わたしたちが帰ろうとしていると、彼はわたしの肩に手を回して言った。

「君は彼に、非常にいい返答をしてくれた」

わたしは彼に言った。「あの返答は彼にだけ宛てたものではありません。あなたに向けたものでもあるのです」

さらにわたしは言った。「わたしは、彼があなたよりも正直であり、あなたがまったく正直なところを示さなかったのを見て、残念に思いました。彼はそれが自分のエゴであることを認めましたが、あなたは認めもしませんでした。それどころか、わたしの返答の助けを得て、自分のエゴに餌を与えたのです！」

このタイプの宗教家と、ともにワークすることはできない。彼らのワークは、すべて他者への批判に基づいている。彼らの全努力は、人に対抗することに基づいている。敵がいなければ、彼らはまったくワークできない。彼らの全努力は、他者と争い、他者を憎むことに基づいている。こうした伝統や宗教に従う宗教家はみな、無知と呼ばれるだけだ。真の賢者の第一の特性は、彼がもはやどの宗教にも属さないことなのだから。賢者の第一の証《あかし》は、彼がもはやどんな制限や伝統にも束縛されていないことだ。彼は何の制約も持たず、あらゆる人に属している。そして彼の一番の特性は、エゴが消滅し、プライドが消えていることだ。しかし、これらはエゴを煽り、餌を与えるやり方だ。

このことを覚えておきなさい――エゴは多くの富によって満足するし、多くの苦難を体験しても満足する。多くの知識を得ても、エゴを煽ることになる。世間を放棄するなら、エゴを煽っているということだ。そしてエゴが満足している人は、共同でワークすることができない。エゴこそ分割因子であり、エゴなき境地こそ結合因子だ。だから、エゴのない境地には一体感がある。

かつてファリッドと呼ばれるイスラム教のファキールが、カビールの住む村のそばを通りかかっていた。彼は数人の弟子と旅をしていた。弟子は彼に言った。「たいへん幸運なことに、カビールの住む家のそばを通るでしょう。何日か彼の家に泊まりましょう。お二人が対話されたら、わたしたちにこの上ない喜びを与えてくださることでしょう。お二人が出会って対話されたら、わたしたちへの大きな恩恵ともなるでしょう」

ファリッドは言った。「そうだ、ひと休みして会ってみよう。しかし対話はないだろう」

彼らは尋ねた。「なぜですか？」

彼は言った。「そこでひと休みするとしよう。彼に会っても、話すことはないだろう」

カビールの弟子たちは、たよりを聞きつけて言った。「ファリッドがここを通ろうとしていますね」――彼を歓迎しましょう。喜ばしい出来事になるでしょう。二日間、お二人は言葉を交わせますね」

するとカビールは言った。「わたしたちは、是非とも会わねばならない。誰もがたいそう喜ぶだろう」

ファリッドは歓迎された。ファリッドとカビールは、互いに抱き合った。彼らの目には歓びの涙が溢れていたが、何の対話も起こらなかった。彼らは別れた。弟子たちはとてもがっかりしてしまった。別れ際に彼らは言った。「それにしても、お二人は何も話されなかったのですね！」するとと彼らは答えた。「何を話せるというのだ？　彼が知っていることは、わたしも知っている」ファリッドは言った。「わたしが知っていることは、カビールも知っている。だから、何を話せるだろう？　わたしたちは、対話が可能なふたりの人間ですらない――あるレベルにおいて、わたしたちはひとつだ。そのレベルでは、言葉は不要なのだ」

賢者のあいだで対話は不可能だ。話すことさえ二元性をもたらす。あるレベルにおいては、あらゆる賢者の永遠のワークは共通だ。そのレベルにおいて、二元性という問題はない。彼らがどこに生まれようと、どの共同体に属していようと、どんな生き方をしていようと、それでも彼らのあいだに二元性はない。しかし、賢者でない人々に違いがあるのは、ごく自然なことだ。だから――このことを覚えておきなさい――賢者には違いがない。もし違いがあるとしたら、賢者でないしるしだと考えなさい。

ある友人が尋ねている。

あなたの最終的な目的や目標は何ですか？

彼は、わたしの目的は何かと尋ねている。わたしは何の目的も持たない。そして、なぜわたしが目的や目標を持たないかを理解することは、ためになるだろう。

生には、ふたつの行動のタイプがある。ひとつの行動のタイプは、欲望に動機づけられたものだ。その裏には目標《ゴール》がある。そして別のタイプの行動がある。それは愛や慈悲に動機づけられたものだ――その裏には目標がない。母親に、「我が子に与える愛情の裏にある目標とは何ですか？」と尋ねたら、彼女は何と言うだろう？　彼女は、「目標なんて知りません。ただ愛するだけです。ただ愛することの中に歓びがあるのです」と言うだろう。今日愛したら、明日歓びを受け取るというものではない。あなたの愛そのものが、歓びだ。

しかし、欲望に動機づけられたタイプの行動もある。ちょうどいま、わたしはあなたがたに話をしている。わたしが話しているのは、何かが得られるからということもあり得る。その報酬は、お金、名声、尊敬、権威という形をとるかもしれない――どんな形でもとり得る。わたしは、何かを見返りとして得られるから、話しているのかもしれない――だとしたら、それは欲望に動機づけられている。

しかしわたしが話しているのは、単に話さずにはいられないからだ。内側で何かが起こり、それは共有されることを望んでいる。わたしの話は、花がほころび、芳香をあたり一面に漂わせているようなものだ。花に「目標は何か？」と尋ねても……その裏に目標はない。

ある行為は欲望から生じる――だとしたら、その裏には目標がある。ある行為は慈悲に動機づけられている――だとしたら、裏に隠された目標はない。だから欲望から生じた行為は、束縛をつくり出すのだ。しかし慈悲から生じた行為は、何の束縛もつくり出さない。目標のある行為は束縛を生むが、目標なき行為が束縛を生むことはない。

知ったら驚くだろうが、目標がなければ間違ったことはできない。それは奇妙なことだ――罪には常に目標がある。善行を為すとき、そこに目標はない。善行に目標があるなら、それは偽装した罪に違いない。罪には必ず目標がある。目標がなくては、罪は存在しないだろう。目標があっても罪は犯し難い。まして目標なしでは不可能だ。わたしは、理由もなくあなたを殺すことはできない――なぜあなたを殺そうというのか？　理由がなくては、罪は存在し得ない。なぜなら、慈悲を通して罪を犯すことは不可能だからだ。罪は常に欲望に満ちている。そして欲望は常に目標を伴う。そこには見返りとして期待する何かがある。しかし、何の期待もせず行動することも可能なのだ。

マハヴィーラは光明を得たのち、さらに四十年余りワークを続けた。なぜそうしたのだろう？　彼は何年もワークしてきた。なのになぜ、やめなかったのだろう？　彼は何年も旅を続けていた――彼は非常に精力的だった。食事をとり、こちらへ行き、あちらへ行き、話をし、講話をする。四十年から四十五年間にわたって、絶えずワークを行なっていた。彼は満足しなかったのだろうか？　仏陀も光明を得たあと、四十数年にわたってワークし続けた。なぜ、やめなかったのだろう？――それは、この活動に目標がなかったからだ。仏陀もマハヴィーラも、目標を持たなかった。それは、ただ彼らの慈悲から生まれたことだった。

わたしはしばしば、なぜ自分はあなたがたに話し続けているのだろうかと、不思議に思うことがある。裏の目的とは何だろう？　わたしには何かを見ることができ、それについて話す必要がある──それ以外は、探してみても何ひとつ目的は見当たらない。実のところ、内側に依然として暴力を抱えている人だけが、黙っていられるのだ。

なぜそれが暴力的なのだろう？……今朝、わたしはある物語を話した。わたしがあなたの手の中に蛇を見ても何も言わず、自分には関係ないことだと思って我が道を歩きはじめるなら、それはわたしの内側に暴力や冷酷さがあってはじめてできることだ。さもなければ、わたしはあなたに言うだろう。「そいつは蛇だ！　投げ捨てろ！」

誰かがわたしに、「なぜそれは蛇だ、投げ捨てろと言うのですか？　なぜ、そんなことに構うのです？」と尋ねたとしたら、わたしは答えるだろう。「それはわたしにとって、まったくどうでもいいことだ。ただわたしの内なる意識が、こうした状況で黙っていられないことを除いては」

その動機は、外側の出来事に掻き立てられるものではない。というのも、裏には何の目標もないからだ。動機は、期待を抱かない内なる意識から生じる。驚くだろうが、目標があるときは常に外側から動機づけられるが、目標がないと、動機は内側深くから生じる。つまり、あなたを魅きつける事象があるなら、目標があるということだ。しかし、内側から引っ張るものがあるなら、目標はない。

愛や慈悲には、いつも目標がない。欲望や欲求は、常に目標指向だ。だから欲望は引っ張るのだ――外側から引っ張ると言ったほうがいい。わたしがあなたに綱を巻き付けて引くと、それは引っ張るということだ。欲望は、あなたを引っ張る――あなたはまるで綱に縛られ、綱に引っ張られているかのようだ。だからわたしたちの宗教の経典では、欲望を持つ者をパシューと呼ぶ。「パシュー」という言葉は、綱に繋がれた動物を意味する。それは何かに繋がれ、それによって引っ張られている。だが経典では、「パシュー」という言葉は動物を意味するのではない――「パシュー」は綱に繋がれ、それに引っ張られている人を指して使われる。目標に引っ張られているかぎり、そこには欲望がある。それが存在するかぎり、あなたは動物のように綱に繋がれている。あなたは自由ではない。自由は、繋がれて引き回されるパシューとは正反対だ。自由とは、いかなる束縛にも引き回されず、自己の内面から起こる流れによって動くことを意味する。

わたしは何の目標も持たない。だからこの瞬間に死ぬとしても、何かをやり残したとは一瞬たりとも思わないだろう。ここに座りながら、いままさに死んだとしても、言うべきことを言い残したとは一瞬たりとも思わない。なぜなら、その裏には動機がないからだ。何かを完結させせなくても構わない。わたしが生きているかぎりワークは行なわれ、わたしが死んだらワークは終わる。裏に動機がないから、未完のまま残されるものはない。

わたしには動機がない。内側からの啓示《インスピレーション》があるだけだ。内なる衝動があり、あらゆる出来事はそれゆえに起こる。インドでは、そのような人は存在へ明け渡したのだと言う。もはや彼の行為は、すべて神の意思だ――彼は自分の動機を持たない。彼の行為はすべて神の意思だと言うのは正しい。彼は自分の生を究極なるものに明け渡したのだから。もはや、起こることはすべて究極なるものの責任であり、彼自身に責任はない。

あなたはいい質問をした。わたしは、生は欲望や痛みから解放されるべきだと言いたい。動機なき生を創造しなさい。すると内側から啓示が現れるだろう。何か得ようとする欲望を持つのではなく、与える欲求を抱く生き方をしなさい。わたしが愛と呼ぶものは、求めるのではなく、ただ与えるものだ。そして愛には、与えることのほかに目標はない。わたしが愛と呼ぶものを、わたしは慈悲とも呼ぶ。そう、愛するほかに目標《ゴール》はないと言っていい。そして愛にはゴールがない。愛そのものがゴールなのだから。

最後の質問は怒りについてだ。

怒るとそれは悪影響を生み出し、全身に影響を及ぼします。その際、身体にはどんなブロックが生じるのでしょうか？

今朝あなたがたに話したとき、怒りはほんの一例だと言った。すべての感情はエネルギーだ。こうしたエネルギーを創造的に使わないと、それは身体のどこか、マインドのどこかを乱す。エネルギーは使われなければならない。内側のエネルギーが使われずにいると、ある種のブロックが生まれる。こうしたブロックは、腫瘍のような病気になる。わかるかね？　怒りだけでなく――わたしの内側に与えるべき愛があり、この愛を誰かに与えられないとしたら、わたしの内側にブロックをつくり出すだろう。内側に怒りがあっても表現できないとしたら、わたしの内側にブロックをつくり出す。内側に恐れがあっても表せないとしたら、恐れはブロックになる。あらゆる感情は、内側にエネルギーを生む。このエネルギーは、解放されなければならない。

この解放には、ふたつのタイプが可能だ。ひとつは否定的な方法。たとえば誰かが怒っているとする。この人にとっての否定的なやり方は、他人のところへ行って石を投げたり、誰かを棒で叩いたり、罵ったりすることだ。この方法は否定的だ。なぜならエネルギーが使い果たされても、彼はそれから恩恵を受けられないからだ。彼が得る唯一の成果は、自分の罵った相手が二倍の力で報復することだ。彼が石を投げつけた相手もまた怒るだろう。彼は口火を切ったようなものだ――相手も、自分の怒りを表現するのに否定的な方法を使う。彼も棒を手に取るだろう。

誰かに石を投げたら、彼はさらに大きな石を投げ返す。怒りが否定的に使われたら、さらに怒りが生まれ、エネルギーが浪費される。再び怒りが生まれ、否定的な習慣ゆえに、さらに大きな怒りが再び引き起こされる。エネルギーはまたしても浪費され、相手の反応のせいで再び怒りが生まれる。怒りは無尽蔵で、エネルギーは浪費される――それは終わることがない。

怒りは、肯定的で創造的な方法で使って、はじめて止むものだ。だからマハヴィーラは言った。「憎む者は、見返りとして憎しみを受け取る。怒りを表す者は、怒りを受け取る。邪《よこしま》な思いを持つ者は、見返りとして同じものを受け取る」。そこには終わりがない。そして、最終的にエネルギーは浪費されるばかりだ。

わたしが怒っているとしよう――そのお返しに、あなたは怒る。再びわたしはあなたに怒り、お返しにあなたはまた、わたしに怒る。この一連の結末はどうなるだろう？　わたしは怒るたびに衰弱し、全エネルギーが使い果たされる。だから社会は、他人に対して怒りを表すことに反対するのだ。それは良いルールだ。そしてこのおかげで怒りは表現されず、増幅することもない。しかしそのエネルギーは、依然として内側にある。では、それに何が起こるだろう？

動物の目を観察したことがあるかね？　もっとも獰猛な動物でさえ、あなたよりも優しげな目をしている。野生動物の目は、人類の目よりも優しい。なぜそうなのか？――そこには抑圧されたエネルギーがないからだ。動物は怒るとそれを表現する――唸り、雄叫びを上げ、攻撃し、怒りを解き放つ。動物は文明化されていない。抱いている衝動をすべて表現する。

子供の瞳に見られる優しさの理由は何だろう？　彼らは感じたことを何でも表現する。――エネルギーは何のブロックもつくらない。彼らは怒ると怒りを表し、やきもちをやくとそれを表し、ほかの子供からおもちゃを奪いたければそうする。子供の生活には抑圧がない――だからとても無垢なのだ。

あなたの生活には抑圧があり、そこから複雑さが始まっている。エネルギーのブロックは内側の複雑さを反映している——何かが内側で生じているが、外側では別のことを表現している。では、解き放たれなかったエネルギーはどこへ行くだろう？　それはエネルギー・ブロックになる。

エネルギー・ブロックとは、あなたのマインドや身体の中で、結び目のように滞っているものだ。それは、川の中で水の一部が凍り始め、氷のかけらが川を漂っているようなものだ。かけらが大きくなるにつれ、川の流れはますます妨げられる。水がすべて凍りついたら、川は完全に流れを止める。つまり、あなたは氷の塊が漂っている川のようなものだ。この氷を溶かさねばならない。

こうしたエネルギー・ブロックは、あなたの生の流れに浮かぶ氷の塊のようなものだ。憎しみや、怒りや、セックスの抑圧された衝動は、内側で大きな氷の塊のようになっている。いまやそれらは、生の流れを阻んでいる。まったく流れることもなく、生が完全に凍りついてしまった人もいる。是非とも氷を溶かさなければならない。そして氷を溶かすには、創造的な方法を使うべきだ。わたしは、これを行なう創造的な方法をふたつ説明した。ひとつは、ブロックされた古い衝動を解き放つこと。もうひとつは、新しい衝動を創造的に利用することだ。

小さな子供たちを見ると、彼らは溢れんばかりの情熱やエネルギーを持っている。彼らを家に残しておくと、あちこち触ったり叩いたり、あれこれと壊したり潰したりするだろう。するとあなたは彼らに言う。「これをしてはだめ。あれをしてはだめ」。あなたはしてはいけないことを諭すが、その代わりに何をすべきかは言わない。それにあなたは、グラスを割るときに子供が何をしているかを知らない。彼の内側のエネルギーは、何らかの捌け口を必要としているのだ。もうほかに方法がないから、グラスを手に取り、そのグラスを叩くことで彼のエネルギーは捌け口を見つけ、解放される。だが、そうするとあなたは言う。「グラスを壊してはいけません」。すると彼は、グラスを叩くのをやめる。彼は外に出て、今度は花を取りたいと思う。あなたは言う。「花に触ってはいけません」。彼は花に触ることすらできない！　彼が家に入り本を手に取ると、あなたは言う。「本を汚してはだめ」。あなたはしてはいけないことを諭すが、何をすべきかは言わない。すると、その子の中にブロックが生じ、今度はそれがさらにもつれていく。そしてある日、こうしたブロックばかりになってしまう。彼の内側にあるのは、「これをしてはだめ。あれをしてはだめ」だけだ。彼は何をすべきか、わからなくなる。

創造的な方法とは、彼に何をしたらいいかを教えることだ。グラスを叩いているとしたら、彼にはエネルギーがあり、何かをしたがっているということだ。あなたは、そうしてはいけないと言った。だが彼に粘土をあげて、「グラスをつくってごらん。これと同じようなグラスをね」と言うほうがいい。彼のエネルギーを創造的に使うことになるだろう。わたしの言うことがわかるかね？　彼が花を取りにいったら紙を渡し、「これと同じような花をつくってごらん」と言うといい。彼のエネルギーを創造的に使うことになるだろう。彼が本を破いたり、取り上げたりしていたら、ほかにすることを与え、彼が自分のエネルギーを使えるようにすべきだ。

最近、教育はすっかり非創造的になっている。だから子供の人生は、まさに始まりから虐げられているのだ。わたしたちはみな虐げられた子供だ——唯一の違いは、わたしたちが大人だということだ。そうでなければ、わたしたちは虐げられた子供だ。まさに子供のころから、すべてが間違っていた。そしてわたしたちは、生涯こうした間違いを犯し続ける。

話したように、創造性とは、エネルギーが生じるたびにそれを創造的に使うことだ。するとそこから何かが現れ、何ものも破壊されない。常にあらゆる人を批判するのに使うエネルギーは、詩を書くことにも使える。そして、知っているかね?——批評家になるのは、詞や詩が書けない人物であることを。それは同じエネルギーだ。批評家も詞を書いたり、詩をつくったりするのと同じエネルギーを持っている。しかし、彼らはそれを創造的な方法で使わない。彼らは他人を批評するだけだ——誰がひどいものを書いていて、誰が何をしているか。これは破壊的な使い方だ。わたしたちが自分のエネルギーを、自分の内なるエネルギーのすべてを創造的な方法で使うなら、世の中は遥かによい場所になるだろう。

そして、エネルギーに善悪はないことを覚えておきなさい。怒りのエネルギーですら、善でも悪でもない。それはひとえに、どう使われるかに左右される。怒りのエネルギーが悪だと考えてはいけない。エネルギーは善や悪ではあり得ない。原子エネルギーでさえ、善でも悪でもない。それによって全世界を破壊することも、創造することもできる。エネルギーはすべて中立的だ。どのエネルギーにも善悪はない。破壊的な目的で使われたら悪となり、創造的に使われたら善となる。

だから、怒り、欲望、セックス、憎しみのエネルギーの使い方を変え、創造的に使いなさい。ちょうど堆肥を運んでくるとひどい臭いがし、臭いのと同じだ。しかし庭師はそれを庭に使い、水をやり、種を蒔く。この種を通して堆肥は木となる。そして堆肥の悪臭は木の脈を通り、花の香りへと変化する。ひどい臭いを発していた、まさにこの汚物、ほかならぬこの堆肥が、花となって甘い芳香を放つ。これこそエネルギーの変容だ。これこそエネルギーの変成だ。

あなたに関して、悪臭を放っていたものはすべて、同じものでありながら甘く香るものに変えられる。なぜなら、臭いものは甘くも香るからだ。だから内側に怒りがあっても、罪悪感を持つことはない——これはエネルギーであり、それを持っているのは幸運なことなのだ。そして、自分は性的関心が強すぎると思うことはない——これは単にエネルギーであり、それがそこにあるのは幸運なことだ。性欲を持っていないとしたら不幸だ。怒れなかったり、無気力だとしたら不幸なことだ。だとしたら、内側には使えるエネルギーがないのだから、あなたは用なしだ。だから、あなたはこのエネルギーを持っていて幸運なのだ。内側のあらゆるエネルギーに感謝しなさい。さあ、それをいかに使うかは、あなた次第だ。

世の偉人たちはみな、たいそう色好みだ。もし色好みでなかったとしたら、おかしなことだ。そうでなかったら、偉大になれなかっただろう。

あなたはガンジーのことを知っているだろう――彼は非常に精力旺盛だった。彼の父親が死んだとき……医者は彼に、父君は助かるまいと告げていた。だがその夜ですら、彼は父親のそばに居られなかった――父親が死んだとき、彼は妻と愛を交わしていた。すでに医者は、父君は夜を越せないだろう、夜のあいだは父君のベッドのそばに居なさいと彼に告げていたのだ。彼がその夜を越せないことは確実だった。ガンジーはこのことを非常に後悔していた――「わたしはなんという人間だろう?」と。だが彼は、自分の性欲に感謝すべきだった。なぜなら、まさにその性欲が――ほかならぬそのエネルギーが、彼を禁欲にしたのだから! あの夜、彼が父親の隣に座っていたら、ガンジーがこの世に輩出しなかったことは確かだ。同じ状況のもとでわたしたちの多くは、自分の父親と一晩どころか二晩でも一緒に居るだろう――だが、ガンジーは生まれない。その晩、彼にとって悪臭と思えたに相違ないことは、のちに彼の生の芳香となった。


だから、どんなエネルギーも拒まないことだ。内側に生じたエネルギーを拒んではいけない。それを祝福と思い、努めて変容させなさい。あらゆるエネルギーは変えることができ、変容することができる。そして忌まわしく思えることも、香り高いもの、美しいものに変容できる。

質問のいくつかを検討してきた。残りは明日、検討しよう。

第4章

マインドを理解する

Understanding the Mind

親愛なる人たちへ

今朝は探求者への第一歩について話した。また、身体を浄化するさまざまな方法についても話した。人格の第二の層には思考がある。身体は純粋であるべきであり、マインドも純粋であるべきだ。第三の層は感情だ。そして感情が純粋であるとき、瞑想のための土台は整う。この三つが起こったとき、あなたは大きな歓びを体験するだろう。あなたの生には、途方もない安らぎがあるだろう。この三つが達成されたら、あなたは新しい生を手にする。

だがこれらは、瞑想のためにあなたを整える基本的なステップにすぎない。ある意味で、それらは外側の訓練だ。内側の訓練はもっと深い――その中でわたしたちは、身体とマインドと感情を浄化し、空《から》にするために、それらを明け渡す。外側の訓練で身体は浄化され、内側の訓練で身体は明け渡される。あなたは身体なき境地に入り、無心《ノーマインド》の境地に入り、感情から解放された境地に入る。しかしこれが起こる前に、内側の不純を取り除く必要がある。

身体については話した。これから思考について話そう。マインドの不純とは何か？

思考は実に気まぐれだ。思考は、良きにつけ悪しきにつけ、マインドに痕跡を残しもする。何を考えるかは、その人の人格にも影響を及ぼす。美について内省しているなら、それはごく自然に、その人の人格の美しさも向上させるだろう。神について、神性について考え、思考がその回りを巡っているなら、当然その人の生は神性に満たされるようになる。真理について考えているなら、当然、真理はその人の一部となる。

こうした意味で、何が常にあなたのマインドにあるのか、よく考えてほしい。あなたは始終何を考えているだろう？　あなたがたのほとんどは、金かセックスか権力について考えている。

昔、中国に皇帝がいた。ある日、彼は宰相を伴って王国の国境に赴いた。そこは海辺だった。二人は丘の上に立ち、何マイルも広がる大洋を眺めていた。航海の船が、数多く行き交っていた。皇帝は宰相に尋ねた。「どのくらいの船が入港し、出港するのかね？」

宰相は答えた。「陛下、真実がお望みなら、入港するのは三隻、出港するのは三隻しかございません」

皇帝は言った。「三隻？　あそこに、たくさん船があるではないか。あれが見えないのかね？」

宰相は答えた。「わたしは三隻しか見たことがありません――ひとつは金、ひとつはセックス、ひとつは権力です。わたしたちは生涯を、この三隻で旅して過ごすのです」

これは事実だ――わたしたちの思考のプロセスは、この三隻に乗って旅をする。そして、これらの船に乗って旅する人は、純粋な思考に至れない。この三隻から降りてはじめて、人は純粋な思考を手にする。だから、自分のマインドに繰り返し浮かぶ思考を観察することは、すべての人にとって重要だ——思考がその回りを巡る心の傷とは何か。マインドが何度も立ち戻る思考は、その人の根本的な弱点だ。だから、誰もがこれを見つけなければならない——それはお金か、セックスか、それとも権力か？　この中のひとつを、あなたは始終考えていないかね？　嘘をつくことを考えてはいないかね？　不正について、いかさまについて考えてはいないかね？　これらはみな比較的些細な事柄で、主要な点は最初の三つだ。マインドがこの三つの回りを巡っているなら、あなたの思考は不純だ。そうしたことを考えているかぎり、真理を知ることはできない。だからそれらは不純な思考と呼ばれる。

純粋な思考は、インドでわたしたちが呼ぶところの〝真、善、美〟（サティヤム・シヴァム・スンダラム）と同じだ。純粋な思考は、この三つの境地に焦点を当てる。あなたはどれほど真理について考えているだろう？　真理について少しでも考えているかね？　真理とは何か、考えたことがあるかね？　静かなとき、マインドがそれを知りたいと思ったことはないかね？　真理への思いに苦悶したことは？　美とは何か、理解したいと思ったことは？　幸福とは何か、理解したいと思ったことは？

マインドが不純な思考に乱されているなら、マインドは不純だ。そして、不純なマインドでは光明は得られない。

不純な思考はあなたを外へ連れ出し、純粋な思考はあなたを内側へと連れていく。不純な思考は外へ、下へと流れるが、純粋な思考は内へ、上へと流れる。〝真、善、美〟を考える者は必ず、それらによって自分の生が彩られているのを見出す。

かつて、ガンジーは刑務所にいたことがあった。彼は常に真理について、放棄について、無執着について考えていた。そのころ彼は朝食として、一晩水に漬けたナツメヤシの実を十個食べていた。ヴァラブバイ・パテルも彼とともに刑務所にいた。彼は驚いた。「ほんの十個のナツメヤシの実で、朝食と言えるのだろうか？　どうして、それで充分なものか？」

彼はガンジーのためにナツメヤシの実を漬けていた。そこである日、彼はナツメヤシを十五個漬けた。彼は思った。「この老人にナツメヤシの実が十個あるか、十五個あるかなどわかるものか？ただ食べるだけさ」

ガンジーは、いくつか余計にナツメヤシの実があるのを見た。彼は言った。「ヴァラブバイ、ナツメヤシの実を数えておくれ」

数えてみると、ナツメヤシの実は十五個あった。ガンジーは言った。「十五個あるではないか」

ヴァラブバイは言った。「十個あろうと、十五個あろうと、何の違いがあるのです？」

ガンジーは目を閉じて数分考えた。彼は言った。「ヴァラブバイ、あなたはわたしに素晴らしいアイデアを与えてくれた。あなたは『十個と十五個に、何の違いがあるのです？』と言った。そしてわたしは、十個と五個にも違いはないことを理解したのだ」

ガンジーは言った。「今日からずっと、ナツメヤシの実は五個だけ食べることにしよう。あなたは、もっとも素晴らしいことを教えてくれた。十個も十五個も違いはないとね」

ヴァラブバイは心配になった。彼は言った。「わたしはただ、あなたがもう少し多く召し上がるように、そう言ったのです。このようにお考えになるとは、思ってもみませんでした」

常に少なめに少なめに食べることを考えている人は、いつもこんなふうに答える。そして多く食べることを考えている人は、十個でも十五個でも違いを認めない。しかし、絶えず少なめに食べることを考えている人にとっては、五個でも十個でも違いはない。つまり、あなたの考えることは日々の習慣に現れはじめる。


もうひとつ話をしよう……

ガンジーは、少量のハチミツとライムを入れた白湯を飲んでいた。マハデブ・デサイは彼の親友だった。ある日、彼はガンジーのために白湯を用意していた。水は沸騰していて熱く——湯気がたっていた。ガンジーが来てから数分後に、マハデブ・デサイは水を渡した。ガンジーはしばらくそれを眺めてから言った。「蓋をしておいたらよかっただろうに」

マハデブは言った。「五分のあいだに何が起こるというのです？　見ていましたが、何も中に落ちませんでしたよ」

ガンジーは言った。「中に何かが落ちるという問題ではない。そこから湯気がたっている。それは何らかの有機体を傷つけたに違いない」。ガンジーは言った。「蓋をしないと中に何かが落ちてしまうという問題ではないが、そこから湯気がたっている。それは空気中の多くの有機体に害を与えたに違いない。ほかに理由はないが、それらを救えたかもしれない」

常に非暴力を考えている人がこのように考え、行動するのは無理もないことだ。だからわたしはあなたに言う。常に何かを考えていると、それはあなたの日々の振る舞いに変化をもたらすだろう。

今朝、一人の友人が知らせを持ってやって来た。彼は言った。「たいへん嘆かわしいことに、二度も呼んでいるのに、彼らはまだここに来ません」。彼は二度も呼んでいるのに人々が来ないので、嘆いていた。もしわたしだったら、そうではなく、二度呼んだだけでこれほど大勢の人々が来るとは素晴らしいと言うだろう。また、来たことのない人もここに居たとしたら、もっと素晴らしいだろうにと言うだろう。これは非暴力的なアプローチだ。彼のは暴力的なアプローチだった。そこには暴力があった。

つまり、わたしがあなたに言っていることはこうだ。もし、あなたが頭をはたらかせて、自分のために自分の思考を浄化する手段をつくり出すなら、ほんの些細な行動にも変化が現れることに少しずつ気づくだろう。あなたの言葉でさえ非暴力的になり、あなたの動きさえ非暴力的になる。あなたの思考は、あなたの生涯を変容し得る。思考には途方もない力があるから、考えることはすべてあなたの生に影響を与える。

あなたが常に考えていることには、多くのことが左右される。常に金のことを考えながら瞑想しようとしているなら、あなたは相反する方向へと向かっている。それはまるで、荷車の両端に二匹のバッファローを繋ぐようなものだ。反対方向に引っ張るバッファローの力によって、荷車はふたつに裂けるだろう。それは前進しない。


あなたの思考が純粋なら、ほんの些細な行動にも大きな変化があることに気づくだろう。生はたいそうなことからできているのではなく、小さなことからできている。いかに目覚め、いかに座り、いかに話し、何を語るか――多くのことがそれに左右される。この行動のすべてが現れる大本《おおもと》が、マインドだ。

だからあなたの思考は、〝真、善、美〟の方向に向いていなければならない。あなたの生に、真理のたゆまぬ想起をあらしめなさい。時間を見つけるたびに、真理について内省し、善や美について内省しなさい。そして何かしようとするときはいつも、始める前に、しようとしていることが〝真、善、美〟と調和するか、対立するかを少し考えなさい。マインドに思考があったら、その思考の流れが〝真、善、美〟へと誘《いざな》うものかどうかを考えなさい。それが反対なら、こうした思考を直ちにやめることだ。煽ってはいけない。それはあなたにとって害になるだろう。それらはあなたを引きずり降ろし、生を破滅させる。だから、頭の中を駆け巡る思考の種類に気づいていなさい。そして勇気と努力と忍耐と決意を持って、それらを純粋さと真理に転じなさい。

自分は真理の何たるかを知りもしないと、何度も感じるだろう。善とは何かを知りもしないと、何度も感じるだろう。あなたは決意できないかもしれない。だが、少なくともあなたはそれについて考え、それを見出そうとした。そのこと自体が良いことであり、あなたに変化をもたらすだろう。そして常に内省する人は次第に、自分が真理とは何か、善とは何かを知っていることに、気づくだろう。


あらゆる思考、あらゆる言葉、そしてあらゆる行動の前に、少し立ち止まりなさい。急ぐことはない。自分が何をしようとしているか、その結果はどうなるかを理解しなさい。それはあなたに何を語りかけるかね？　その結果、何が起こるかね？　このように考えることは、探求者にとって極めて重要だ。

だから思考を浄化する基本の第一点は、自分の思考の主要な焦点は何かを観察することだ。あなたが、わたしの話した道のいずれにも焦点を当てていないなら、この訓練を発展させると助けになる。

〝真、善、美〟の三つの側面を知ったら、驚くだろう。ひとつでも、あなたの内側で動きはじめたら、ほかのふたつもおのずと活動しはじめる。そして、三種類の人々がいることを言っておかねばならない。ひとつのタイプは、真理の側面にいち早く目覚める可能性を持っている人。ふたつめのタイプは、善の側面にいち早く開花する可能性を持っている人。そして三つめのタイプは、美の側面にいち早く開花する可能性を持っている人だ。

あなたがたそれぞれに際立つ側面がある。しかし、ひとつの側面でも活性化したら、ほかのふたつはおのずと活性化する。その人が美を愛する人であれば、嘘つきにはならないだろう。嘘をつくのは、とても醜いことなのだから。美を愛する人なら、間違いは犯せないだろう。間違いを犯すのは、とても醜いことなのだから。つまり盗みは醜いから、彼には盗むことができない。彼が完全に美に身を捧げたら、そのおかげで多くのことが可能になるだろう。

かつて、ガンジーがラビンドラナート・タゴールの家に招かれたことがあった。当時、ラビンドラナートは年老いていた。彼は美を愛する人物だった――真理や善についてはは気にかけていなかった。単に、それらは彼の直接的な道ではなかったという意味だが――彼は美を愛する者だった。ガンジーは彼に招かれていた。夕方、二人が散歩に出ようとしていたところ、ラビンドラナートは言った。「ちょっと待ってくれたまえ、髪をとかしたいのだ」

ガンジーは言った。「何と馬鹿げたことをおっしゃる！　髪をとかすですって？」

ガンジーは頭を剃っていたので、髪をとかす煩わしさはなかった。それに年老いて髪をとかす心配をするとは、少々風変わりだった。ガンジーには考えられないことだった。彼は少し腹を立てて待ったが、ラビンドラナートには何も言えなかった。

ラビンドラナートは中に入った。二分たち、五分たち、十分が経過した。ガンジーは、あまり長くかかるのに驚いた。彼は中で何をしているのだろう？　彼は窓越しに覗き込み、ラビンドラナートが姿見の前に立ち、髪をとかしているのを見た。ガンジーは、ただもう我慢できなかった。彼は言った。「わたしにはあなたのしていることが理解できません！　散歩の時間が無駄になっています。それに、どうして髪をとかす必要があるのです？　あなたの齢で髪をとかす意味とは何なのですか？」

ラビンドラナートは外に出て言った。「若い時分は、髪をとかさなくても問題はなかった。でもいまはもう年老いたから、髪をとかさないとだめなのだ。格好良く見せようとしているとは、思わないでくれたまえ。醜く見えることで、人の気分を害したくないだけなのだ」。ラビンドラナートは言った。「格好良く見せるために、こうしているとは思わないでくれ。わたしが美しくしたり、動かしたりしている身体は、明日には灰になるだろう。いつの日か、まもなく火葬用に積まれた薪の上に置かれ、灰になることは承知している。だが、見苦しくありたくはない。わたしは誰の気分も害したくない——だから、こうした配慮をしているのだ」

ラビンドラナートのような美を愛する人は、こうした観点で考える。醜さは、他人に対する一種の暴力だ。この醜さは、どんな形でもとり得る——あなたの行動の中に、言葉の中に、あるいはほかの形の中に存在し得る。

だから、美しく見えたいのなら、全面的にそうしなさい。あなたの生がそっくり美しくなるよう、全面的に美しくなりなさい。

わたしは、髪をとかしている人が間違ったことをしているとは言っていない。髪以外に、美しくすべきものがほかにあると言っているだけだ。わたしは、あなたが宝石を身に付けていても、間違ったことをしているとは言っていない。わたしが言っているのは、宝石を身に付けていても結構だが、あなた自身も宝石になってはどうか？　ということだ。あなたは、染みひとつない白い服を着てここに来た。白い服を着ているのは結構だが、あなたの内なる自己も、それと同じくらい純白にしなさい。

美とは何かを、理解するよう努めなさい。すると、真理と善がおのずとついてくるのに気づくだろう。善とは何かを理解しようとしたら、あなたは美と真理も理解するだろう。真理を理解しようとしたら、ほかのふたつも手に入れるだろう。あなたは、この三つのどれかを礎《いしずえ》にできる。この中のひとつに興味があったら、それに焦点を当て、思考のすべてがその周囲を巡るようにしなさい。あなたの内面がそれに触れるようにしなさい。三つの中からひとつ選んで、それに集中しなさい。そして、それを生涯にわたって生のあらゆる局面——あなたの振る舞いや行動——において実践するなら、あなたは徐々に不思議な現象が起こりつつあるのに気づくだろう。それを実践すればするほど、生におけるあらゆる不自然さや、不純な思考はますます弱まっていく。それに気づくと驚くだろう。

わたしはあなたに、金銭のことを考えるのはやめなさいと言っているのではない。わたしが言っているのは、あなたがもっと善や美や真理について考えはじめるべきだということだ。美について考えはじめると、金銭のことは考えられなくなるだろう。なぜなら、金銭について考えることほど醜悪なものはないからだ。美について考えはじめると、セックスのことは考えられなくなるだろう。というのも、セックスについて考えることより醜いマインドの境地はないからだ。だからわたしは、エネルギーをそうした境地へ向けなさいと力を込めて説いている。すると徐々に、あなたのエネルギーは不要な思考から戻り、あなたを支配していたそれらの力が消えていくことに気づくだろう。

並々ならぬ気づきによって不純なものをすべて落とし、気づきを持って純粋なものに集中しなさい。思考が純粋になったら、生には途方もない変化が起こるだろう。これが思考に関してもっとも重要なことだ。自分の思考を浄化したいなら、それがもっとも重要なことだ。


次に、いくつか比較的細かい事柄についても話したいことがある。これは知っておくべき大切な事柄だ。思考はすべて外側からやって来る。内側から来るものはない。それらはすべて外側からやって来る。内側には、思考のための何らかの内的な下地があるかもしれない。だが、思考はすべて外側からやって来ることを覚えておきなさい。思考そのものは外側からやって来る。だが、いろいろな溝があり、それに沿って内側に流れ込んでくるのだ。

金銭について考える場合、金銭という思考は外側からやって来たに違いない。しかし、金銭への欲望は内側からやって来る。その種子は内側にある。思考は外側からやって来て、あなたの欲望に取り付く。セックスについて考えていたら、セックスへの欲望は外側からやって来たものだ。しかし内側には、この欲望が取り付く種子がある。思考は外側からやって来るが、内側にはこの思考のための種子がある。思考は、すべて外側からやって来る。

思考の浄化には、マインドに入り込む思考が、偶然やって来るのではないと理解することが大切だ。あなたの中に入ってくる思考が、真に自分の望むものであるかという点に用心することだ——それ以外は、ただ投げ捨ててしまいなさい。

前に言ったように、誰かがあなたの家にゴミを捨てていたら、その人と喧嘩するだろう。しかし、誰かがあなたのマインドにゴミを捨てていても、あなたは喧嘩をしない。わたしが道であなたに会って、映画のストーリーを話しはじめたら、あなたは抗議しないだろう。しかし、わたしがあなたの家に行ってゴミを捨てたら、あなたは言う。「何をしている？　変なことはしないでくれ！」。だが、わたしがあなたのマインドをゴミでいっぱいにしていると——映画のストーリーを話していると、あなたはとても喜んで聞くのだ。

あなたは、自分のマインドもゴミでいっぱいになり得ることに気づいていない。あなたがたはお互いに敵だ——お互いのマインドにゴミを投げ捨て続けている。自分の友達だと思っている人々は、あなたに何をしているかね?――彼らほど、あなたを裏切っている者はいない。あなたの敵のほうが、彼らよりもましだ――あなたの敵は、少なくともあなたの頭をゴミでいっぱいにはしない。なにしろ、彼らはあなたと口をきかないのだから。

あなたがたは、お互いの頭をゴミでいっぱいにしている。また、実にぐっすりと眠りこけているから、何を取り込んでいるかに気づかない。あなたは、あらゆるものを取り込んでいる。まるで、人の出入りを外で見守る管理人や警備人のいない、ゲストハウスのようなものだ。あなたは、人でも動物でも泥棒でも詐欺師でも、誰でも立ち入れる場所だ。そして彼らは、立ち去りたければそうするし、立ち去りたくなければ居座る。

あなたのマインドは、ゲストハウスのようであってはならない。もしゲストハウスのようであったり、大切に守られていなかったら、不純な思考から解放されるのは難しいだろう。あなたは、意識的に自分のマインドを見張らなければならない。

思考の純粋さを達成するための第二段階は、思考を観察する必要性だ。確固とした注意深さが必要だ。常に内側で起こっていることを見つめ、不要なものは何であれ、排斥しなければならない。

最近のことだが、わたしは旅をしていた。列車のコンパートメントにはわたしともう一人、都合二人がいた。彼はわたしと喋りたがっていた。わたしが席に座ったとたん、彼はわたしに煙草を勧めた。わたしは言った。「すみません。あいにくですが煙草は吸わないのです」

彼は煙草を引っ込めた。少したつと、彼はキンマの葉を取り出して勧めた。「どうぞ取ってください」

わたしは言った。「すみませんが、結構です」

再びそれを取り去ると、彼は座った。そして新聞を取り上げて尋ねた。「読みませんか？」

わたしは言った。「読みたくありません」

すると彼は言った。「実に難しい――あなたはわたしの勧めるものを、すべて拒否なさる」

わたしは言った。「単純に何でも受け入れる人は愚か者だ。そしてわたしは、あなたがわたしに勧めるものを、あなたから引き離そうともしている。わたしはそれを取るつもりはない。でも、それがあなたから取り除かれることを望んでもいるのだ」

することがないとき、あなたは何をするかね？　することがないからといって、新聞を取って読みはじめるだろう。そうした単なるゴミを集めるより、何もせずただ座っているほうがましだ。何もしないでいるのは、ちっとも悪いことではない。だが、何もしないでいるより、何かしているほうがよいと言う愚か者たちがいる。これは本当ではない。何か害になることをするよりも、何もしないでいるほうが常にいいものだ。なぜなら、少なくともそういうときは何も失わないし、ゴミも集めないのだから。

だから、このことに気づいていなさい。内側の思考の動きを見守るなら、思考を純粋に保つのは難しいことではない。また、不純な思考を認識するのも難しいことではない――内側にある種の落ち着きのなさを生み出すのは不純な思考であり、内側に安らぎの流れを生み出すのは純粋な思考だ。歓びをもたらす思考は純粋であり、何らかの心の乱れを生み出すのは不純な思考だ。そのような思考は避けなさい。そして絶えずマインドを見守るなら、思考はますます純粋になっていくだろう。

そして第三点――世の中には、延々と繰り返される不純な思考がたくさんある。こうした不純な思考は火を生み出し、こうした不純な思考から出る煙はあなたの意識へと入り、あなたを取り巻き、窒息死させる。しかし、忘れてはいけない。純粋な思考の炎はまだいくつか燃えており、純粋な思考の波はまだいくらか生きづいている。この暗い大洋の中に、まだいくばくかの光源がある。これらに努めて近づきなさい。これがわたしの言うサットサングだ。

この世は非常に暗いが、真っ暗闇ではない。いくつかのランプが燃えている。たとえそれらが土でできていても、その芯が細くても、少なくとも存在はしている。努めてそれに近づきなさい。なぜなら、明りの点されていないランプを明りの点ったランプのそばへ持っていくと、明りの点ったランプの間近にあることによって、明りの点されていないランプに再び明りが点る可能性は大いにあるからだ。そのランプもまた、煙を絶って再び明るく燃えはじめることもあり得る。

〝真、善、美〟を象徴する炎に、もっと近づきなさい。その側に身を置きなさい。そのような考え、そのような人々、そのような思考の波へと近づきなさい。そこでは、あなたのランプを点すことができる。
これは三つの方法で可能だ——純粋で真正な思考の側にあること、純粋で真正な人々の側にいること、そしてもっとも重要で肝心なのは、自然の側にいることによってだ。自然は決して不純な思考を持たない。空を見るなら、空を見続けるなら、空はあなたの不純な思考を揺り動かさないことに気づくだろう。それどころか、空は頭の中のゴミを一掃してくれる。空を見ていると、それとひとつになったように感じることに気づくだろう。滝を見たら、自分が滝の一部になったような気がするだろう。緑あふれる森にいると、自分も樹木のひとつになったように感じるだろう。

昔、ある男が賢者に尋ねた。「わたしは真理を知りたいのです。どうしたらよいでしょうか？」

賢者は言った。「いまは人が多すぎる。誰もいないときに、また来なさい」

彼は、昼間はずっと賢者に会いに行かず、周りに誰もいなくなる夜まで待った。暗い夜だった。ランプが点され、賢者は一人でいた。彼がちょうど扉を閉めようとすると、男が言った。「お待ちください！　もう誰もいません。あなたは、面会に訪れた人全員に会いました。わたしは中に入れるまで、みなが帰るのを外で待っていました。さあ、わたしはここにいます。そしてあなたに伺いたい。どうしたら沈黙できるのでしょうか？　どうしたら光明を得られるのでしょうか？」

賢者は答えた。「外に出なさい。この小屋の中では不可能だ。なぜなら、燃えているそのランプは人のつくったものだからだ。そしてこの小屋の中では不可能だ。なぜなら、小屋そのものは人のつくったものだからだ。外に出なさい。外には、どの人間がつくったのでもない、広大な世界がある。それは神によって創造された。人間の手垢のついていない外に出なさい」

覚えておきなさい。人間は不純な痕跡を残す唯一の動物だ。ほかの動物は、そんなことはしない。

彼らは外に出た。竹があった。満月の夜で、月は頭上にかかっていた。賢者は、竹の前に立った……一分、二分、十分、十五分……とうとう男はたずねた。「何かおっしゃってください。あなたは静かに立っているだけです。わたしには理解できません」

賢者は言った。「あなたにもできるなら、理解するだろう。ただ、静かに立ちなさい。わたしは竹になった。あなたもそれになれるのだ」

男は言った。「これはとても難しい」

すると賢者は言った。「これがわたしのやり方だ。この竹のそばに立っていると、やがてわたしは自分が異質なものであることを忘れ、竹になる。月を見ていると、やがて自分が異質なものであることを忘れ、月になるのだ」

自然のそばにいて、自分と自然のあいだに一なるもの《ワンネス》を発見できたら、神秘的なかたちであなたの思考は純粋になる。あなたの思考の不純さは減りはじめる。だから三つの方法がある――純粋な思考……純粋な思考へ至るには数え切れないほどの道がある。純粋な存在は決して死ぬことなく、永遠に存在する――しかし、わたしたちは時としてあまりに盲目であるため、生きている人間が純粋に見えたためしがない。死んだ人々だけが純粋に見える。しかし、死者と親しく交わることは非常に難しい。にもかかわらず、世界のあらゆる宗教が死者を崇める。生きている者を崇める宗教はひとつもない――それらはみな、死者を崇める。そして誕生すべき偉人はすでに生まれたのであり、これ以上は存在し得ないという間違った考えを抱いている。また、生きているなら、その人は神性であるはずがないと考えている。

この世には、光明を得た人々が常にいる。彼らはあらゆるところに存在している。見る目があったら、彼らを認識できるだろう。そして重要なのは、あなたの判断や推測によると、彼らが完全に純粋ではないとしても、彼らの不純な過去があなたとどう関わるのか？　ということだ。

「わたしはいままで、出会ったすべての人から何かを学んだ」とよく語っていたファキールがいた。

ある人が彼にたずねた。「どうしてそんなことが可能なのですか？　泥棒から何を学べるというのです？」

彼は言った。「かつて一ヶ月間、泥棒の家の客になっていたことがあった。彼は毎晩、家を出て外へ盗みに出かけた。そして明け方の三時か四時ごろ戻ってくるのだった。わたしは彼に、『何かいいことはあったかね？』と聞いたものだ」

「彼は、『今日は何も。たぶん明日は何とか』と答えた」

「彼はまる一ヶ月、どうしても盗むことができなかった。ある時は扉のところに番人がおり、ある時は家の者が目を覚まし、ある時は錠前を壊せず、ある時は家に入ったものの何も盗み出せなかった。毎晩その泥棒は疲れて帰宅した。わたしは彼にたずねた。『さて、何かいいことはあったかね？』。すると彼は、『今日は何も。でも、たぶん明日は何とかなるでしょう』と言った」

「これが彼から学んだことだ——今日起こらなくても、心配してはいけない。覚えておきなさい。それは、明日起こるかもしれない。盗みや、良くないことをするために出かける泥棒でも、それほど希望に満ちていられるなら……」

ファキールは言った。「神を求めていた時期、わたしは神を盗みたかった。わたしは壁を感じており、扉を叩いたが、すべを見出せなかった。わたしは疲れて落胆していた。そして、『望みはない。もう望みは捨ててしまえ』と思った。しかし泥棒がわたしを救ってくれた——ただ、『今日は起こらなかったが、たぶん明日は起こるだろう』と言って。そしてわたしは、これを金言にした——今日でなければ、たぶん明日。すると、ある日それは起こった——泥棒は首尾よく何かを盗み出し、わたしも神性を見出したのだ」

つまり、悟った人からしか学べないわけではない。あなたは、学ぶための知性と理解を持たなければならない。すると、全世界は悟った人でいっぱいだ。もし彼らがいないなら、その時は……。

たとえば、マハヴィーラのそばを通り、彼のことをただの悪党で裸の男だと思った人々がいた。「どこの馬の骨かわかるもんか？　たぶん、こいつは気違いさ！」。マハヴィーラを認識できない人はたくさんいた。人々が誰かをナンガルチチャと言うのを聞いたことがあるだろう。この言葉は最初、マハヴィーラを指して使われた。というのも彼は裸――ナンガであり、頭を剃った――ルチチャだったからだ。人々は言ったものだ。「あいつはナンガルチチャさ」。現在、この言葉は侮辱と見なされている。インドでは、誰かがあなたをこう呼んだら、あなたは怒るだろう。しかしそれは最初、裸で頭を剃った賢者、マハヴィーラに使われたのだ。そう、マハヴィーラのそばを通り、「どこの馬の骨かわかるもんか？」と思う人がいた。彼を殴ったり、打ち据えたりする人々もいた。彼らは、彼のことを詐欺師や悪党、ある種の侵入者だと思っていた。こうした人々は、マハヴィーラを理解しなかった。

キリストのことを嘘つきだと思い、彼を十字架に架けた人々がいた。ソクラテスに毒をもった人々がいた。そうした人々は、当時にしかいなかったと思ってはいけない――彼らは、あなたがた一人一人の中に存在する。これが人々の現状だ。いまでさえ機会があれば、あなたはソクラテスに毒をもるだろう。少しでもチャンスがあれば、再びキリストを十字架に架けるだろう。そして機会があれば、マハヴィーラを見て気違いだと笑うだろう。

しかし彼らは死んでいるから、あなたは死者を崇める。彼らは問題ない。生きている者を崇めるのは難しいものだ。彼を受け入れること、理解することは難しい。あなたが本当に真理を探求しているのなら、全世界は光明を得た人で溢れている。光明を得た人がいないことは、かつて起こったためしがなかったし、将来起こることもないだろう。そして光明を得た人の連なりが途絶える日、その日からもう誰も、光明を得ることはないだろう。なぜなら、まさに流れそのものが途絶えるのだから。それは砂漠になってしまうだろう。広かろうと狭かろうと、流れは常に流れている。それに親しみ、それと関わりなさい。光明を得た人を見つけたとき、あなたはすぐには理解しないだろう。しかし目を絶えず見開いていたら、ささやかなことから理解は訪れる。

わたしはある本で、六十歳になってもまだワークしている賢者のことを読んでいた。彼の名は、母親がそう呼んでいたのだが、ラジャバブといった。彼は年老いていたが、人々はまだ彼のことをラジャバブと呼んでいた。ある日、彼は散歩に出た。太陽はまだ昇っていなかったが、彼は村のはずれまで歩いていった。一人の女が、「ラジャバブ、いつまで眠っているつもりだい？　もう朝だよ、起きなさい」と言って、息子を起こそうとしていた。

彼は手に杖を持って歩いていた。すると、「ラジャバブ、いつまで眠っているつもりだい？　もう朝だよ。起きなさい」と聞こえた。

彼はこれを聞くと、踵を返して家に戻った。彼は思った。「はて、困ったことになったわい……今日、わしはメッセージを受け取った。今日、わしは聞いたのだ。『ラジャバブ、いつまで眠っているんだい？　もう朝だよ、さあ起きなさい！』」。そして彼は言った。「もう充分だ！　万事休すじゃ」

こう言って子供を起こしていた女は誰なのか、もはや知る人はいない——しかし理解ある人にとって、それは神のメッセージになる。誰かがあなたに何かを教えようとするが、あなたは聞く耳を持たず、見る目を持たないこともある。人事《ひとごと》だと思いながら、あなたはただ座って聞いている。

真理に近づき、真理を求め、真理を探り、あなたの生に純粋な思考を見出し、培いなさい。自然に近づきなさい。これらはすべて、純粋な思考をはぐくむのに役立つ条件であり、土台だ。

さて、わたしは思考の浄化のために、いくつかの指針を示した。だが、それらを日々の実践の一部にするためには、その重要性を理解しなくてはならない。それは今日、明日だけのものではない——三日のうちに事が起こり、それでおしまいといった瞑想キャンプはあり得ない。非宗教性は、生に染み渡る病だ。だから瞑想キャンプも、あなたの生涯にわたって継続していかねばならない。ほかに方法はない。それは生涯を通じて実践されなければならない。

明日は、いかに感情を浄化するかについて話そう。

では、夜の瞑想について、いくつか理解しよう。それから座って瞑想する。

夜の瞑想のために、朝の瞑想で行なったように決意をする。わたしたちは決意を五回繰り返す。この五回のあと、今朝行なったのと同じように、しばらくそれを感じる。みな横たわる……まず、全員横たわらなければならない。あなたの居る場所で、静かに横になりなさい。すると電気が消える。そうしたら身体をリラックスさせる。この前の瞑想キャンプで、全身をリラックスさせるようにとわたしは言った。中には、そうできない人もいるだろう。だが、そういう人に提案がある。

ヨーガには七つのセンター、すなわちチャクラがある。この瞑想では、これら七つのうち五つを使う。第一チャクラはムラダーラと呼ばれ、セックス・センターの近くにある。これは第一のチャクラで、今夜の瞑想で使うものだ。第二チャクラはスワディシュタナと呼ばれる。臍の近くにあると思いなさい。いまのところは、ただ想像するだけでいい——第一チャクラはセックス・センターの近くで、第二チャクラは臍の近くだ。次に、ハートの近くのチャクラは、アナハタ・チャクラと呼ばれる。額にあるチャクラはアギャと呼ばれ、さらに上に行って頭頂にあるチャクラはサハスラーラ・チャクラと呼ばれる。この五つを使う。チャクラはもっとある——チャクラは七つあるが、この五つだけを使い、その助けを借りて身体をリラックスさせよう。

第一チャクラが脚をコントロールしているのを知ったら驚くだろう。わたしたちは第一チャクラに指示を与える。あなたが横たわったら、わたしは第一チャクラに焦点を当てなさいと言う。そうしたら、注意をセックス・センターの近くに置き、そこに焦点を当て続けなさい。するとわたしは、第一チャクラをリラックスさせなさいと言う。それとともに、両脚をリラックスさせなさい。第一チャクラがリラックスしていく、第一チャクラがリラックスしていくから両脚がリラックスしていくと想像しなさい。まもなく両脚が死に、身体からぶら下がっているだけになるのに気づくだろう。脚がリラックスしたら、上のほうへ、臍のそばの第二チャクラへと移る。わたしはあなたに、意識を臍に持っていきなさいと言う——注意の焦点を臍に当てなさい。次にわたしは、第二チャクラがリラックスしてくる、腹部のあらゆる臓器がリラックスしてくると言う。この言葉とともに、あらゆる臓器はリラックスするだろう。

次に、さらに進んでハートのセンターへと移る。わたしは、ハートのチャクラがリラックスしていくと言う。そうしたら、ハートをリラックスさせなさい。意識は心臓の近くのハート・チャクラに置くこと。すると、ハート・チャクラがリラックスしていくのを感じるだろう。そして胸の隅々や、胸の全メカニズムがリラックスする。

次に上のほうに移る——額の上の、両目のあいだにはアギャ・チャクラ、すなわち第三の眼のセンターがある。わたしたちは意識を第三の眼に向ける。そしてわたしは、第三の眼のチャクラがリラックスしていく、額がリラックスしたと言う。すると、それとともに額や首や頭全体が、完全にリラックスするだろう。そして全身もリラックスする。かすかな重みと、頭頂だけにかすかな振動があるだろう。

そして最後に、わたしはあなたをサハスラーラ・チャクラ、すなわち第七チャクラへと導く。意識を頭頂に持っていくこと。これもリラックスすると、それに伴って頭全体がリラックスするだろう。こうした語りかけを通して、内側のすべてがリラックスするのがわかるだろう。わたしは、すべての人の身体が死体と同じくらいリラックスするよう、この長いプロセスを編み出した。

わたしは、これら五つのチャクラに語りかける。そして、それらがすべてリラックスしたら、身体は完全に死んだ、さあそれをすっかり落としなさいと言う。身体が死んだら、わたしはあなたの呼吸がリラックスしている、より静かになってきていると言う。わたしは、しばらくそう語る。それから、マインドが完全に空《から》になっていくと言う。つまり、わたしは三つの示唆を与える――ひとつはチャクラに、ひとつは呼吸に、三つめは思考にだ。


わたしはこの一連のエクササイズのあと、十分間あらゆるものが沈黙すると言う。その沈黙の中で、あなたは内側の観照をただ体験するだろう。そこには気づき《アウェアネス》の光があり、あなたは静かにそこに横たわっている。そこには気づきだけがある。そこに横たわっているという気づきだけがある。この段階では、全身がまるで死んだように感じられるだろう――それは死ぬ。なぜならチャクラのエクササイズを通して、身体は死体のようになるからだ。

怖がることはない。身体が死んだように感じられたとしても、怖がることはない。そのように感じることはいいことだ。生きながら自分の身体が死んでいるのを体験したら、次第に死の恐怖から自由になるだろう。だから、恐れることはない。体験することは何であれ――光、輝き、安らぎ――ただそれを見守り、あなたがいるその完全なる空《くう》になりなさい。決意、感覚、そして瞑想――

この三つの段階は非常に重要だ。これが夜の瞑想になるだろう。

わたしが話したことを、すべて理解してくれたと思う。では、みな広がりなさい。まず、横たわれる場所を見つけなさい。座っていてはいけない。できるだけ広い場所をとりなさい。この場所全体を利用しなさい。

第5章

感情を理解する

Understanding Emotions

親愛なる人たちへ

わたしたちは、霊的《スピリチュアル》な旅に関する、ふたつの段階について話してきた――身体の浄化、そして思考の浄化だ。感情は、身体や思考よりも深いレベルにある。感情の浄化はもっとも重要な質だ。霊的な旅や瞑想においては、感情の浄化は身体や思考の浄化よりも役に立つ。というのも、人はさほど思考に従って生きているわけではなく、より感情に従って生きているからだ。人間は理性的な動物だと言われているが、それは違う。生において、考えた末に行なっていることは、さほど多くない。あなたの行為のほとんどは、感情に影響されている。憎しみ、怒り、愛――これらはすべて、思考ではなく感情に関わっている。

生における活動の多くは、思考の世界ではなく、感情の世界に端を発している。あなたはあることを考えていても、時がたつと別なことをしているのに気づいたことがあるに違いない。これは、感情と思考のあいだに根本的な違いがあるからだ。あなたは怒るまいと決意するかもしれない――怒りはよくないことだと、思うかもしれない。しかし怒りにとらわれると、考えは脇に置かれて、怒ってしまう。

感情の世界で変容が起こらないかぎり、単なる思考や内省だけでは、生の革命をもたらすことはできない。だから霊的な旅では、感情がもっとも基本的なポイントだ。そこで今朝は、いかに感情の浄化をもたらすかについて検討しよう。

感情が支配する多くの次元の中で、わたしは四つを強調したい。感情が純粋になり得る四つの局面について話すことにしよう。反対の方向へと向かい、不純な感情の母体となる局面も四つある。第一の局面は友愛であり、第二は慈悲、第三は快活さ、第四は感謝だ。この四つの感情を生の中に取り込めるなら、感情の浄化を遂げるだろう。

この四つには、それぞれ対立するものがある。友愛の反対は憎しみや敵意だ。慈悲の反対は冷酷さ、暴力、そして不親切。快活さの反対は悲しみ、惨めさ、苦悩、そして不安。感謝の反対は恩知らずだ。この四つの対立的な局面に生と感情がある者は、不純な感情の状態にある。最初の四つの局面に根ざす者は、純粋な感情に根ざしている。

何が感情に影響を及ぼすのか、何が感情を突き動かすのかを見つけ出しなさい。あなたの生では、本当に友愛ではなく敵意や憎悪が際立っているのかね？　本当に友愛よりも敵意や憎悪によって、簡単に感情が動かされているのかね？　あなたは、そちらのほうを強く認識しやすいのかね？　そちらのほうにひっかかりやすいのかね？　そちらからのほうから、より多くのエネルギーを得るのかね？　前に、怒りにはエネルギーがあると言ったが、友愛にもエネルギーがある。怒りのエネルギーの引き起こし方しか知らない人は、生の大局を逃すだろう。友愛のエネルギーの目覚めさせ方を知らない人は、憎悪の場面でしか力を持たず、友愛の場面では弱々しくなる人だ。

あなたは気づいていないだろうが、世界のどの国も平和な時代には衰退し、戦時中には強くなる。なぜだろう？――それは、友愛のエネルギーの生み出す術《すべ》を知らないからだ。あなたにとって沈黙は、強さではなく弱さだ。だからこんなにも平和や愛を説くインドという国は、たいそう弱体化してしまった――普通、力を感じる唯一の方法は憎むことだからだ。


ヒットラーは自伝に書いている――国を強くしたければ、敵があるふりをするか、本物の敵をつくり出すことだ。たとえ敵がいなくても、いたる所に敵がいると国民に言うのだ。人々が敵に包囲されていると信じ込んだら、それは大きな力とエネルギーを引き起こす。

だからヒットラーは、ユダヤ人は敵だと偽って主張した――それは本当ではなかった。そして彼は十年にわたって全国に対して、「ユダヤ人はわたしたちの敵だ。彼らから身を守らねばならない」と教え、説いた。多大なるエネルギーが生まれた。ドイツの力はすべて憎しみから生まれ、日本の力はすべて憎しみから生まれた。今日、アメリカやロシアの力もまた、憎しみに由来している。

これまでの人類の歴史は、わたしたちが敵意のエネルギーの生み出し方しか知らないことを示している。わたしたちは友愛のエネルギーを知らない。マハヴィーラや、仏陀や、キリストは、友愛のエネルギーの土台を築いた。彼らは、非暴力こそ力だと言った。キリストは「愛は力だ」と言い、仏陀は「慈悲は力だ」と言った。あなたはそれを聞いても理解しない。

そこでわたしはあなたに、自分の生について考えなさいと言う。力があると感じるのは、どんなときかね?――誰かに対して恨みを感じるときだろうか? それとも安らぎを感じ、誰かに対する愛に溢れているときだろうか? すると、あなたは憎悪の境地で力を感じていることに気づくだろう。覚醒と沈黙の境地では、力を失い弱々しくなる。つまり、不純な感情に支配されているということだ。そして不純な感情が強ければ強いほど、ますます自己の内側には入れなくなる。

自己の内側へ入っていくのを阻むものは何だろう? この非常に重要な点を理解するよう努めなさい。憎しみは常に外側に焦点を向けている。つまり、憎しみは外側の誰かに対して生まれる。外側に誰もいなければ、内側に憎しみが湧き起こることはない。

しかしあなたに言うが、愛は外側に焦点を向けてはいない。たとえ外側に誰もいなくても、それでも愛は内側に生まれる。愛はもともと備わっているものであり、友愛も本来備わっているものだ。憎しみは相手を必要とする。それは相手と関わっている。憎しみは外側に誘発されるが、愛は内側から湧き上がる。愛の泉は内側から流れ出し、憎しみの反応は外側から引き起こされる。不純な感情は外側でつくられ、純粋な感情は内側から流れ出る。

この不純な感情と純粋な感情の違いを、努めて理解しなさい。外側に誘発された感情は、純粋ではない――だからあなたの愛、あなたが愛と呼ぶ情念は純粋ではない。それは外側に誘発されているからだ。外側に誘発されるのではなく、内側から流れ出る愛だけが純粋だ。だから東洋では、愛と情念には違いがあると言う——わたしたちは愛と情念を区別している。
情念は外側に誘発される。仏陀やマハヴィーラは、情念ではなく愛をハートに抱いている。

イエスがある町を通っていた。時は正午で、彼は疲れていた。陽射しがとても厳しかったので、彼はある庭の木の下で休息しようと立ち寄った。家と庭は、ある娼婦のものだった。彼女は、イエスが自分の庭の木の下で休んでいるのを見た。このような人が彼女の庭へ休息しに立ち寄ったことはなかった——このような人は、いままで見たこともなかった。彼女は美しい人を大勢見てきたし、力強い人も大勢見てきた。しかし、この美しさは異なっていた。全体が、この世のものとは思われなかった。彼女はたいそう彼に魅きつけられたので、気づかぬうちにもう木のところに辿り着いていた。

彼女がイエスに近づいて彼のことを眺めはじめると、彼は目を開き、立ち去ろうとして起き上がった。彼は「あなたの木が与えてくれた木陰に感謝します。もうわたしは行きます。道のりは長いのです」と言って、彼女に感謝した。

しかし娼婦は言った。「わたしの家にちょっと立ち寄ってくださらないなんて、がっかりです。どうぞ、しばらく滞在してください。人を家に招くのは、これがはじめてです。戸口のところに人が来ると、わたしは追い払います。誰かを招き入れるのは、生涯でこれが初めてなのです」

イエスは言った。「いったんあなたがわたしをハートの中に招いてくれたから、すでにわたしはあなたの客人です。でも道のりは長いのです。だから行かせてください。すでに、あなたのおもてなしは受けました」

しかし娼婦は言った。「それはひどい。わたしの家に入ってくれるくらいの愛も、示してはくれないのですか？」

イエスは彼女に言った。「覚えておきなさい。わたしこそ、唯一あなたを愛せる人間だ。あなたの戸口に来るほかの男はみな、あなたのことを愛してなどいない。わたしこそ、あなたを愛せる唯一の人間だ。あなたの戸口に来るほかの男たちは、あなたを愛してなどいない。彼らは愛を抱いていないのだから。彼らはあなたが目的でやって来る。わたしに関しては、愛は内側にある」

愛はランプの光のようなものだ——ここに誰もいなくても、光は空間を照らし続ける。そして誰かが通ると彼らを照らす。しかし、情念や欲望は光と違う——こうしたエネルギーは、誰かに触発され、その人に向かって動いていく。だから情念は緊張なのだ。愛は緊張ではない。愛に緊張はない。愛はまったく穏やかな状態だ。

不純な感情は、外側から影響されたものだ。外からの風が、あなたの内側に不純な感情を巻き起こす。だが純粋な感情は、あなたの内側からやって来るものだ——外からの風が影響を及ぼすことはない。わたしたちは、仏陀やマハヴィーラが愛したとは考えない——しかしわたしは、彼らこそ愛した唯一の人間なのだと言おう。ただし、彼らの愛とあなたの愛には違いがある。あなたの愛は誰かと関わっているが、彼らの愛は関係性ではない。それは実存《ビーイング》の境地だ。それは関係性ではない——彼らの愛は他者と関わらない。それは彼らの実存の境地だ。ほかに選ぶものがないから、彼らは愛さざるを得ないのだ。

マハヴィーラについて言われていることだが、人々は彼を侮辱し、石を投げ、彼の耳に釘を詰めたが、彼はすべてを許した。これは真実ではない。マハヴィーラは誰も許さなかった。許すことができるのは、怒る人だけなのだから。また、マハヴィーラは彼らに憐れみを抱かなかった。憐れみを抱くことができるのは、冷酷な人だけだからだ。またマハヴィーラは、こうした人々に対して不作法に振る舞うべきでないとは考えなかった。そのように考えるのは、不作法に振る舞う人だけなのだから。

では、マハヴィーラはどうしたのだろう？　マハヴィーラは無力で、愛のほかに与えるものがなかった。何をされても彼の答えはただひとつ、愛だった。果実がたわわに実った木に石を投げたら、見返りに受け取るのは果実だけだ。ほかにすべはない。木は何もしない——これは木の無力さだ。水をたたえた川にどんなバケツを投じても、そのバケツが汚かろうときれいだろうと、黄金でできていようと鉄でできていようと、川は選ばずに水を与えてくれる。川には優れたところがひとつもない。それどころか、何をするにも無力だ。だから、愛が実存の境地であるとき、それは一種の無選択となる——人は与えざるを得ない。それ以外にすべはないのだ。

だから、内側からやって来る感情、外側からあなたを引っ張るのではない感情、外側からは引っ張ることのできない感情は、純粋な感情だ。外側の嵐があなたの内側につくり出す感情の波は、不純な感情だ。外側のものでつくられた感情は、内側に落ち着きのなさや心配を引き起こす。内側から湧き起こったものは、あなたを至福で満たす。

だから、純粋な感情と不純な感情に関する、この第一点目を覚えておきなさい――純粋な感情は実存のひとつの境地であり、不純な感情は実存の境地ではなく歪みだ。不純な感情は実存に対する外的な影響の結果であり、純粋な感情は実存の内なる拡大だ。だから、この点について考えなさい――あなたを突き動かす感情は、自分の内側から来ているのだろうか？　それとも、他人があなたの中につくり出しているのだろうか？

わたしが通りを歩いていると、あなたがわたしを侮辱する――わたしが怒ったら、これは不純な感情だ。なぜなら、それはあなたが、わたしの中につくり出したものだからだ。わたしが通りを歩いている――あなたがわたしに尊敬の念を払い、わたしは嬉しく感じる――これは不純な感情だ。なぜなら、あなたが、わたしの中につくり出したからだ。だが、あなたがわたしを罵ろうと賞賛しようと、わたしの内なる境地は侮辱や賞賛の前と同じままだとしたら、これは純粋な感情だ。なぜならそれは、あなたがわたしの中につくり出したものではなく、わたし自身のものだからだ。自分自身のものは純粋だ。自分自身のものは純粋であり、外側からやって来るものは不純だ。外側からやって来るものは反応であり、こだまなのだ。

最近、わたしはこだまの聞こえる場所に行った。そこで音をたてると、山々がそれを繰り返す。わたしは、ほとんどの人々はこだまにすぎないと言った——あなたが何か言うと、人々はそれを繰り返す。人々は自分自身の言葉を持たない。彼らはこだまが飛び交う部屋のようだ。あなたが叫ぶと、彼らも叫び返す——それは彼らのものではなく、あなたがつくり出したものだ。あなたがたはみな、こだまが飛び交う部屋だ——自分自身の音を持たず、自分自身の生を手にしていない。あなたは自分自身の感情を持っていない。あなたの感情はすべて不純だ。なぜなら、それらは他者に属しており、借り物だからだ。


だからこの第一の鍵を覚えておきなさい——感情は、あなた自身のものでなければならない。反応であってはならない。それは、あなたの実存の境地であるべきだ。

わたしは、この実存の境地を四つの部分に分けた。第一は友愛だ。友愛は、はぐくむべき資質だ。友愛をはぐくみなさい。なぜなら、あなたの中には友愛の源泉があるのに、生はそれが育つ機会をわずかしか与えてくれていないからだ。それは未開のまま、あなたの実存という土壌の中の種子のようなままだ——それは成長できない。

敵意の種子はよく育っている。なぜだろう？　これには、もっともな理由がある……なぜなら、それもまた必要だからだ。それは必要だが、生涯の伴侶となるべきものではない。必要とされる時もあれば、捨て去るべき時もある。

子供が生まれるとき、その最初の体験は愛の体験ではない。生まれるときに子供が体験するのは恐怖だ。これは自然なことだ。未熟な子供は、母親の子宮の中で実に快適だった。そこには何の問題もなく、稼ぐことや食べることの心配もなかった――何の心配もなかったのだ。非常に至福に満ちた眠りの中で、彼は安らいでいた。母親の子宮から出たとき、あらゆる点で弱く、未熟な子供の最初の体験は恐怖だ。そして、その子が恐怖の衝撃を受けたら、最初に出会った人に対して愛を覚えず、その人を恐れるだろう。そして誰かを恐れていると、彼はその人たちを憎みはじめる。

憎しみは決して愛を生まない――このことを基本原理として受け止めなさい。恐れなくして愛はあり得ないと言う人がいたら、彼らの言葉は完全に間違いだ。恐れがあったら愛の可能性はない。恐れを伴う愛は、決してあり得ない。たとえ表面的に愛が示されたとしても、内側には愛がない。

この世で目にする愛のほとんどは、恐れに基づいている。そして、恐れに基づいた愛は偽物だ。だから表面的には愛があっても、常に憎しみが内側から忍び出ているのだ。あなたは、愛する人を憎みもする。表面に愛があり、その下に憎しみがある。それは、あなたが人々を恐れているからだ。このことを覚えておきなさい――他人を脅かす者は、愛を受け取る機会を逃す。父親が息子を脅かしているなら、息子の愛は得られないだろう。夫が妻を脅かしているなら、彼女の愛は得られないだろう。彼は見せかけの愛を得るが、愛を得ることはない。なぜなら、愛は恐れのない中ではじめて育つものであり、恐れの中では育たないからだ。

子供は、生まれるとすぐ恐れを体験する――それこそ、憎しみの源泉が活性化されるところだ。愛のエネルギーの源泉は活性化されない。ほとんどの人は、この源泉が活性化されることなく死ぬ。これは、生がそれにチャンスを与えていないからだ。あなたは自分が誰かを愛していると思っている――それもまた愛ではない。それは単なる肉欲だ。それがただの肉欲なら、それはなおのこと愛ではない。愛は、瞑想を通してのみ育つ。

だから、内側にある愛や友愛の源泉をはぐくむことだ。あらゆる原始的な本能は、それらが成長するチャンスを与えないが、それでもはぐくまなければならない。あなたが過ごしてきた生は、それが成長することを阻み、憎しみだけが育てられている。そして、あなたが友愛と呼ぶものは、偽善や慇懃《いんぎん》深さにすぎない。あなたの友愛は、憎しみから逃れ、それを避けるための手立てにすぎないのだ――それは友愛ではない。

友愛とは、まったく別なものだ。どうしたら、その源泉を育てられるだろう？　どうしたら内側に友愛の情が芽生えはじめるだろう？　自分の周りに、常に友愛の雰囲気をつくり出すのだ。友愛のメッセージを、周りの人すべてに伝えなさい。友愛の波を送りなさい。そして自分の内側でそれにエネルギーを与え、友愛のスペースを活性化させるのだ。

川辺に座っているときは、川に愛を捧げなさい。わたしが川の話をするのは、一人の人に愛を捧げるのは少々難しいからだ。木に愛を捧げなさい。わたしが木の話をするのは、一人の人に愛を捧げるのは難しいかもしれないからだ。まずはじめに、自然に対して愛を送りなさい。ハートのセンターであるアナハタ・チャクラは、自然に対してより容易に流れていくことができる。それは、自然があなたを傷付けないからだ。

太古の昔、素晴らしい人々がいた——彼らは、全世界に愛のメッセージを送っていたのだ！　朝日が昇ると、彼らは手を合わせて挨拶し、「栄えあるかな！　我らに光と輝きを与え給う、御身の限りなき慈悲に対して」と言った。ただし、この礼拝は異教徒のものではなかったし、無知の産物でもなかった。そこには意味が、重要な意味があった。太陽への愛に溢れている人、川をわが母と呼ぶだけで愛に満たされる人、大地をわが母と呼び、それを思い起こすと愛に満たされる人、そんな人がずっと人間嫌いでいるのは不可能だ。それはあり得ない。

この人たちは、全自然に愛のメッセージを捧げた素晴らしい人々だった。彼らは、いたるところに祈りと愛と献身をはぐくんだ。こうしたことは必要だ。内側の愛の種子が芽生えることを望むなら、何をおいてもまず自然へ愛のメッセージを送ることだ。でもあなたがたは、ずいぶん風変わりな人々だ——月が一晩じゅう空にかかっているのに、座ってトランプをし、いくら勝ち、いくら負けたのかを計算している。月はそこに昇っているが、素晴らしい愛の機会は、いたずらに失われるだろう。月は、あなたの内側にある、その愛のセンターを目覚めさせることができたはずだ。しばし陶然として月とともに座り、愛のメッセージを伝えることができたら、その光はあなたの内側の何か——本質を揺り動かし、あなたは愛に溢れるだろう。

機会はいたるところにある……機会はい、た、る、と、こ、ろ、にある。存在は驚きに満ちている――それらに愛を捧げなさい。愛する機会を得たら、決してそれをやり過ごさないように。それを利用しなさい。たとえば、道を歩いていて石が転がっていたとする――それを脇にどけなさい。これは完全にお金のかからない機会であり、あなたの一生を変容するだろう。このワークは実に安上がりだ！これより安上がりな瞑想があるだろうか？――道を歩いていて石を見つける。それを拾い上げて道端に置く。誰が通るかわからないし、誰かがその石で怪我をするかもわからない。あなたは愛の行為を行なった。わたしがこんな話をするのは、生においてはごく些細な物事が、内面に愛の種子を育てるからだ――ごくごく些細な物事が。

あなたは、通りで子供が泣いているところに、ちょうど通りかかる――ちょっと立ち止まって、目からこぼれる涙を拭いてあげられないだろうか？

豚が溝にはまってしまったとき、アブラハム・リンカーンは上院の会議に出席していた。彼は、「議論はちょっと保留にしてくれ。すぐ戻る」と言って会議を抜け出した。

これは実に奇妙な行動だった。アメリカ議会がこんなことで中断されたことは、おそらく一度もなかっただろう。彼は豚を救出するために抜け出したのだ！　彼の服は泥だらけだった。彼は豚を溝から引きずり出すと、中に戻った。人々は尋ねた。「どういうことです？　なぜ会議を中断させ、あわてふためいて抜け出したのですか？」

彼は、「ひとつの命が危険にさらされていたのだ」と答えた。

これは、ごく単純な愛の行為だが、実に素晴らしい！　そして、このようなごくごく些細な物事……わたしはまた、微生物が殺されないよう、飲む前に水をフィルターにかける人々を見かける。しかし、彼らの内側にはまったく愛がない。水をフィルターにかけることには何の価値もない――飲む前に水をフィルターにかけるのは、まったく機械的な習慣だ。また、彼らは微生物が殺されるのを恐れて夜は食事をしない。だが、彼らのハートの中には愛がないから、これはただ無意味なことだ。飲む前に水をフィルターにかけることや、夜は食事をしないこと、肉を食べないことは重要ではない――いずれも、どうでもよいことだ。ブラーミンやジャイナ教徒は肉を食べないが、それは彼の内側が愛に溢れているからだと思ってはいけない――それは習慣という問題にすぎない。それは条件付けだ。でも、内側には愛を抱いていない。そうだ、もしそれが愛から進展したものなら、それはまれなことだ。

非暴力が究極の宗教であるのは、それが愛を通って進化した場合だけだ。教典を読んだり、因習に従って達成されたものなら、それは宗教ではない。生にはごくごく些細なこと、非常にささやかなことがたくさんある。でも、あなたは忘れてしまっている……。

わたしがあなたに言っているのは、自分の手を誰かの肩に置くなら、手を通してハートの中にある愛のすべてを彼に送りなさいということだ。生エネルギーのすべて、ハートのすべてを手に集め、それをすべて放ちなさい。あなたは驚くだろう。魔法が起こる。誰かの瞳を見つめるときは、瞳を通してハートのすべてを注ぎ込みなさい。すると驚くだろう——あなたの瞳は魔法となり、相手の内側の何かを揺り動かす。あなたの愛が目覚めるだけでなく、あなたは媒体《ミディアム》——ほかの人の愛を目覚めさせる口火となるかもしれない。一人の人が正しく愛するなら、愛は何千人もの人々の中ではたらきはじめるだろう。

この友愛と愛の中枢《センター》を目覚めさせる機会を、逃してはいけない。そしてこの機会をつかむために、こんな秘訣を覚えておきなさい——毎日、二十四時間の流れの中で、何の見返りも期待しないことを、ひとつかふたつ行なうこと。あなたは一日二十四時間働く。そうするのは、何かを見返りに求めているからだ。必ず毎日、何の見返りも期待しないことを行ないなさい。これらは愛の行為となり、あなたの内側に愛を誕生させる助けとなるだろう。毎日ひとつだけ、何かを取り返す期待を持たないことをするなら、そこから多くを得るだろう。なぜなら、それは内側の愛のセンターを活性化させ、はぐくむからだ。

だから、何の見返りも、いっさい求めないことをやりなさい。そのようにして、友愛はゆっくり、ゆっくり育っていく。見知らぬ人と親しくできる時が来るだろう。するとさらに成長し、自分の敵とも親しくできる時が来る。そして、誰が友人で誰が敵なのか、区別をしなくなる時が来る。

マハヴィーラは言った。「すべての人がわたしの友人だ。わたしは、どの人にも敵意を感じない」これは思考ではなく感覚だ。それはマインドの思考ではなく、誰も自分の敵ではないと感じる境地だ。では、その「誰も自分の敵ではない」という境地は、いつ生まれるのだろう？　それが生まれるのは、あなたがもはや誰の敵でもなくなるときだ。マハヴィーラには、依然として何人かの敵がいただろう。しかしマハヴィーラは、誰も自分の敵ではないと言っている。これはどういう意味なのか？　それは、彼が内側に一人の敵もかかえていないという意味だ。マハヴィーラは、自分は敵を一人として心に抱いていないと言っているのだ。こよなく楽しいひと時に違いない！

人を深く愛すると、歓びが湧き起こる——全世界を愛せる人が体験する歓びに、限界があり得るだろうか？　これには何の費用もかからない。あなたは何も失うことなく、多くを得る。だからわたしは、マハヴィーラや仏陀を世捨て人だとは言わない——彼らはこの世で誰よりも生を謳歌した人たちだ。彼らはこの世でもっとも楽しんだ人たちだ。あなたは世捨て人かもしれないが、彼らは違う。彼らは、無限で限りない至福の扉をたくさん開いた。彼らは至高なるもの、もっとも美しいもの、この世の神聖なるものを飲み干し、そして知った。それにひきかえ、あなたは何を知っているのかね？——あなたは毒以外は何も知らない。彼らは霊液を体験したのだ。

あなたは、自らの愛を全世界にまで拡大できるようになり、愛の光線がハートから放たれるような究極の瞬間のために、自らの生を鍛練していかなくてはならない。だが、それが起こるには鍛練が必要だ。毎日、小さな愛の行為を行ないなさい。意識的に行なうのだ。一日は、あなたの愛を表現する機会を何千も与えている。だが、あなたは多くの悪習を抱えている――愛を表現する機会は、ことごとく逃すのに、憎しみを表現する機会は一回たりとも逃さない。憎しみを表現する機会は、逃せば逃すほど良い。愛を表現する機会は、得れば得るほど良い。憎む機会は見送りなさい。たまには、それらを使わずやり過ごしなさい。そして、たまには意識的に愛する機会を利用しなさい。これは、あなたの瞑想のプロセスを途方もなく速めるだろう。

そう、第一の鍵は友愛だった。そして第二の鍵は慈悲だ。慈悲もまた、友愛のひとつの形だ。しかしわたしは、それを区別して言う。というのも、それはほかの要素も含んでいるからだ。「ほかの要素」とは、自分の周りにいる人々を見たら、彼らに対して慈悲を感じるということだ。いま現在、たくさんの人がここに座っている――その内の一人が、夕方までに死ぬかもしれないということを知る人はいない。ともあれ、いつの日か夕べに誰もが死ぬだろう。わたしたちは、いずれみな死ぬ。そして、前に座っている人たち全員の中で、その顔のひとつを自分は永久に見ないかもしれないと覚《さと》ったら、ハートは彼らに対する慈悲に溢れはしないだろうか？

いましがた、わたしは庭を訪れた。そこに咲いている花々は、夕方にはしぼんでしまう。その命はたいそう短い――朝に咲き、夕方までには去ってしまう。いまほころんでいるこの花々が、夕方までにはしぼんで落ち、埃にまみれるという事実を思い起こすとき、それはあなたを花々への慈悲で満たさないだろうか？　夜空の星々のいくつかが砕けて落ちるという思いは、あなたを星々への慈悲で満たさないだろうか？　より深い理解があるなら、身の回りのすべてを見るにつけ、あらゆるものに慈悲を感じるだろう。あらゆるものに、いたく同情的になるだろう。わたしたちの出会いはほんの束の間だ。この生は非常に困難であり、この機会はごく稀だ――それぞれの内側には、多くの情念、多くの欲望、多くの痛みがある……それでもわたしたちはどうにか生き、愛し、芸術作品をつくり出している――このことが、どうして大いなる慈悲を生み出さずにいられよう？

ある男が、仏陀に唾を吐いたことがあった。この男は激怒のあまり、彼に唾を吐いたのだ。仏陀は唾を拭き取ると、男に言った。「もっと何か言いたいかね？」

仏陀とともに座っていた弟子のアナンダは言った。「何をおっしゃるのです？　彼が何か言いましたか？　命じてくだされば、わたしが彼の面倒を見ましょう。これはあんまりです。あなたに唾を吐くなんて！」

しかし仏陀は言った。「彼は何かを言おうとしているが、言葉を持たないのだ。何かを言おうとしているが、言葉は無力で、内側の衝動は強烈だ。言うことができなかったから、彼は行為を通して語ったのだ」

その男の言葉が無力だったため、仏陀は彼に同情を感じた――わたしはこれを慈悲と呼ぶ。男は何かを言おうとし、何かを表現しようとし、そして非常に怒っていた。言葉を見つけられなかったから、彼は唾を吐くことによって表現した。誰かが愛を抱きながらやって来て、わたしの手をとったら、わたしは大いに慈悲を感じる――彼は何かを言おうとしているが、言葉は不充分だ。その人は、わたしの手をとることで何かを言おうとしている。誰かを抱きしめているとき、言葉は不充分だ。何かを言おうとするが、途方に暮れるあまり、人は自分のハートを相手に近づける。ほかに、なすすべが見つからない。

昨日ここを去ろうとしているとき、何人かがわたしの足に触れ始めた。わたしは大いに慈悲を感じた。人とはなんと無力なものだろう! 何かを言おうとしてもかなわない。だから相手の足に触れるのだ。わたしの親友の一人が、わたしの後ろを歩いていた――彼は非常に合理的な人物で、「だめ、だめ! そんなことをしてはいけない!」と言った。彼もまた正しい。この世に起こったことは、たいそう悲しむべきことだ。人の足に触れているのは真摯な人々だ。しかしいまでは、自分の足を触れてもらいたがっている人々がいる。だから彼が、「だめ、だめ! そんなことをしてはいけない!」と言ったことは、実は正しい。

わたしは彼の言ったことに、正しさと誤りの両方を見出した。この世のどんな人も、他人に自分の足を触れさせるのは間違いだと言ったとき、彼は正しかった。しかし、その足に触れたいと思わせるような人物が一人も残っていないとしたら、その世界もまた間違いだ。そして、人の足元にひれ伏すことのできるハートがもはや存在しないとしたら、それもまた間違った世界だ。人の足に触れることでしか、表現できない感情に圧倒されることのない世界は、悲しい世界だ。

わたしの言っていることが理解できるかね？——人の足に触れることでしか表現できない感情に、決して圧倒されることがないとしたら、それもまた悲しい世界だ。人はひどく殺伐として、存在の意味を失ってしまうだろう。そしてわたしは、人がひれ伏してわたしの足に触れるのを見て、驚きにとらわれてきた。わたしには、彼がわたしの足に触れているのではなく、わたしの足に何かを見ているのがわかる——彼にしてみれば、神の足に触れているのだ。わたしは、あなたがたにこのことを思い起こしてほしい。そしていまに至るまで、人は誰かの足元にひれ伏すたびに——もし強要されたのなら別だが——ひれ伏すたびに、実は神の足元にひれ伏しているのだ。結局のところ、足にはひれ伏すに値するどんな価値があるというのだろう？　しかし内側には、ほかの方法では表現できない感情があるのだ。

昨日、わたしのことを愛している人が、わたしの部屋に一緒にいた。夕方、シャワーに行こうとして明りを点けると、彼は言った。「やっと明るくなりました。あなたの足に触れさせてください」わたしは心底驚いた！　そして彼はわたしの足に触れた。彼の目には涙が見えた。この世に、その涙より美しいものはない。この世のどんな詩や歌も、その涙——愛の瞬間にこぼれる涙より美しいものはない。そして、もしもあなたが理解するなら、もしもあなたが思い出すなら、もしもあなたに見えるなら、どうして慈悲に溢れずにいられよう？

しかし、あなたは何を見ているのか？——あなたは人々の中に、慈悲ではなく批判を湧き上がらせるようなことを見ている。あなたは人々の中に、慈悲ではなく冷酷さを引き起こすようなことを見ている。あなたは人々の中に、非本質的なことを見ている。彼らのハートではなく、ふがいなさを見ている。

ある人がわたしを罵る——これは彼のハートだろうか？　違う、それは彼のふがいなさに違いない。極悪人の中にもハートはある。それを見ることができたら、あなたは慈悲に溢れるだろう。大いなる慈悲に溢れるだろう。

その朝、仏陀は言った。「わたしは慈悲を、溢れんばかりの慈悲を感じる。アナンダ、言葉は不充分なものだ。人のハートは多くを語ろうとするが、どうすることもできないのだ」。彼はただ男に尋ねた。「何かもっと言いたいかね？」

それ以上、その男に何が言えただろう？　もはや、ものを言うことは難しかった。男は立ち去った。夜になると彼はたいそう後悔して、翌日、仏陀に謝罪しに行った。彼は仏陀の足元に崩れ落ち、泣き出した。仏陀は言った。「アナンダ、言葉がいかに不足なものか、わかったかね？　いままた彼は、何かを言いたくてもそれがかなわない。昨日、彼は何かを言おうとして言えず、ある振る舞い方をした。そしていままた、ある振る舞い方をしている。アナンダ、言葉はまったく不充分なものであり、人は大いなる慈悲を受けるに値するものなのだ」

生は短い。ほんの数日だ。わたしはわずか数日間にすぎないかのように言っているが、実のところ次の瞬間すら、確かではない。生のこうした瞬間に、互いに慈悲を学ばないとしたら、わたしたちは人間ではない――わたしたちは生を知ることなく、認識することもない。

だから、慈悲を自分の周り一面に広げなさい。周囲を見渡してごらん――人々は実に不幸だ。彼らの不幸を増やしてはいけない。あなたの慈悲は、彼らの不幸を軽くするだろう――慈悲のほんのひと言が、彼らの不幸を軽くする。彼らの不幸を増やしてはいけない。あなたがたはみな、お互いの不幸を増やしている――誰もがさらに不幸になる助け合いをしている。ありとあらゆる人が、その背後に自分を不幸にする人々を抱えている。そこに慈悲の理解があれば、あなたは他人の中に不幸を引き起こすやり方を、すっかり変えるだろう。そして、誰かの生に幸福をもたらすことができたら、あなたはそのコツを見出すだろう。

ひとつ覚えておきなさい――他人に不幸をもたらす人は、最終的に自分が不幸になる。そして他人に幸福をもたらす人は、最終的に幸福の極みに至る。だからわたしは言う――幸福を与えようとする人は、その人自身の中に幸福のセンターを成長させ、他人に不幸をもたらそうとする人は、その人自身の中に不幸のセンターを成長させる。成果は外側からやって来るのではない。成果はあなたの中に生み出される。何をしようと、あなたはそれへの受け皿を自分の内側にはぐくむ。愛を求める人は、愛を与えなさい。至福を求める人は、至福を分かち合いなさい。自分の家にたくさん花を咲かせたいなら、ほかの人の家に花をたくさん咲かせることだ。ほかに方法はない。つまり慈悲とは、瞑想に入っていくために、各自が成長させるべき感情だ。

第三の鍵は喜び、幸福、歓喜、至福の感覚、そして苦悩の不在だ。あなたがたはみな、実に苦悩に満ちている。あなたがたは悲しげで、疲れた人々だ――打ちひしがれ、苦渋の目的地へと続く挫折の道で、わが身を引きずっている。あなたはまるで、すでに死んでしまったかのように歩いている。歩みには何のエネルギーも生気もなく、日々の暮らしにはまったく活気がない。あなたは無気力で、悲しげで、傷心し、挫折している。これは間違いだ。なぜなら、いかに生が短かろうと、いかに死が確実であろうと、少しばかり理解のある人は悲しまないからだ。

ソクラテスが死に臨んでいた。毒を盛られたのだ――だが、彼は笑っていた！　彼の弟子の一人、クレトは尋ねた。「あなたは笑っていて、目は涙でいっぱいです。死は間近にせまっています――この悲しみの時が」

ソクラテスは言った。「その悲しみとやらは、どこにあるのかね？　もしわたしが死に、完全に死んだら、その悲しみはどこにあるだろう？　悲しみを体験する人は残らない。死んでも依然としてわたしが残るなら、悲しむ必要がどこにあるだろう？　失われるのはわたしではない。わたしは存続する」

そして彼は言った。「わたしは幸せだ。死は、たったふたつのことしかできない――完全にわたしを破壊するか、しないかだ――もし死がわたしを完全に破壊するなら、わたしは幸せだ。なぜなら、悲しみを体験するわたしはそこにいないのだから。また、もしわたしの一部が残るとしたら、わたしは幸せだ。なぜなら、破壊されるのはわたしでない部分だからだ。わたしは依然として存続する。死は、たったふたつのことしかできない。だからわたしは笑っているのだ」。「そして……」、ソクラテスは言った。「わたしは幸せだ。というのも、死はわたしから何を奪い取れるというのか？　死はわたしを完全に打ち負かすか、打ち負かさないかだ……しかし、それでわたしから何を奪い去るというのだろう？――なぜなら、死が奪うものもまた、ここにはないのだから。そしてわたしが存続するなら、すべてが存続する。わたしが存続するなら、すべてが存続する。奪い取られたものは、わたしではなかったからだ。だから、わたしは幸せだと言うのだ」

彼は死に直面しても幸せだ。それにひきかえ、あなたは生きているのに不幸だ。あなたは生きているのに不幸せだ――しかし、死の目前にあっても幸せだった人々がいた。

マンスールは拷問にかけられて死んだ。両脚が切断され、両腕が切断され、両目はえぐり出された。歴史上、これより残忍に苛まれた者はいない。キリストは速やかに死に追いやられ、ガンジーは銃弾で瞬時に殺され、ソクラテスは毒を盛られた――しかしマンスールは、歴史上もっとも苦痛を伴う死を強いられた人物だ。まず、人々は彼の両脚を切断した。両脚から血が流れはじめると、彼は手で血をすくい取った。

彼の周りには、大きな人だかりができていた——人々は彼に石を投げつけていた。誰かが彼に尋ねた。「何をしている？」

彼は言った。「祈りの前に手を清めるヴァジュを行なっているのだ」。イスラム教徒は祈りの前に手を清める。彼は自分の血で手を清めて言った。「わたしはヴァジュを行なっているのだ」。そして言った——このマンスールの言葉を覚えておきなさい。「愛のヴァジュ、真の愛のヴァジュは、水ではなく血で行なわれる。ヴァジュを自らの血で行なう者だけが、祈りへと入れる」

人々は言葉を失った。彼らは、彼のことを狂人だと思った。まず彼の両脚が切断され、次に両腕が切断され、両目がえぐり出された。何千もの人々が集まっていた。人々は彼に石を投げつけ、彼の体の一部はひとつひとつ切断されていった。目を突き刺されたとき、彼は叫んだ。「おお神よ、覚えておいてください、マンスールは勝ったのです」

人々は尋ねた。「どういう意味だ？　おまえは何に勝ったのだ？」

彼は答えた。「わたしは神に、マンスールが勝ったことを覚えておいてくださいと言っている。わたしは、強い恨みと憎しみのさなかで、おそらく愛は生き残らないだろうと危惧していたのだ。神よ、覚えておいてください、マンスールは勝ったのです——わたしの愛に終りはない。この人々がわたしに何をしようと、わたしの愛の破壊には成功しなかった。彼らは自分たちの企てを成し遂げられなかった。この愛は永遠だ」。そして彼は言った。「これがわたしの祈りであり、これがわたしの礼拝だ」
そのときですら、彼は笑っていた！　そのときですら、彼は神性に酔っていたのだ。

人々は、笑いながら喜んで死に直面してきた。しかしあなたは浮かない顔つきで座り、生と向き合っても悲しげで惨めだ。これは間違った生き方だ。敵意に満ちた人は、霊的《スピリチュアル》な旅を続けられない。スピリチュアルな旅には快活さが必要であり、スピリチュアルな旅には、至福に満ちた精神《スピリット》が必要だ。

だから、常に快活でありなさい。これは単なる習慣だ——悲しみは、あなたが身につけた習慣にすぎない。快活さもまた、あなたが身につけられる習慣だ。快活さを支えるには、暗闇でなく光にあふれた生の側面を見なければならない。もしわたしが、自分にはたいそう美しく歌を歌ったり、たいへん美しくフルートを奏でる友人がいると言ったら、あなたは「そうかもしれませんね——でも、その人がパブで飲んでいるのを見ましたが、どうして彼にフルートなんか吹けるというんです？」と言うだろう。わたしが、この友人はフルートをたいへん美しく奏でると言うと、あなたは、「どうしてそんなことがあり得るでしょう？　彼がパブで酒を飲んでいるのを見たんですがね」と言うだろう。これは暗闇を支持している。わたしが、「こちらはわたしの友人だ、彼は酒飲みなんだ」と言うと、あなたは、「そうかもしれません、でも彼はフルートだって実に見事に吹くんですよ！」と言う——これは生の明るい面を見ている。幸せになりたい人は、明るい面を見るだろう。

幸せになりたい人は、二回の昼のあいだに、夜は一回だと考えるだろう。惨めな気分を望む人は、二回の夜のあいだに、昼は一回だと考えるだろう。

わたしたちの生のとらえ方は、内側に成長するものに直接的な影響を及ぼす。だから生の暗い面を見てはいけない。生の明るい面を見なさい。

わたしが幼かったころ、わたしの父は貧しかった。彼はたいへん苦労して、自分の家を建てた。彼は貧しく、無知でもあった――彼はそれまで家を建てたことがなかった。彼は非常に苦心してこの家を建てる工面をした。やり方も知らずに行なったに違いない。というのも完成すると、わたしたちがそこに引っ越せる前に、雨が降って家は倒壊したからだ。わたしは幼く、とても悲しかった。父は町にいなかったので、わたしは父に、家は倒壊して引っ越す望みはすっかり消え失せてしまったという知らせを送った。

彼は到着すると、町の人々にお菓子を配った！　そして言った。「わたしはとても神に感謝している。もし家が八日後に倒壊していたら、わたしの子供はただの一人も生きていなかっただろう」。わたしたちはその家に、八日後に引っ越すことになっていた。その後、家が八日早く倒壊したことについて、彼は生涯幸せに思っていた。八日遅く倒壊していたら、悲劇だっただろう。

生は、このようにもとらえることができる。このようにとらえる人の生には、多くの喜びと至福が湧き起こるだろう。すべては、あなたがいかに生をとらえるかに左右される。生はそれだけでは意味を持たない――すべては、あなたのとらえ方次第だ。あなたの態度、あなたの見方、あなたの理解によって、創られるものもあれば、壊されるものもある。

自分が焦点を当てているものは何か、自問してごらん。邪悪であるあまり、清らかな性質をひとつも持たない人に出会ったことはあるかね？　清らかな性質が見つかったら、それに焦点を当てなさい――それがその人の本質だ。輝きや光を生のいたるところに探しなさい。なぜなら、それを通してあなたの内側に輝きや光が生まれるからだ。それは歓びに満ちている。

第三の感情は、喜びに満ちていることだ。あなたが歓びに溢れるあまり、死や惨めさを打ち消してしまう。至福に満たされるあまり、死や惨めさは萎えて死に絶えてしまう――あなたは、死や惨めさが存在することすら気づかないだろう。

内側に快活さや至福を培う人は、瞑想において進歩を遂げるだろう。これは瞑想の進歩のために、とても重要なことだ。

昔、生にたいそう満足していた聖者がいて、人々は不思議に思った。というのも、彼が悲しんだり苦悩したりするところを、決して見たことがなかったからだ。死の時が訪れたとき、彼は言った。「もう三日以内に、わたしは逝くだろう。生涯を笑って過ごした男の墓の上で泣かないことを覚えていられるよう、あなたがたに伝えたいことがある。この小屋に悲しみが降りて来ないよう、伝えたいことがある。ここは、いつでも至福に満ちていた。ここは、いつでも快活さに溢れていた。だから、わたしの死をお祝いしておくれ。悲しむ口実にはしないでおくれ。わたしの死を悼んではいけない。それを祝祭にしなさい」

しかし人々は悲しんだ。彼らはひどく悲しんだ。彼は素晴らしい人物だった。素晴らしかっただけに、人々の悲しみはいっそう深かった。彼を愛した人はたくさんいた。三日間、人々はこぞって彼の周りに集まり始めた。彼は死ぬまで人々にジョークを語り、笑わせ、愛をこめて語りかけていた。そして朝、死ぬ前に彼は歌を歌った。そして歌が終わると言った。「覚えておきなさい。わたしの服を脱がせないように。この服とともに、わたしを火葬用の薪の上に載せなさい。それから、わたしに風呂をつかわせてはだめだ！」

これが彼の最後の指示だった。そして彼は死んだ。彼は服を着たまま、茶毘《だび》に付された。茶毘に付されているあいだ、人々は悲しみながら周りに立っていた。と突然、人々はショックを受けた。彼は服の中に花火や火薬を隠していたのだ。そして彼が火葬用の薪の上に載せられると、火薬や花火は炸裂し始めた。彼の火葬は祝祭になった！　人々は笑い始め、そして言った。「彼は生きているとき、わたしたちを笑わせてくれた。そして死ぬときも笑わせてくれたのだ」

生は笑いに変容されなくてはならない。生は喜びに、死ですら喜びとされなくてはならない。そしてこれに成功した者は祝福され、感謝の念に溢れる。このスペースにおいて瞑想に入る者は、想像を越えた速さで進む。まるで矢のようになるだろう。

マインドに重荷を背負って瞑想に入る者は、矢に石を縛り付けている——となると、矢はどれだけ遠くまで行けるだろう？　より速く進みたいなら、マインドはもっと気楽で、軽やかでないといけない。矢にもっと遠くまで行ってほしいなら、矢はずっと軽くなければならない。さらに高く登りたいなら、麓にもっと多くの荷物を残してこないといけない。最大の重荷は、あなたの惨めさや、悲しみや、敵意だ。これより大きな重荷はない。

人々を観察したことがあるかね？——彼らはまるで打ちひしがれたように、まるで頭の上に重い荷物を運んでいるかのように歩いている。この荷物を捨て、歓びにイエスと言いなさい！　ライオンのような歓びの咆哮をあげなさい！　どんな生をおくっていようと、それは歌に変えられること、歓びに満たせることを世に知らしめなさい。生は音楽になり得る。この第三点——歓びを覚えておきなさい。

そして第四は感謝だ——感謝とは神性だ。今世紀、何かが失われたとしたら、それは感謝だ。

息を吸い込むとき、吸い込んでいるのは自分でないということを知っているかね？——なぜなら、息が入ってこない瞬間、あなたはそれを取り込めないからだ。あなたは、生まれたのは自分だと信じているかね？　違う、それはあなたではなかった。誕生に際して、あなたは意識的なはたらきかけをしたわけではない。それはあなたの決定ではなかった。あなたは、自分が受け取った小さな体がどれほど驚異的なものか、気づいているかね？　それは、この世で最大の奇跡だ。少し食べると、この小さな胃袋はそれを消化する――これは大いなる奇跡だ。

科学はたいそう進歩した。しかし、もし巨大な工場をつくり、何千人もの専門家が従事したとしても、それでもなお、たった一枚のチャパティを消化し、それを血液に変えるのは難しい。一枚のチャパティを消化し、それを血液に変化させるのは実に難しい。だがあなたのこの身体は、一日二十四時間、この奇跡を行なっている――この小さな身体、数本の骨、いくらかの肉が。科学者によると、身体は四ルピーか、せいぜい五ルピー程度の素材でできているという。高価な素材でできているわけではない。これほど大いなる奇跡が、二十四時間自分とともにあるのに、あなたはそれに感謝していない！


あなたは、自分の体を愛したことがあるかね？　自分の手にキスしたことは？　自分の瞳を愛したことは？　驚異的なことが起こっているのに気づいたことは？　あなたがたの中で、自分の瞳を愛したことのある人や、自分の手にキスしたことのある人や、この驚異が知らぬ間に、自分が関与すらせず起こっていることに感謝の念をおぼえたことのある人は、滅多に見つからない。

だから、まず自分の身体に感謝しなさい。自分の身体に感謝する人だけが、他人の身体にも感謝できる。まず、自分の身体に愛情を持ちなさい。なぜなら、自分の身体に愛情を持てる人だけが、他人の身体を愛することができるからだ。自分の身体に逆らいなさいと教える人は、非宗教的だ。身体は敵であり、忌まわしいものであり、ああだこうだと諭す人は非宗教的だ。身体は大いなる奇跡だ。身体は驚くほど助けになる――それに感謝しなさい。

この身体とは、いったい何だろう？　この身体は五つの元素からできている――身体に感謝し、この五つの元素に感謝しなさい。

ある日、太陽が死んでしまったら、あなたに何が起こるだろう？　科学者によると、太陽は四百万年のうちに死ぬという――それは充分な光を与えてくれた。それは、空っぽになりつつあり、いつか死ぬ日が来るだろう。いまのところわたしたちは、太陽は毎日昇るものだと思っている。しかし、明日も太陽が昇るだろうと思いながら眠りについても、それが昇らない日が訪れるだろう。すると、何が起こるか？　太陽が死ぬだけでなく、生命そのものが死ぬ。なぜなら、生命は太陽に支えられ、あらゆる熱やエネルギーは太陽に支えられているからだ。

あなたは海辺に座る――身体の七割は海水でできていると考えたことはあるかね？　人間は陸上に生まれたが、微生物は最初、海中で生まれた。そして知ったら驚くだろうが、あなたの体内の水に対する塩の割合は、いまでも海と同じだ。そしてこの体内の割合がわずかでも乱れると、あなたは病気になる。

海辺に座り、自分も海の何かを内側に携えているのを思い出したことはあるかね？　あなたは、自分の内側にある海について、海に感謝すべきだ。自分の内側にある太陽について、太陽の光に感謝すべきだ。そして自分の息の中で動いている風に感謝すべきだ。あなたは、自分をつくった空と大地に感謝すべきだ。わたしはこれを感謝と呼ぶ、神聖なる感謝と呼ぶ。

この感謝なくして宗教的にはなれない。感謝しない人間が、どうして宗教的になれるだろう？この感謝を絶えず体験し始めたら、あなたは驚くだろう――この感謝はあなたを大いなる安らぎに満たし、大いなる神秘に満たす。するとあなたは、あることを理解する――自分は、こうしたすべてを与えられるに値しないということを。しかし、これらすべてを手にしているがゆえに、自分は感謝の念に満たされるということを。自分の受け取ったものが満足を与えてくれるので、あなたは感謝に満たされる。

感謝を表現しなさい。感謝を育てる方法を見つけなさい。するとあなたの瞑想は、それによって深まるだろう。そして瞑想だけでなく、あなたの一生も途方もなく変化するだろう。あなたの生は、まるっきり違うものになる。完全に新しいものになるだろう。

イエスは十字架に架けられた。死に臨んで彼は言った。「父よ、彼らをお許しください。どうぞ彼らをお許しください。なぜならひとつに、彼らは自分たちが何をしているか知らないのです」――これは彼の慈悲だった。「そしてふたつに、あなたとわたしのあいだには隔たりがありましたが、いま、その隙間はなくなりました。彼らはわたしたちのあいだの隔たりを落とすのを助けてくれたのです。そのことで、わたしは彼らに感謝します」

だから、生において誰かと関わるときは、常に感謝の念を思い出しなさい。あなたの生は、驚きに満ちるようになるだろう。

わたしは、感情の浄化に必要な四つについて話してきた――友愛、慈悲、快活さ、そして感謝だ。ほかにもたくさんの事柄があるが、この四つで充分だ。それらに瞑想したら、残りのものも自然とついてくるだろう。こうして感情は純粋になる。

わたしは、いかに身体が浄化され、いかに思考が浄化され、いかに感情が浄化されるかについて話してきた。この三つを操縦できるだけでも、あなたは新たな驚異の世界に足を踏み入れるだろう。この三つを操縦できるだけでも、多くのことが起こるだろう。

あとで三つの大原則について話そう。身体の空《くう》、マインドの空、そして感情の空について検討する。わたしは浄化について話してきた。あとで空について話すことにしよう。そして純粋さと空が出会うとき、サマーディ、すなわち光明が起こる。

では、すでに説明した朝の瞑想のために座ろう。決意を五回することから始める。次にしばらく、感覚の境地へと入る。そして背筋を伸ばし、目を閉じ、息が出入りする鼻の付近を注意深く見守りながら、入ってくる息と、出ていく息を見守る。

みな、ほかの人に触れないよう、広がりなさい。

第6章

身体と魂——科学と宗教

Body & Soul; Science & Religion

親愛なる人たちへ

いくつか質問がきている——実のところ、たくさんの質問がきている。すべての質問につながるような答をしよう。わたしは質問をいくつかの種類に分けた。

最初の質問だ。

科学の時代における宗教の位置付けとは何でしょうか？　国民生活や社会生活において、宗教はどんな効用があるのでしょうか？

科学とは、物質の内部に秘められた力を探る学問の一種だ。宗教とは、意識の内側に秘められた力を探る叡智の一種だ。宗教と科学のあいだには何の対立もない——実のところ、それらは互いに補い合っている。

科学一辺倒の時代は、より便利さに溢れているだろうが、それ以上の幸福はないだろう。宗教一辺倒の時代は、幾人かが幸福を知っていても、おおかたの人々は不便さに苦しむだろう。科学は便利さを提供し、宗教は安らぎをもたらす。便利さがまったくなかったら、安らぎを知る人はごくわずかだろう。安らぎがまったくなかったら、多くの人が便利さを手にできても、その楽しみ方がわからないだろう。

これまでに人間の生み出した文明は、不完全で断片的なものだった。東洋が生んだ文化は宗教だけを信頼し、科学には興味を持たなかった。その結果、東洋は挫折した——疲弊して、滅んでしまった。西洋が生んだ文化は、もう一方の極だ——それは科学に基づき、宗教とは関わらない。その結果、西洋は勝利をおさめ、富や繁栄や便利さを蓄積した——だが、魂は失ってしまったのだ。

将来生まれる文化は——もしそれが、真に人間の進化のためになるとしたら——それは科学と宗教のバランスがとれたものだろう。その文化は、宗教と科学が統合したものとなる。宗教一辺倒であったり、科学一辺倒であったりすることはない——科学的に宗教的であるか、宗教的に科学的であるかのどちらかだ。

これまで両方の実験は失敗してきた。東洋の実験は失敗し、西洋の実験も失敗した。しかしいま、わたしたちは東洋のものでも西洋のものでもない、世界的な実験を創造する機会を手にしている。その中で、宗教と科学の両方は融合する。

だからわたしは、宗教と科学には対立がなく、同じように身体と魂にも対立はないと言う。身体のレベルでしか生きない人は、自らの魂を失うだろう。霊《スピリチュアル》的な次元でしか生きようとしない人も、正しくは生きられない。なぜなら、自分の身体との繋がりを失うからだ。

人間の生命がある種の調和――身体と魂の統合であるのと同じように、完成された文化もある種の調和――科学と宗教の統合となる。科学がその身体となり、宗教がその魂となる。

しかし誰かが、宗教と科学のどちらかを選択しなければならない場合は何を選ぶべきかと尋ねたとしたら、どうだろう？　わたしは、宗教を選ぶ覚悟をすべきだと言うだろう。誰かが、一方は失われるから宗教と科学のどちらかを選ぶようにと言ったら、わたしは即座に宗教を選びなさいと言うだろう。人間の魂を失うよりは、貧しく不便であるほうがましだ。

自己を犠牲にする便利さなどに、何の値打ちがあるだろう？　わたしたちから自らの実存を奪う富などに、何の値打ちがあるだろう？　実のところ、それらは便利さでも富でもない。

ひとつ短い話をしよう。これは、いつもの気に入っている話のひとつだ。

その昔、ギリシャの王が病に倒れたそうだ。病はたいそう重かったので、医者たちは、彼は生き長らえないだろう、望みはないと言った。彼を愛する大臣たちや人々はとても心配し、胸を痛めた。ちょうどそのとき、あるファキールがその村にやって来た。ある人が言った。「ファキールを呼び、彼が祝福を与えると、病んだ人は癒されるそうです」

人々はファキールを連れに行き、彼はやって来た。彼は入るなり王に言った。「気でも狂われたか？　これがあなたの言う病なのかね？　それは病などではない。とても簡単な治療法がある」

何ヶ月もベッドに横たわっていた王は、起き上がって言った。「どんな治療法だ？　わたしはもうだめだと思っていた。良くなる希望は持っていない」

ファキールは言った。「それはとても簡単な治療だ。裕福で、しかも安らいでいる村人の上着を持ってきて、それを着るのだ。健康になり、良くなるだろう」

大臣たちは奔走した……村には裕福な人が大勢いた。彼らは家々を回って言った。「裕福で、しかも安らいでいる人の上着が欲しい」

すると裕福な人々は言った。「でも、わたしたちは不幸です……上着一枚とは！……上着と言わず、自分たちの生命でも差し上げられます。王様が助かるのなら、何でも差し上げる覚悟です。でもわたしたちの上着は効かないでしょう。わたしたちは裕福ですが、安らいではいないのですから」

彼らは村のありとあらゆる人のもとに行った。彼らは一日じゅう探し回ったが、夕方にはすっかり希望をなくしてしまった。王を救うのは難しいことになりそうだと、彼らは覚《さと》った――救う手立ては手の届かないところにあった。朝のうち彼らは、「簡単に見つかるだろう」と思っていた。しかし夕方には、「救う手立ては見つけ難い。実のところ見つけられない」と覚《さと》った。裕福な人たちは訪ね尽くしてしまった。

夕方、彼らは疲れて悲しげに戻っていった。太陽が沈みかけていた。村はずれの川の近くで、誰かが岩の傍らに座ってフルートを吹いていた。その調べはたいそう音楽的で、そこから妙なる至福の波が湧き出していたので、大臣の一人が言った。「あの最後の人に聞いてみよう……おそらく彼は安らいでいるだろう」

彼らは彼のところに言って尋ねた。「あなたのフルートの調べ、あなたの歌は、たいそう至福と安らぎに満ちて聞こえる。そこでお願い申し上げたい。王が病んでいる。わたしたちは裕福で、しかも安らいだ人の上着が必要なのだ」

その男は言った。「わたしは喜んで自分の生命を差し出しましょう。でも、近づいてご覧なさい……わたしは上着を持っていないのです」。暗かったので、彼らは近寄って見た——フルートを吹いていた男は裸だった。

結局、安らいでいる人は裕福でなく、裕福な人は安らいでいなかったため、王を救うことはできなかった。同じように、安らぎの伝統を持つ文化は富を持たず、繁栄する文化は安らぎについて考えもしない。だからこの世は救われない。王は死んでしまった。

人類もまた滅びるだろう。人類が必要とする治療は、王が必要としていたものと同じだ。わたしたちには上着が必要であり、安らぎも必要なのだ。これまで、わたしたちのイデオロギーは不完全だった。これまでわたしたちは、非常に不完全なやり方で人間について考え、習慣的に極端へと向かってきた。人間のマインドの最大の病は、極端へと向かう性癖だ。

孔子がある村に滞在していたとき、ある者が彼に言った。「非常に博学で、思慮深い人がいます。

彼にお会いになりませんか？」

孔子は言った。「まず、なぜ彼のことを思慮深いと言うのか伺いたい。そうしたら、必ず彼に会いに行こう」

人々は言った。「彼は何をするにしても、その前に三回考えます――三回ですよ！　だから思慮深いのです」

孔子は言った。「その男は思慮深くない――三回は少々多すぎる。一回では少なすぎ、二回で充分だ。聡明な者は中庸にとどまり、無知な者は極端へと走るのだ」


無知の第一の特徴は、自分のことを身体だけであると、考えているかどうかだ。無知の第二の特徴は、それと同じくらいに、自分のことを魂だけだと考えているかどうかだ。人間という個体はひとつの統合体であり、人間の文化もまた、ひとつの統合体だ。

そしていま、わたしたちは教訓を学んだ。インドの歴史的な貧困や挫折、そして東洋諸国の虐げられた状態には、理由がないわけではない。その理由は宗教的な行き過ぎだ。また、西洋諸国が内側から貧しくなっている事実にも、理由がないわけではない。その理由は科学的な行き過ぎだ。科学と宗教が統合されたら、未来は素晴らしいものになるだろう。これだけははっきりしている――宗教と科学の統合においては、宗教が中心となり、科学は周辺となる。科学と宗教の統合に際しては、宗教が必然的に知性となり、科学がそれに付き従うのは明らかだ。身体は主《あるじ》にはなれず、科学もまた主にはなれない。主となるのは宗教だ。そのときわたしたちは、より良い世界を創出できるだろう。

だから、科学の時代における宗教の効用などを尋ねないように。科学の時代にこそ、宗教は本当に役に立つ。なぜなら科学はひとつの極、しかも危険な極だからだ。宗教はそれにバランスを与え、その極から人を救うことができるだろう。

全世界の宗教の復活の時が迫っているのはこのためだ。それはごく自然な成り行きだ――そしてまったく確実なことだ。そこには宗教の復活が必要だ。さもなければ、科学は破滅へと導くだけだろう。だから、科学の時代において宗教にどんな必要性があるかと尋ねるのは、要点を逸している――宗教こそ、科学の時代にもっとも必要とされる。

これに関連して、国民生活や社会生活における宗教の効用についても質問されている。

いま話したことが、この質問にも答えていると思う。なぜなら個人にとって有益なことは、必ず全体として国家や社会にも有益になるからだ。結局のところ、個人の寄り集まりがなければ、国家や社会とは何だろう？　だから、国家が宗教なしで生きられるなどという幻想は抱かないことだ。

インドではこんな不幸が起こった。わたしたちはある言葉を誤解した――わたしたちは無宗教であることについて語りはじめた。「無宗派の」と言うべきだったが、無宗教であることについて語りはじめた。無宗派であることと、無宗教であることはまったく別物だ。知的な人は誰しも無宗派であることに賛成するが、無宗教であることに賛成するのは愚か者だけだ。

無宗派であることは、ジャイナ教やヒンドゥー教や仏教やイスラム教などを考慮に入れないという意味だ。これが無宗派の意味だ。だが無宗教であることは、真理や非暴力や愛や慈悲と関わらないという意味だ。こうした意味では、いかなる国家も無宗教ではあり得ない。もしそうだとしたら国家の不幸だ。国家は、宗教をまさにその活力とすべきであり、無宗教であってはならない。だがもちろん、無宗派であることは絶対に必要だ。


世の無神論者たちは宗教にさほど害を与えてこなかったし、世の科学者たちも、宗教にさほど害を与えてはこなかった。宗教にもっとも害を及ぼした人々は、宗教指導者たちだ。彼らは宗教よりもジャイナ教徒であることを重視し、宗教よりもヒンドゥー教徒であることを重視し、宗教よりもイスラム教徒であることを重視する人々だ。彼らこそ、世の中から宗教を奪った人々だ。宗教の母体であるべきだった宗派は、明らかにその抹殺者となってしまった。宗教には途方もない価値があるが、宗派に価値はない。宗派や派閥的な人間は、少なければ少ないほどいい。

どんな民族も、国家も、社会も、宗教という土台なしには存続できない。どうしてそんなことが可能だろう？　愛という土台なしに、わたしたちは存続できるだろうか？　愛や真理という土台なしに、どうして国家が国家たり得るだろう？　あるいは、利他的であること、非所有、非暴力、安心といった土台なしに、国家は国家たり得るだろうか？　これらは魂の基本的な特質だ。それらがなくては国家も社会もない。もしそんな国家や社会があるとしたら、ほんのわずかでも知性を持つ人は、それがロボットの集団だとわかるだろう。それを国家と呼ぶことはできない。

国家は相互の関係性によって形づくられる——わたしとあなたの関係性、あなたとあなたの隣人との関係性によって。こうした相互の関係性がすべて集合して国家となる。これらの関係性が、よりいっそう真理や愛や非暴力や宗教性に基づくようになれば、国家の暮らしにはさらなる香りや光が生まれ、国家の暮らしからは暗闇が減るだろう。

だからわたしは言う、国家や社会の暮らしは、宗教に根ざしていてこそ存在できる。あなたは、自分がこの教育宗教分離主義という概念をいかに利用するかについて細心の注意を払うべきであり、国家全体が注意すべきだ。この言葉のもとに、大きな危険が隠されている。この言葉を口実に、あなたは宗教など不要だと信じるかもしれない。しかし、宗教こそ人類が唯一必要とするものだ。ほかのものはすべて従属的で、捨てることもできる。宗教は捨てられないものだ。

これで、あなたの疑問を解消する助けになったと思う。

別の友人が尋ねている。

わたしたちは何について瞑想すべきでしょうか？

一般に、瞑想にまつわるさまざまな考えのせいで、あなたは、瞑想とは何かに瞑想するものだと理解している——あなたは誰かに、または何かに瞑想しようとする。だから当然、何について瞑想するのだろう？　という疑問が生まれる——誰に対して祈るのか？　誰に対して献身を捧げるのか？　誰のことを愛するのか？

今朝わたしは、「あなたは誰を愛しているのか」と尋ねるような種類の愛があると話した。もうひとつ、「あなたの内側に、愛は存在するかしないか」と尋ねるような種類の愛もある。それは相手とは無関係だ。

愛にはふたつの境地がある——ひとつは愛が関係性であるもの、もうひとつは愛がひとつの境地であるものだ。最初の愛の場合は、わたしが愛を感じると言うと、あなたは「誰に対して？」と尋ねるだろう。そしてわたしが、相手は問題ではなくて、ただ愛を感じるのだと言ったら、あなたは理解に苦しむだろう。しかし理解すべきは、この第二の境地だ。

そこに誰かがいることを必要とせず、ただ愛する人だけが真に愛する。特定の人を愛する人は、ほかの人に何をするだろう？——彼はほかのすべての人に対して、憎しみに溢れる。特定の人に瞑想する人は、そのほかの人に何をするだろう？——彼はほかのすべての人に対して、完全に無意識になる。

わたしが話している瞑想は、何かについての瞑想ではない——むしろそれは、瞑想という境地だ。

これこそ、わたしが境地としての瞑想を語る際に、あなたに言わんとしていることだ。瞑想とは誰かを思い起こすことではない。瞑想とは記憶にあるすべてを落とすことであり、意識だけが残り、覚醒だけが残る境地に至ることだ。

ランプを点し、それを取り巻く物体をすっかり取り除くと、それでもランプは明かりを放ち続ける。同じように、意識からあらゆる思考や空想など、対象をすべて取り除いたら何が起こるだろう？——意識だけが残る。その純粋な意識の状態が瞑想だ。あなたは誰かに瞑想するのではない。瞑想とは、意識だけが残る境地だ。

対象なしに意識だけが残るとき、その境地が瞑想と呼ばれる。わたしはこの意味で、「瞑想」という言葉を使う。


あなたが実践していることは、本当の意味の瞑想ではない——それは概念にすぎない。しかし瞑想は、これを通して自然と起こる。あなたが夜に実践しているチャクラを取り入れたエクササイズ、そして朝の呼吸を取り入れたエクササイズは、いずれも訓練法であり、瞑想ではないことを理解しなさい。この訓練を通して、呼吸が消えてしまったように思える瞬間がやって来る。この訓練を通して、身体が消え、思考も消えてしまったように思える瞬間がやって来る。すべてが消えてしまったら、何が残るだろう？　残ったそれが瞑想だ。すべてが消えてしまったとき、あとに残されるものが瞑想と呼ばれる。訓練は何かについてだが、瞑想は特別な何かについてのものではない。だから、わたしたちが事実上やっていることは、チャクラや呼吸についての訓練の実践だ。

あなたは、「神の概念を利用して訓練するほうが、いいのではありませんか？　偶像を用いて訓練するほうが、いいのではありませんか？」と尋ねるだろう。

それは危険だ。偶像を用いて訓練するかぎり、わたしが瞑想と呼ぶ境地は起こらない。だから危険だ。偶像を用いて訓練すると、存在するのは偶像だけで、ほかには何もなくなる。偶像を用いた訓練が深まれば深まるほど、ますます偶像の存在は大きくなり、ほかには何もなくなる。

それはラーマクリシュナに起こった。彼は母神カーリーに瞑想することを習慣としていた――それが彼の訓練だった。すると次第に、彼は自分の内側にカーリーを見はじめるようになった。目を閉じると偶像は生き生きとし、彼は非常に至福に溢れ、歓びに満ちた。しかしある日、一人の見者が彼に会いに来た。見者は彼に言った。「あなたのしていることは、単なる想像にすぎない。神との出会いではない」

するとラーマクリシュナは言った。「神との出会いではないですって？　でも、わたしにはカーリーが生きているのが見えます！」

見者は答えた。「カーリーが生きているのを見ることが、神と出会うことではない」

ある者はカーリーを見、ある者はイエスを見、ある者はクリシュナを見る――すべてはマインドの作りごとだ。神は、目に見えるいかなる形も持たない。神性には、顔も動きも形もない。意識が形なきものに入り込む瞬間、それは神性へと入る。

あなたは神性と出会うのではなく、それとひとつになる。あなたが片側に立ち、神がもう一方に立って対面するといった出会いはない。一滴のしずくが大洋に落ちるように、あなたが無限なる存在に溶け入る瞬間がやって来るのだ。その瞬間の体験こそ、神性の体験だ。あなたは神に出会ったり、見たりするのではない。一滴のしずくが大洋に落ちるときに感じるように、あなたは存在と溶け合う体験をする。

だから見者は、「これは誤りだ。想像にすぎない」と彼に言ったのだ。さらに彼はラーマクリシュナに言った。「さあ、内側に偶像をつくり出したのと同じように、それを真っ二つに切り裂きなさい。想像の剣を上げ、偶像を二つに打ち砕きなさい！」

ラーマクリシュナは言った。「剣ですって？　どこに剣が見つかるんです？」

見者は言った。「あなたは想像という方法で偶像をつくり出した。あなたは剣を想像して、それで偶像を切ることもできる。想像で想像を打ち破りなさい。偶像が崩れ落ちたら、あとには何も残らないだろう。俗世はすでに消え去り、いまや偶像が残るだけだ——それも追い払いなさい。そして空っぽの空間だけがあるとき、あなたは神性と出会うだろう。あなたが神性と考えているものは、神性ではない。それは神への最後の障害だ。それも打ち破るのだ！」

それはラーマクリシュナにとって至難の技だった。彼はこの偶像に何年も瞑想し、大きな愛ではぐくんできたため、それは生きているように見えはじめていた。それを打ち破るのは、非常に難しいことになりそうだった。彼は何度も目を閉じたが、「こんな乱暴な行為はできない」と言って戻ってきた。

しかし見者は言った。「できないのなら、あなたは神性とひとつになれない。あなたの神性への愛は、偶像への愛よりも弱い。神性のために偶像を打ち破る覚悟はないのかね？　あなたの神性への愛は不充分だ――あなたは、そのために偶像を取り除く覚悟がない！」

あなたもまた、さほど神性に対する愛を抱いてはいない。あなたはまた、自分と神性のあいだに偶像を据えてもいる――宗派にしがみつき、宗教の教典にしがみついている。そして、それらを追い払う覚悟ができていない。

見者は言った。「瞑想の内に座りなさい。わたしはあなたの額をガラスの破片で切る。わたしがあなたの額をガラスの破片で切っているのを感じたら、勇気を集めてカーリーを真っ二つに切り裂きなさい」

ラーマクリシュナは勇気を見出した。そして彼がそうしたとき、偶像は真っ二つに切り裂かれた。戻ってくると彼は言った。「今日わたしは、はじめてサマーディに至りました。今日、はじめて、真理とは何かを知りました。はじめて想像から自由になり、真理へと入ったのです」

わたしがあなたに何も想像しないようにと言うのは、このためだ。わたしは、障害物になることを想像しなさいとは言わない。チャクラや呼吸について、わたしがいくつか語ったことは障害物ではない。なぜなら、あなたがそれに熱中することはないからだ。あなたがそれらに関心を持つことはない――それらは、内側に入っていくための単なる方便だ。それらは障害物になり得ない。

わたしは、それが最終的にあなたの瞑想への妨げとならないようなやり方で、想像力を利用することについて話しているにすぎない。だからわたしは、何かについて瞑想しなさいとは言わなかったのだ。わたしはただ、瞑想に入っていきなさいと言った。瞑想するようにとは言わなかった。わたしは、瞑想に入っていきなさいと言った。

何かに瞑想してはいけない。自己の内側の瞑想に至りなさい。このことを覚えていたら、多くのことが明らかになるだろう。

ある友人が尋ねている。

精神性《スピリチュアリティ》は、世俗的な関心よりも高次のものであるのに、それに負けているのはなぜですか？

これまで、精神性が負けたことはない。今日まで、精神性が世俗的な関心に負けたことは一度もない。あなたは、わたしのことを間違っていると言うだろう。それは、あなたが毎日、自分の内側で負けたと感じているに違いないからだ。しかし尋ねるが、あなたは純然たる精神性への関心を抱いているのかね？　あなたが言っていることの真意は、圧倒されるほどのものがあなたの内側には存在していないということだ。あなたが精神性について抱いていることは、どこかで聞きかじってきた単なる概念にすぎない。誰かがあなたに、ダイヤモンドはよく光るただの石くれだと言ったら、あなたは何と言うかね？　あなたはこう言うだろう。だとしたら、それは本物のダイヤモンドではあり得ない――そのダイヤモンドは想像上のもので、本当は小石に違いないと。だから当然ダイヤモンドは負け、小石に軍配が上がる。ダイヤモンドが本物なら、どうして小石などに負けるだろう？

あなたは自分の生において、精神的な質が、世俗的な関心に負けていると思っているに違いない。しかし、その精神的な質とやらはどこにあるのかね？　つまり負けていると思うことは、すべて想像にすぎないということだ。それはただ存在しないのだ。あなたは常日頃、憎しみが勝ち、愛が負けると思っているに違いない。しかし、どこに愛があるのかね？　あなたは常日頃、金銭を得る欲望が勝ち、それが神性を知る欲求を打ち負かしていると思っているに違いない。しかし、神性を知る欲求はどこにあるのかね？　それが本当にあるのなら、いかなる欲望もそれを打ち負かすことはできない。それが本当にあるのなら、いかなる欲望も存在すらできない。それが打ち負かされるという問題は生じない。

誰かが、光はあるが闇に負けていると言ったとしたら、あなたはその人を気違いだと言うだろう。

光があるなら、闇は入り込めない。これまで、光と闇のあいだに闘いがあったことはない。これまで、光と闇のあいだに衝突があったことは一度もない。なぜなら光があるとき、闇はもはや存在しないからだ。敵は存在すらしないから、勝つことは問題にならない。闇が勝つのは、光がまったく存在しないときだけだ。つまり光が不在のときだけ勝利を得る。そして光が存在するなら、闇はまったく問題とならない。なぜなら闇は消え失せるからだ。ただ、そこにはなくなるのだ。

あなたが「世俗的な関心」と呼ぶものは、精神的な関心が生まれたら消えるだろう。わたしのあらゆる努力が、世俗的な関心を取り除くことよりも、あなたの中に精神性への関心を生み出すことを重視しているのはこのためだ。わたしの重点は、積極的なものに置かれている。

積極的な精神性への関心が生まれると、世俗的な関心は薄れる。内側に愛が芽生えると、憎しみは内側から消え去る。愛と憎しみのあいだに衝突があったことは一度もない――これまで、そんなことは決して起こらなかった。内側に真理が芽生えたら、虚偽は内側から消え去る。真理と虚偽が対立したことは一度もない。内側に非暴力が芽生えたら、暴力は消え去る。非暴力と暴力は、これまで一度も対立したことがない。それは負けるという問題ではない……競争すら存在しない。暴力は非常に弱いものだから、非暴力が芽生えた瞬間に暴力は消え去る。非精神性は非常に弱いものであり、俗世はもろく、とてもはかないものだ。

だからインドでは、俗世のことをマーヤ、すなわち幻《まぼろし》と言ってきた。マーヤとは、あまりにはかなくて、ちょっと触れるだけでも消え失せてしまうもののことだ。それは手品のようだ。誰かが一瞬にしてマンゴーの木を取り出してあなたに見せるが、近づくと、それはそこにないとわかるようなものだ。もしくは暗い夜に、吊された縄を見て蛇だと思う――そして近づくと、蛇などまったくいないことがわかる。あなたが縄に見た蛇は幻だった。そこにあるように見えたが、なかったのだ。

だからインドでは、俗世はマーヤと呼ばれている。充分に近づいて真実を見る瞬間、そのような世界はないと覚《さと》るからだ。あなたが世俗と呼ぶものは、一度も真理と出会ったことがない。

精神性への関心が打ち負かされそうに感じるときは、ひとつのことを理解しなさい――あなたのこうした関心は、きっと想像上のものだ。あなたは本を読んで学んだに違いない。それらは、あなたの内側のものではない。いろんな人たちがいる……

ある人がわたしのところに来て尋ねた。「昔はよく神を体験していたものでしたが、もう体験しないのです！」

わたしは彼に言った。「そんな体験は決して起こらなかったに違いない。神性を体験しはじめ、そして体験しなくなることなどあり得るかね？」

大勢の人がわたしのところに来て言う。「よく瞑想を体験していたものでしたが、いまはもう体験できません」

わたしは彼らに言う。「そんなことは決して起こらない。瞑想を体験したら、それを失うことは不可能なのだから」

このことを心にとめておきなさい――生において、あなたはより高次の境地に至ることができる。しかし、それが失われることは決してあり得ない。あなたはより高次の境地に至れるが、それを失うはずはない。あなたは賢くなれるし、知恵も得られる。しかし、それを失うことはあり得ない。それは不可能だ。

しかし教育や条件付けによって、あなたの中に、いわゆる宗教心が芽生えるということが起こっている。あなたは宗教的だと信じているが、それらは宗教的ではない。ただの条件付けだ。宗教性と条件付けは違う。子供の時分から、あなたは魂があると教えられてきた。あなたはそれを学び、無理に詰め込み、記憶する。それは、あなたの記憶体系の一部になっている。そして後々、あなたはずっと魂があると言い続け、自分は魂があることを知っていると考える。

あなたはまったく知らない。それは、いつかどこかで聞きかじった概念であり、他人があなたに教えた偽り事だ。あなたは何も知らない。そしてこの、いわゆる魂が情念に負けると、あなたは「魂が弱すぎたから、欲望に負けたのだ」と言う。あなたは魂など持っていない。ただ概念を抱いているだけだ。そしてその概念は社会によってつくり出されたものであり、あなたのものではない。あなた自身の体験を通して精神性への関心というエネルギーが目覚めると、世俗的な興味は消え失せる。それらはもう、あなたにまとわり付かない。

覚えておきなさい――打ち負かされていると感じたら、自分が宗教だと信じていたこと、宗教だと思っていたことは、決して自分自身の宗教体験ではなかったのだと理解しなさい。誰かがあなたに言ったに違いない。あなたは自分では体験しなかった。あなたは両親から聞いたに違いない。言い伝えから得たのかもしれない。しかし、あなたの内側では起こらなかった。あなたは光があると思っているが、そこには何もない――だから闇が勝つ。光があるとき、まさにその存在が闇を圧倒する。光が闇と闘うことはない――まさにその存在が、その存在こそが、闇の敗北となるのだ。

これを心にとめておきなさい。そして、打ち負かされるという空虚な精神性への関心や、宗教的な感覚とやらを投げ捨ててしまいなさい。空虚だと知れば、それらは意味を持たない。いかに真摯な精神性への関心を生み出すかという理解は、偽りの関心をいかに捨てるかを理解して、はじめて訪れる。

あなたがたの多くは、完全に想像上の、実在しない重荷を背負い続けている。そうではないのに、自分を金持ちだと思っている乞食たちの一人のようなものだ。ポケットに手を入れ、なぜ一銭も見つからないのかとあなたは尋ねる。「これは何というたぐいの豊かさだろう?」。これはまったく豊かさなどではない。

乞食にはお気に入りの遊戯がある――金持ちになるのを夢見ることだ。どの乞食も金持ちになることを夢見ている。そう、世俗的になればなるほど、あなたはますます宗教的になることを夢見る。さまざまな夢想の仕方がある。朝、寺院に行き、ささやかな捧げ物をし、何らかの儀式を行ない、時にはギータやコーランや聖書を少し読んだりもする。そうして、自分は宗教的だという幻想がつくり出される。こうした行為は、自分が宗教的だという幻想を生み出す。そして、こうしたいわゆる宗教的な関心が、世俗的な欲望に打ち負かされると、あなたはとても悲しくなり、後悔でいっぱいになる。そして、「精神性への関心とは何ともろく、世俗的な関心は何と強いものだろう」と考える。しかし、あなたは精神性への関心を抱いていない。あなたは、自分のことを宗教的だと思うことで、自らを欺いている。

だから、性欲に打ち負かされるような精神性への関心は偽物だと理解することだ。世俗的な関心に打ち負かされるような精神性への関心は、偽物だ――これが基準だ。誰かの臨在の前で、世俗的な関心が消え去るような関心があなたの中に生まれる日、そんな日こそ、何かが本当にあなたの中に起こるだろう――そこでは、世俗的な関心を探しても見当たらない。あなたは宗教性の一瞥を得るだろう。

朝、太陽が昇り、闇が相変わらず残っていたら、太陽が昇ったのを夢見ていただけなのだと理解しなさい。太陽が昇るとき、闇はおのずと消え去る。太陽は決して闇と出会ったことがない。太陽は、闇のようなものが存在することを知らない。そして、知ることはあり得ないだろう。

これまで、魂は世俗的な欲望の存在を知らなかった。魂が目覚めるとき、欲望はどこにも見つからない。そのふたつが出会うことは決してなかった。この基準を覚えておきなさい。それは役に立つだろう。

ある友人が尋ねている。

瞑想には禁欲が必要ですか？

わたしがあなたがたに説明していること――身体の浄化、思考の浄化、感情の浄化、そして身体の空《くう》、マインドの空、感情の空――これは禁欲だ。

だが人は、禁欲を何と思っているのだろう？　太陽のもとに立っている人がいたら、人々は彼が禁欲を実践していると思う。棘のベッドに横たわっている人がいたら、彼が禁欲を実践していると思う。腹をすかせて立っている人がいたら、それは禁欲を実践しているということだ。禁欲に関するわたしたちのとらえ方は、非常に物質的であり、非常に身体的だ。ほとんどの人にとって、禁欲とは身体を苛むことだ。自分の身体を傷つけている人がいたら、彼は禁欲を実践しているということだ。実のところ、禁欲は身体を苛むこととは無関係だ。禁欲とは、まったくほかに類を見ないものであり、非常に独特なものだ。

断食をしている人がいたら、あなたは彼が禁欲を実践しているのだと思う——しかし、彼は飢えで死にかけているにすぎない。言わせてもらうなら、彼は断食しているのではなく、食事を抜き続けているだけだ。食事を抜くことや何も食べないことは、断食とはまったく別で、異なることだ。アプヴァース、すなわち断食とは、神性の臨在の中で生きることを意味する。それは、魂のそばにあるということ、魂に近づくという意味だ。では、食事を抜くとはどういう意味だろう？ 食事を抜くことは、身体の近くにあるという意味だ。これらは相反する。

飢えた人は、魂よりも身体の近くにいる。それにひきかえ腹のふくれた人は、それほど身体の近くにはいない。飢えた人は、常にひもじさや、自分の胃袋や身体について考えている。彼の一連の思考は身体に関わっている。彼は身体や食べ物に夢中だ。

飢えていることが美徳なら、貧しさは誇るべきものになるだろう。飢えていることが精神的《スピリチュアル》なら、貧しい国は精神的だろう。だがあなたは、貧しい国がいずれも精神的になれないことを知っているかね？ 少なくとも、これまでそんなことが起こったためしはない。国は、富んでいてこそ宗教的になれる。

あなたは、かつて東洋の国々が宗教的で、インドが宗教的だった日々を思い起こす。しかし、当時はおおいに繁栄し、幸福に溢れ、非常に裕福な日々だった。マハヴィーラや仏陀は、国王の息子だった。ジャイナ教の二十四人のティールタンカラたちは、みな国王の息子だった。これは偶然の一致ではない。なぜティールタンカラは、貧しい家に生まれなかったのだろうか？ それには理由がある――禁欲は、常に豊かさの中から芽生えるのだ。貧しい人は身体の近くにいる。裕福な人は、身体的な要求が完全に満たされ、新たに魂の必要性にようやく気づきはじめる。こうした意味で、彼は身体から自由になりはじめる。

だからわたしは、あなたが飢えていたり、人を飢えさせたり、貧しさを精神的と呼ぶことには賛成しない。このように言う人は錯覚しており、ほかの人のことも騙している。彼らは貧しさのみを支持し、間違った満足の仕方を見出そうとしている。飢えていることに価値はないが、断食には価値がある。そうだ、断食の境地では食べ物のことを忘れ、それなしで済ませることができる。しかし、それはまったく違う話だ。マハヴィーラは禁欲を実践していた。彼は飢えていたのではなく、断食をしていたのだ。彼は断食を通して、たゆまず魂のそばに至ろうとしていた。魂に近づく瞬間、彼は身体の存在を忘れた。こうした瞬間は引き伸ばされ、一日や二日、一ヶ月すら経過することもあった。

マハヴィーラは、十二年の禁欲の実践の中で、三百五十日しか食べなかったと言われている。食べない期間が一、二ヶ月経過した。もし彼が飢えていたとしたら、二ヶ月が何事もなく過ぎ去ったと思うかね？　飢えた人は死んだだろう。しかしマハヴィーラは、そのあいだ自分の身体を意識していなかったから、死ななかった。魂に非常に近づき、接近したあまり、身体もまた存在するということを意識しなかったのだ。

そして、それは大いなる神秘だ……身体の存在を意識しなくなると、それはまったく異なるシステムに沿って機能しはじめ、もはや食べ物を必要としなくなる。いまや、これは科学的な事実だが、自分の身体を完全に意識しなくなると、それはまったく異なるシステムで機能し始め、さほど食べ物を必要としなくなる。霊的《スピリチュアル》な世界へ深く入っていくほどに、食べ物から微妙な、非常に微妙なエネルギーを受け取る可能性が増す。それは凡人には不可能なことだ。だから、マハヴィーラが断食していたときに食べ物のことをすっかり忘れていたのは、彼が非常に魂に近づいていたからにほかならない。このようにして、それは起こり得た。

かつて、ある宗教家がわたしと一緒にいたことがあった。彼はわたしに言った。「今日は断食をしているのだ」

わたしは言った。「あなたは食事を抜くつもりに違いない。でも断食ではありませんよ！」

彼は言った。「食事を抜くことと、断食の違いは何かね？」

わたしは言った。「食事を抜くとき、あなたは食事をとるのをやめ、食べ物に瞑想し始めます。断食とは、もはや食べ物に関わらないことです。魂と交感し、食べ物は忘れ去られるのです」

断食こそ本当の禁欲だ。食事を抜くのは身体を苛み、身体を抑圧することだ。エゴのある人は食事を抜く。エゴのない人は断食をする。食事を抜くと、「わたしは何日も食べていないぞ！」とエゴが満足する。あなたは方々から感嘆や賞賛の声を聞く。あなたがたいそう宗教的であるという便りは、いたるところに広まる。身体のほんのわずかな痛みですら、エゴをおおいに満足させる。だからエゴの強い人は、こうすることに賛同するのだ。

はっきり言うが、これらはエゴの関心事だ。宗教的な興味や関心事ではない。宗教的な人々は確かに断食するが、食事を抜くわけではない。断食とは、魂へ近づくための努力に全身全霊で没頭することだ。そして魂に近づきはじめると、食べ物は完全に忘れ去られていく。そして強調するが、それはすべてのこと——これだけにとどまらず、生のあらゆる局面における真実だ。

昨日、わたしはセックスと愛について話していた……それとも、何かほかのことだったかもしれない。セックスの抑圧にいそしむ人は、たいへん宗教的に見えるだろうが、実のところまったく宗教的ではない。宗教的な人は、愛をはぐくむことに心を注いでいる人のことだ。なぜなら愛すれば愛するほど、セックスはおのずと消えていくからだ。神性に近づくほどに、体内ではさまざまな変化が起こるだろう。あなたの身体に対する見方は異なり、変化するだろう。

禁欲とは、「わたしは身体だ」ということを忘れ、「わたしは魂だ」と知るに至るための科学だ。禁欲はテクニックの問題だ。禁欲はひとつのテクニックだ。自分が身体であることを忘れ、自分が魂であるという気づきを招くための、ひとつの掛橋であり、道なのだ。

しかし、偽りの禁欲が世のいたるところで行なわれており、それらはさまざまな危険を生み出している。それらは少数のエゴイストのエゴを満足させるが、大衆の理解に大きな害を及ぼしている。

なぜなら、大衆はそれが真の禁欲であり、真の瞑想であり、真のヨーガだと信じてしまうからだ。しかし、それらは瞑想でもヨーガでもない。

もう少し話そう――このようなやり方で身体を抑圧することに興味を持つ人は、ただの神経症だ。また、自分の身体を傷つけることを喜ぶ人は、ほかの人の身体に痛みを与えることを喜ぶ人だ。唯一の違いは、ほかの人の身体に痛みを与えることで体験する喜びが、代わりに自分の身体を傷めつけることで体験されるということだ。こうした人々は暴力的だ。これはマゾヒズムであり、自分に対する暴力だ。

それから、人には二種類の本能があることも思い出してほしい――ひとつの本能は生きること、生存本能だ。そしてあなたは気づいていないだろうが、人には死ぬというもうひとつの本能、自滅本能がある。人に自滅本能がないとしたら、世のいたるところでこれほど多くの自殺はないだろう。隠れた自滅本能はどの人にもある――あなたの内側にはこの両方が存在する。

自滅本能は人を突き動かして、自らを殺す。彼はそれを楽しみ始め、そこからうまい汁をすする。ある人は一気に自殺し、ある人は非常にゆっくりと分割払い方式で自殺する。あなたは、非常にゆっくり自殺する人のことを、禁欲を実践していると言う。そして一気に死ぬ人は、自殺したと言われる。だが、緩慢に自殺する人は、禁欲を実践しているように見えるのだ！

禁欲は自殺ではない。禁欲は死と無関係だ。それは永遠の生に関わるものだ。禁欲の関心事は死ではなく、よりトータルな生の成就にある。

だから、禁欲に関するわたしの見解は、わたしが話してきた三つの鍵の中に含まれている。わたしたちは、後でさらに三つの鍵について検討することになるだろう。これら六つの鍵は、わたしの考える禁欲とは何かを言い表している。この六つのスートラに入る者は、禁欲を実践するだろう。誰かが遁世して自分の妻を置き去りにするとき、それが本当に禁欲なのかどうか、あなたは疑問に思ったことはないかね？　人々はこれを禁欲と呼び……彼をサニヤシンとさえ呼ぶ！　彼は遁世して自分の妻を置き去りにしたが、いまだに彼女を思っていることもあり得る。禁欲とは、妻があなたの隣に座っていても、彼女に掻き乱されないことだ。遁世したのに、彼女のことを相変わらず思い続けるのは禁欲ではない。

そして覚えておきなさい。逃げて物事を置き去りにする人は、それらをいままでと同じように思い続ける。そうせずにはいられない。もし思い続けることのない人だったら、それらと共にあっても、それらを思わずにいられただろうから。

こうも言わせてほしい――何かが存在するとき、あなたはそのことを考えない。しかしもう存在しないとなると、そのことを考えはじめる。自分でこんな経験をしたことはないかね？　目前にあることは考えず、ないことを考える。愛する人が近くにいると彼らのことは忘れてしまい、でも遠く離れると思い出しはじめる。遠く離れれば離れるほど、いっそう強く思い出すようになる。こうしたいわゆるサニヤシンたちがどれほど苦しむか、あなたにはわからないだろう。

こうした世の宗教的な人々がみな正直だったら、彼らが宗教的であるという幻想は消え去るだろう。もし彼らが、自分の内面の混乱を正直に吐露したら――内側で起こっていること、体験している苦悩、苦しんでいる渇望、痛みを与える欲望、自分を苦しめる悪魔――こうしたすべてを語ったら、地獄はまさにこの地上にあるとあなたは覚《さと》るだろう。わたしは断言する――地獄はこの世以外のどこにも存在し得ない。自分の欲望を変容せず、そこから逃げたなら、彼の生こそ地獄なのだ。

禁欲とは、何かから逃げることではない。それは変容だ。禁欲とは放棄でなく、変容だ。禁欲とは犠牲ではなく、正しい変容だ――そして、その変容の中で起こることはすべて正しい。逃げたり、放棄することによって起こることは、すべて間違いだ。これが理解できたら、非常にあなたの助けになるだろう。

何千もの人々が苦しんでいる。彼らには、たったひとつの喜びしかない――エゴを満足させることだ。これもまた、全員ではなく少数の人しか満足できない。知性が高い人のエゴは、ある理由からもっと簡単に満たされる。残りの人は苦しむばかりで、いつか天国に行くことや、地獄行きから救われることや、できればニルヴァーナを体験することを望み続ける。あなたにまとわりついている強欲は、彼らにもまとわりついている。そして強欲は、あなたに大きな苦難に耐える力を与える。凡人でさえ、強欲の中ではさらなる苦難に耐えることができる。金銭に強欲な凡人は、金を集めるために多大な苦難をくぐり抜ける。そして天国へ行くのに強欲な人も、多くの苦難を耐え忍ぶ。

人々が、キリストを十字架に架けるために引き立てていったとき、彼の追従者の一人が尋ねた。「わたしたちは、あなたのためにすべてを手放しました。教えてください、わたしたちは神の王国でどのように扱われるのでしょう？」。彼は、「わたしたちは、あなたのためにすべてを手放しました。神の王国で、わたしたちの地位はどうなるのでしょう？」と尋ねたのだ。

キリストは大いなる憐れみを持って、彼を見やったに違いない。そしておそらく憐れみからか、それとも冗談めかしてか、なぜそう言ったのかわからないが、彼は「あなたがたにも神の隣の席はあるだろう」と答えたのだ。

その人は喜んだ。彼は、「ならば申し分ない」と言った。

さて、あなたはこの人が放棄したと言うだろうか？　「わたしはすべてを手放した。さて、その見返りに何を得るだろう？」などと尋ねる人より強欲な人を見つけるのは難しい。何かを見返りに得ようと考えている人は、まったく放棄などしていない。だから、こうした禁欲に関するあらゆる話は――誰もが禁欲について語っている――特定の褒美を得るよう、特定の禁欲を実践する誘惑を与えもする。

見返りに、何かを得ようという欲望を抱きながらの禁欲は、偽りだ。それはまったく禁欲ではなく、強欲の一種だからだ。だから、世のあらゆるたぐいの禁欲行為は、何らかの見返りを約束しているのだ。人々はあなたに、かつてこれこれの禁欲を実践した人は、これこれを達成したのだと吹き込む。これらはすべて、強欲の一種だ。

禁欲こそ、自己を知ろうとする試みだ。それは、あれこれを通して天国での地位を得るということではなく――大きな歓びを体験するということだ。自己を知らないということは、生そのものを知らないということだ。そして、あなたが自己を知らないということは……。いくらかでも知性のある人なら、自己を知る渇望が内側に芽生えないことはあり得ない。彼は、自分とは誰かを知り、内なる生命エネルギーに精通することを主張するだろう。

禁欲とは、生の真理を知るための方法だ。禁欲は身体の抑圧ではない。そう、瞑想者に起こっているさまざまな現象は、そんなことはしていないのだが、身体の抑圧のように見えるかもしれない。

マハヴィーラの像を見たことがあるかね？　彼の像を見て、この男が身体を抑圧していたと感じるかね？　このような身体を、ほかのどこで見たことがあるだろう？　そして、マハヴィーラに従った聖人たちを見たことがあるかね？　彼らを見た瞬間、あなたは彼らが自らの身体を抑圧したとわかるだろう。彼らの生命の源は、すっかり干上がっている。身体は悲しげで元気がないし、意識の状態も曇っている。彼らはただ、「至福はどこにあるのか？　マハヴィーラの像に見られる安らぎはどこにあるのか？」という強欲の魔法に縛られて動いていたにすぎない。

これは考えるべきことだ。マハヴィーラは衣服を捨てた。彼は衣服を放棄すべきと考えたから捨てたのだ、とあなたは考える。違う、彼はただ、裸でいる歓びを知ったのだ。はっきり言いたいが、マハヴィーラは衣服を放棄することに歓びがあるから、捨てたのではない。裸でいる歓びゆえに捨てたのだ。裸でいることは、彼にとって実に至福に満ちていたので、衣服を身に付けることは煩わしくなった。裸でいることに大きな至福を見出したので、衣服の存在は妨げになった。だから衣服を捨て去ったのだ。

彼に従う僧侶が衣服を捨てるとき、彼はそれに何の歓びも感じない。実のところ、彼は衣服を捨て難い。そして、その困難をくぐり抜けることで、自分は禁欲を実践していると思っている。彼は衣服を捨てるとき、「わたしは禁欲を実践しているのだ」と思う。

マハヴィーラにとって、それは禁欲ではなく歓びの行為だった。そして、ある人が彼のことを理解せず、彼の魂を理解することなくマハヴィーラに従っているとしたら、彼はいたずらに自分の衣服を捨てるだけだ。そして衣服を捨てることが困難であるがゆえに、彼はそれを禁欲と呼ぶだろう。

禁欲は苦痛ではない。禁欲より大きな歓びはあり得ない。だが表面的に実践している人は、困難で苦痛だと感じる。そして大きな苦しみをくぐり抜けるのと引き替えに、この世におけるエゴを満足させ、あの世に対する強欲を満足させる。わたしはそれを禁欲とは呼ばない。禁欲は、マインドと身体の助けによって、自己の内側へと入っていくプロセスだ。自己の内側へ入っていくのは困難で、骨の折れることだ——強い決意がいる。

このことを考えてごらん。わたしが雨の中や、暑い太陽のもとでずっと立っているとしよう――それは、誰かがわたしを侮辱しても、わたしは怒らないという事実よりも禁欲的だろうか？　釘のベッドに横たわっていることは、誰かがわたしを石で打っても、彼を石で打ち返そうという思いすら、わたしのハートには湧き起こらないという事実よりも禁欲的だろうか？　どちらがより禁欲的かね？

サーカスにいる人は、誰でも釘のベッドに横たわれる。暑い太陽のもとで立っていることは、訓練の問題にすぎない。そして数日間訓練した後は、もはや意味を持たなくなる。それはあまりに単純な、このうえなく単純なことだ。裸のままでいることは習慣の問題だ。事実、世界の原始人たちは、みな裸で生活している。しかし、わたしたちはそれを禁欲とは呼ばない。彼らのもとへ行って、彼らが偉大なことをしているかのように、足元にひれ伏したりはしない。わたしたちは、それが彼らの習慣だと知っている。彼らにとってはごく自然なことであり、難しいことではない。

禁欲とは、何かをただ実践し続けることではない。しかし百人のうち九十九人は、そうしている。禁欲が、歓びの成果である人に出くわすことは稀だ――そして禁欲は、それが歓びの成果であってこそ本物なのだ。しかしそれが苦役なら、一種のマゾヒズム以外の何ものでもない――それは宗教的ではなく、神経症的だ。

そして世の中に理解が育てば、わたしたちはこうしたいわゆる宗教家を、寺院ではなく精神病院に送るだろう。自分の身体を苛むことで歓びを得る人に、治療が必要とされるようになる日は遠くない。また、肉体的な快楽しか楽しまないとしたら、その人も病んでいる――自分の身体を苛むことで歓びを得ている人が、対極にいて病んでいるように。身体を快楽のために利用することにのみ歓びを得ているとしたら、それは病気だ。それは、肉体的な快楽を始終求めている人の病いだ。そして、自分の身体を傷つけることを楽しむなら、それもまた病気だ――それは身体的な欲求をすべて抑圧した苦行者の病いだ。

正しく身体を使う人は、病いから自由になる。彼は耽溺によっても抑圧によっても、身体に同化しない。身体は単なる乗り物だ。身体を抑圧せず、身体に耽溺もしない人、歓びや苦しみが身体に依存しない人、歓びが身体ではなく魂に依る人――そうした人だけが宗教へと向かっていく。

歓びが身体に依存している人には、ふたつのタイプがある――ひとつのタイプは過食によって歓びを体験する人、もうひとつは食べないことで歓びを体験する人だ。しかし、両者とも身体を傷めつけることに歓びを得ている――彼らが歓びを得るとしたら、それは身体に限られたものだ。だからわたしは、耽溺する人や、こうしたたぐいの宗教的な人の両方を、唯物主義的と言う――彼らは、身体にしか関わらない。宗教が身体にしか関わらないものになることは、非常に有害だ。宗教の精神性は再構築されなければならない。

この問題について、もうひとつ質問がある。

ラグ――欲望と、ヴィラグ――欲望の放棄と、ヴィートラグ――欲望の超越の違いとは何でしょうか？

ラグとは何かに対する執着であり、ヴィラグとは執着に抗うこと、ヴィートラグとは執着を越えることだ。

いまわたしが言っていることを理解しようとするなら、ラグは何かに対する執着であり、ヴィラグはそうした執着の否定だ。金銭を貯めるなら、それはラグであり、金銭を放棄して遁世するならヴィラグだ。だが、どちらの場合も焦点は金銭だ。蓄財している人は金銭のことを考えている。そしてそれを置き去りにする人もまた、金銭について考えている。一方は、たくさん貯めたことで喜びを得る――彼はたくさん所有しており、そのことを思うとエゴは満足する。もう一方は、多くを放棄したという事実に思いを馳せることで満足している。

あなたは驚くだろう……金銭を持っている人々は、どれだけ持っているのか帳簿をつける。しかし金銭を放棄した人々もまた、放棄したものの帳簿をつけるのだ。こうした僧侶や宗教家は、断食を何回行なったかというリストを持っている！　彼らは、行なったさまざまな種類の断食の記録をつける。放棄の記録があるように、耽溺の記録もある。ラグは記録をつけ、ヴィラグも記録をつける。それは彼らの焦点が同じだからだ。彼らは同じことにしがみついている。

ヴィートラグ――執着の超越は、ヴィラグ――執着の否定とは違う。ヴィートラグとは、執着と執着の否定の両方から自由になることだ。ヴィートラグとは、執着も無執着もない意識の境地だ。彼は中立的だ。金銭を所有しても興味を持たない。

カビールにはカマールという息子がいた。カビールはヴィラグ、すなわち執着の否定を習慣としていた。彼はカマールのやり方が気に入らなかった。というのも、誰かがカマールに贈り物をすると、彼はそれを取っておくからだった。カビールは再三、彼に言った。「誰からも贈り物を受け取ってはいけない。わたしたちは金銭など必要ないのだ」

しかしカマールは言った。「もし金銭が無用なものなら、いらないと言う必要すらないのではありませんか？　もし金銭が無用なら、求めたりはしません。無用なのですから。しかし誰かが荷物を降ろしにここに来るのなら、どうして彼にいらないと言うのです？　結局のところ、それは無用なのですよ」

カビールはそれが気に入らなかった。彼は、「離れて暮らしてほしい」と言った。

彼のヴィラグ――執着の否定は、そのことに衝撃を受けていた。だから彼は、カマールに離れて暮らすようにと言ったのだ。カマールは別の小屋で暮らし始めた。

カーシーの王は、よくカビールを訪ねに来ていた。彼は言った。「カマールが見当たらないな」

カビールは言った。「わたしは彼のやり方が気に入りません。彼の行動は浅はかです。わたしは彼から離れました。彼は別に暮らしています」

王は尋ねた。「それはまたなぜだ?」

カビールは言った。「彼は金銭に強欲です。誰かが何かを捧げると、彼は受け取るのです」

王はカマールに会いに行き、頭を垂れ、彼の足元に非常に高価なダイヤモンドを置いた。カマールは言った。「何を持って来られた?　ただの石ではないか!」

王は思った。「はて、カビールはカマールが富に執着していると言った。なのに、彼はわたしが石を持って来ただけだと言っている!」。そこで彼はそれを取り上げると、ポケットに戻し始めた。

カマールは言った。「もしそれが石くれなら、荷物を持ち帰るには及ばない。持ち帰るのなら、あなたはまだそれがダイヤモンドだと思っているのだろう」

王は、「何か巧妙なことが起こっているな」と思った。しかし彼は言った。「では、どこに置いたらよいでしょう?」

カマールは答えた。「どこに置くべきかと尋ねるなら、それをただの石くれだとは考えていないということだ。そしてあなたは現に、どこに置くべきかと尋ねている。つまりあなたは、それをただの石くれとは考えていないのだ。ただ、それを投げ捨ててしまいなさい。なぜとっておく必要があるのかね?」

王は、それを小屋の茅葺き屋根の隅に押し込んだ。そして、「これは詐欺だ!　わたしが背を向けたら、なくなっているだろう」と考えながら立ち去った。

六ヶ月後、彼は戻ってきて言った。「以前、わたしはあなたにある物を贈りました」

カマールは言った。「大勢の人が贈り物をする。そして、わたしがそうした贈り物に興味を持っていたら、それをとっておくか、返すかについて悩みもしよう。しかし、わたしはそんな贈り物に興味はない。となると、なぜその記録をつけておかねばならない？ そうだ、あなたはわたしに何かを渡したに違いない。あなたがそう言うのだから、贈り物を持って来たに違いない」

王は言った。「わたしの贈り物は、それほど安っぽくありません。非常に高価なものでした。わたしが渡した石はどこにあるのです？」

カマールは言った。「それは実に困ったことだ。どこに置いたのかね？」

王は、それを押し込んだ片隅に行って覗き込んだ。石はまだそこにあった。彼は驚いた！ この出来事は彼を開眼させた。

このカマールという男はユニークだった――彼にとって、それはただの石くれだった。これがわたしの言うヴィートラグ――執着の超越だ。それはヴィラグ、すなわち執着の否定ではない。執着を越えることだ。

ラグは何かにしがみつくことへの興味であり、ヴィラグは同じものを放棄することへの興味だ。ヴィートラグとは、あらゆる意味が失なわれたことを意味する。ヴィートラグ、すなわち欲望の超越こそがゴールだ。

それを成就した人は究極の至福を知る。なぜなら、外側への執着がすっかり消え去ってしまうからだ。

さあ、最後の質問だ。

瞑想は、あなたのおっしゃった瞑想の土台──身体の浄化、思考の浄化、そして感情の浄化なしでは、不可能なのでしょうか？

いや、それらなしでも瞑想は可能だ。しかし、ほんの一握りの人だけに可能だ。トータルな決意を抱いて瞑想へと入るなら、これらのいずれも浄化しなくとも瞑想に入っていける。なぜなら入っていく瞬間、それらはすべて純粋になるからだ。しかし、それほどの決意を抱くことが容易でないとしたら──それほどの決意を抱くのは実に難しい──それらを、ひとつひとつ浄化していかねばならない。

それらを浄化することで瞑想の境地に至るわけではないが、浄化すると、より強固な決意を得るだろう。それらを浄化することで、不純さによって浪費されていたエネルギーが保存される。そしてそのエネルギーは、決意に変容される。すると、あなたは瞑想へと入るだろう。この三つを浄化することは役立つが、不可欠な条件ではない。

この三つの浄化は、直接瞑想に入っていくのが困難な人や、そうでなくては瞑想に入れない人には必要なことだ。しかし絶対的な必要条件ではない。なぜなら、一瞬でも全一なる決意があれば、瞑想へと入れるからだ。たとえ一瞬でも、全エネルギーを集めてジャンプするなら、彼を止められるものは何もない。いかなる不純さも彼を止められない。しかし、それだけのエネルギーを集めるほど幸運な人は、ほんの一握りしかいなかった。幸運にもそれだけの勇気を集めた人は、ごくわずかだった。

この物語の中で、これから話すような人だけが、それだけの勇気を集めることができる。

昔、世界のどこかに終わりがあるはずだと考えた男がいた。そこで彼は、世界の果てを発見するため、旅に出た。彼は何千マイルも旅をし、人々に尋ね続けた。「わたしは世界の果てを見つけなければならないのです」

ついに彼は、「ここが世界の果て」と書かれた標識のある寺院にやって来た。彼はとても怖くなった……標識が現れた――もう少し行くと世界の果てなのだ。その標識の下には、「先に進むべからず」と書かれていた。しかし世界の端を見たかったので、彼は進んだ。

そこから少し離れたところが、世界の果てだった。そこには海岸線があり、その下には無限の淵があった。彼は見ただけで死の恐怖にとらわれた。彼は駆け戻った――そこには途方もない深淵があったので、振り向くことすらできなかった。さほど深くない窪みも恐ろしいが、底はある。こちらは底なしだった——世界の果てだったのだ。その深淵こそが終わりであり、深淵を越えては何もなかった。彼は恐怖に駆られて寺院に飛び込み、司祭に言った。「あの最終地点はとても危険だ」司祭は答えた。「もし飛び込んでいたら、世界の終わりは神の始まりだとわかっただろう」。彼は言った。「あの深淵へ飛び込んでいたら、あなたは神性を見出しただろう」

しかし、深淵へ飛び込むのに充分な勇気を集めるためには——あなたがまだそれを持っていないのなら——瞑想のための準備が必要だ。準備を必要としないのは、深淵に飛び込む用意ができている人だけだ。そのとき、どうして準備などがあり得るだろう？　準備などあり得ない。だからわたしは、こうした準備を外側の訓練と呼んだのだ。それらは外的な手段であり、ある地点まであなたを押し上げるのを助ける。勇気ある人は、直接飛び込むことができる。その勇気がない人は、この三つのステップを利用するといい。このことを覚えておきなさい。

今日検討できたのは、これらの質問だけだ。残りは明日検討しよう。

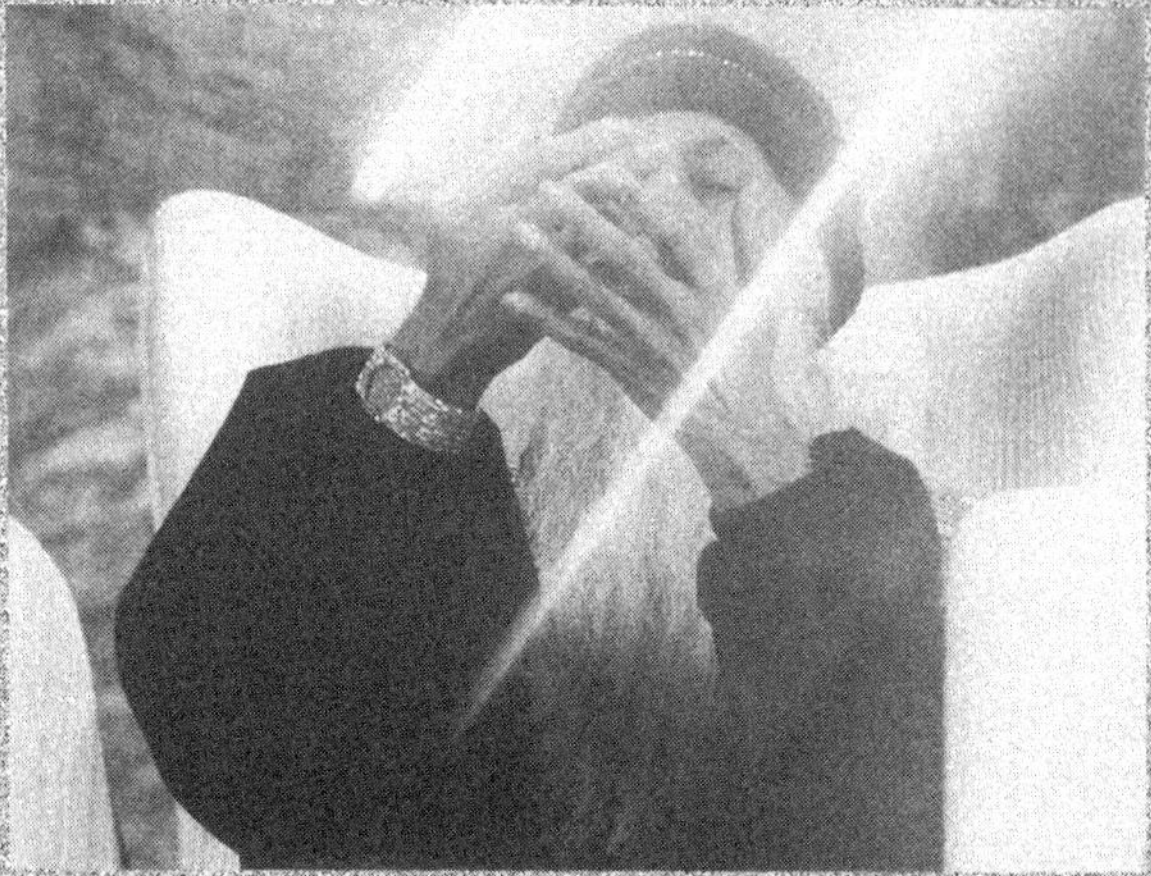

第7章

意識の光

The Light of Consciousness

親愛なる人たちへ

わたしは、瞑想のための土台という外側の側面について話してきた。これから、瞑想の中心をなす本質について話そう。

瞑想の基本となる土台は、身体や思考や感情を浄化し、それらの真の本質を体験することだ。これが起こるだけでも、あなたの生はこのうえなく至福に満ちるだろう。これが起こるだけでも、あなたの生は神聖になるだろう。これが起こるだけでも、あなたは超越的なものとつながるだろう。しかし、それは超越的なものとの出会いにすぎず、あなたはまだ溶け合ってはいない。あなたは超越的なものとつながったが、まだそれとひとつにはなっていない。あなたは神性を知ったが、神性ではない。浄化という土台は、あなたを神性の方向へ向け、あなたの目の焦点をそこに当てた。しかし、あなたを神性に溶け込ませ、それとひとつにさせるのは、空《くう》の境地だけだ。

はじめに、あなたは周辺で真理を知り、中心で真理となる。では、これからこの第二段階について話そう。わたしは第一段階を浄化と呼んだ。この第二段階は空《くう》と呼ぶ。この空《くう》になることにも、三つの段階がある――身体のレベル、マインドのレベル、感情のレベルだ。

身体の空は、身体の同化とは相反するものだ。あなたは身体と同化している。「それはわたしの身体だ」と感じることがない。それどころか、あるレベルでは「わたしは身体だ」と感じ続けている。身体が消えたと感じたら、身体は空になる。身体との同化が壊れると、身体の空が起こる。

アレキサンダーがインドから帰還しようとしていたとき、彼は遊行者《サニヤシン》を一人連れ帰り、インドのサニヤシンがどんなものか、ギリシャの人々に見せたいと思った。行く気があり、行きたがっているサニヤシンは大勢いた。アレクサンダーが招待し、国王からの名誉にあずかって迎えられようとしているのに、行きたがらない人などいるだろうか？　しかしアレキサンダーは、ただ行きたがっているだけの人を、誰かれと連れていきたくはなかった。なぜなら、行きたがっていた人は、真のサニヤシンではなかったからだ。彼は本物のサニヤシンを探していた。

国境地帯を通り過ぎていたとき、彼はある風変わりなサニヤシンのことを知った。人々は彼に言った。「林の中の河辺に住むサニヤシンがいます。彼をお連れになるべきです」

彼はそこに出向いた。最初、彼は兵士をやって、そのサニヤシンを連れて来させた。兵士はサニヤシンのところへ行って告げた。「お前はついている！　ほかのサニヤシンが、何千人もアレキサンダーに連れていってくれと懇願したが、彼はその中から誰も選ばなかった。いま、アレキサンダー大王はお前に目をかけ、ともに来ることを望んでいる。お前は、賓客としてギリシャへ連れていかれるのだ」

そのサニヤシンは言った。「何人たりとも、サニヤシンにどこかへ行けと強制する力や、勇気を持つ者はいない」

兵士はショックを受けた。彼らは屈強なアレキサンダーの兵士だった。彼らに対して裸のサニヤシンが、生意気にもこんなふうに言えるだろうか？　彼らは言った。「二度とそんなことは言うな。さもないと命を落とすぞ」

しかしサニヤシンは言った。「すでに自ら落としてしまった命は、誰も奪うことができない。行ってアレキサンダーに告げなさい。彼の力はあらゆるものを征服するかもしれないが、すでに自己を征服した者たちを征服することはできないとね」

アレキサンダーは驚いた！　その言葉は奇妙だったが、意味深くもあった。彼は、探してきたサニヤシンを見つけたと感じた。アレキサンダーは抜いた剣を手に、自ら出向いてサニヤシンに言った。「来ないなら、そなたの頭を切り落とすぞ」

するとサニヤシンは答えた。「そうするがいい！　あなたがこの身体から頭を切り落としたのを見るように、わたしも頭が身体から切り落とされたのを見るだろう。わたしもそれを見て、この出来事を見つめるだろう。だが、あなたはわたしを殺すことはできない。なぜなら、わたしは観照者なのだから」。そして彼は続けた。「わたしもまた、頭が切り落とされたのを見るだろう――だから、わたしを何らかのかたちで傷つけることができるという、誤った印象を持たないことだ。わたしは、誰かがわたしを傷つけ得る次元を超越している」

だからクリシュナは言ったのだ。「炎が燃やせぬもの、矢が貫けぬもの、刃《やいば》が切りつけられぬもの、在る《イズネス》ということ、その実存こそ我の内にあり。炎も燃やせぬ、矢も貫けぬ強固な実存こそ、我らの内にあり」

その実存への気づき、身体との同化を落とすこと――自分が身体であるという感覚を落とすこと、それが身体の空だ。しかし、同化を落とすためには何かをしなければならない。いかにそれを落とすかを学ばなければならない。身体が純粋になればなるほど、身体との同化を落とすことは容易になる。身体が純粋な境地にあればあるほど、自分が身体でないことにより早く気づけるだろう。だから、身体の純粋さが基本で、身体の空はその最終的な成果だ。

どうしたら、自分が身体ではないことを学べるのだろう？　あなたは体験しなければならない。立ちながら、座りながら、眠りながら、歩きながら覚えていようとするなら、少しでも正しい留意があるなら、少しでも身体のはたらきに気づきがあるなら、空を生み出す第一歩を踏むだろう。

道を歩いているときは、自己の内側を深く見つめなさい。するとそこに、歩いていない誰かを見るだろう。あなたは歩いている。あなたの手足は動いている。しかしあなたの中には、まったく歩いておらず、ただあなたが歩くのを見ているものがある。

手足に痛みがあるときや、足が傷ついたとき、気づきを持って内側を見なさい――傷ついたのはあなただろうか？　それとも傷ついたのは身体で、あなたは痛みに同化しているのだろうか？　身体に痛みがあるときは、その痛みがあなたに起こっているのか、それとも、ただ痛みを観照しているだけなのか、痛みの観照者なのかに気づきなさい。

空腹を感じたら、あなたの身体が空腹で、あなたはただそれを観照しているだけなのかを気づきを持って見つめなさい。そして幸せなときも、この幸せが実際にどこで起こっているのかを見て、感じなさい。

生活の中で起こるすべてについて——立ったり、座ったり、歩いたり、眠ったり、目覚めたりしているあいだ——覚えておくべきことは、物事が実際にどこで起こっているかを、絶えず見る努力をするよう気をつけることだ。それらは本当にあなたに起こっているのだろうか？　それともあなたはただの観照者なのか？

あなたの同化の習慣は根深い。映画や芝居を見ていると、あなたは泣き出したり、笑い出したりすることさえあるだろう。劇場の明りがつくと、あなたは誰にも見られないようにこっそり涙を拭う。あなたは泣いて、映画に同化した。ヒーローや登場人物に同化した——彼に苦悩が生じ、この痛みに同化して、あなたは泣き出したのだろう。

身体に起こっていることは、すべて自分にも起こっていると考えるマインドは、惨めで苦しんでいる。あなたのあらゆる惨めさの原因は、たったひとつしかない。それは身体との同化だ。そして幸福の原因も、たったひとつしかない。それは、身体との同化が壊れ、自分が身体ではないと気づくことだ。

そのためには、正しい想起が必要だ。身体活動の正しい想起、身体活動に対する正しい気づきや、正しい観察が必要だ。それはひとつの過程《プロセス》だ——身体の空は、身体の正しい観察を通して起こる。

身体を観察しなさい。夜寝るとき、眠るのはあなたの身体であって、あなたではないと気づいていることが大切だ。そして朝起きるとき、起きるのはあなたの身体であって、あなたではないと気づいていることが大切だ。眠ったのはあなたではなく、あなたの身体だけだ。食べるときは、あなたの身体が食べていることに気づいていなさい。服を着るときは、服が覆うのは身体だけで、あなたではないことに気づいていなさい。するとこの気づきによって、誰かがあなたを傷つけたときは、傷つけられたのは身体であって、あなたではないと想起できるだろう。こうして、たゆまぬ想起によってある地点で爆発が起き、同化が打ち破られる。

夢を見ているときは、自分の身体に気づいていないことを知っているかね？ 深く眠っているときは、身体に気づいていないのを知っているかね？ あなたは自分の顔を覚えているだろうか？ 自己の内側に深く入っていけばいくほど、ますます身体は忘れ去られていく。夢の中では、身体に気づいていない。そして非常に深い眠りの中、無意識の状態では、身体にまったく気づかない。意識が戻りはじめると、身体との同化も次第に戻りはじめる。朝、ふと目覚めて内側を見ると、身体との同化も目覚めつつあることが、はっきり理解できるだろう。

この、身体との同化を打ち破る実験がある。それを一ヶ月に一、二回やり続けたら、同化を打ち破る助けとなるだろう。では、この実験を理解しよう。

夜の瞑想で行なったのと同じように、身体をリラックスさせなさい——部屋を暗くし、それぞれのチャクラに示唆を与え、身体をリラックスさせて瞑想に入る。身体がリラックスすると——呼吸がリラックスすると、あなたの実存は沈黙する。まるで死んでしまったかのように感じなさい。そして内なる自己に気づきなさい。あなたが死んだので、愛する人たちがあなたの周りに集まっている。周りに集まっている彼らの姿を見つめなさい——彼らが何をするか、誰が泣くか、誰が叫ぶか、誰が深く悲しむか——彼らをはっきりと明確に見つめなさい。あなたには彼らが見えるだろう。

そして、あなたの愛するすべての人はもちろん、近所や地域の人たちも全員集まり、あなたの亡骸を棺台に結びつけるのを見なさい。それも見るのだ。人々が棺台を担いでいるのを見なさい。そして、それを火葬場に運ばせ、火葬用の薪の上に置かせなさい。

すべてを見つめなさい。どれも想像だが、想像でこうしたすべてを実験すると、それが非常に鮮明に見えるようになる。そして、彼らがあなたの亡骸を火葬用の薪の上に置くのを見なさい——炎が上がり、あなたの亡骸は消え去った。

亡骸が消え去り、煙が空へ立ち昇り、炎が空中へと消え、灰だけが残る——その地点にあなたの想像が至るとき、ただちにトータルな気づきを持って、自己の内側で何が起こっているかを見なさい。その瞬間、あなたは突然、自分が身体ではないことに気づく。その瞬間、同化は完全に打ち破られる。

この実験を何度も行なうと、それを行なったあとで起き上がるときや、歩くときや話すとき、あなたは自分が身体ではないとわかるだろう。わたしたちはこの状態を、身体の空の境地と呼んできた。この過程を通して自己を知った者は、身体が空になる。

一日二十四時間、これをたゆまず行なうなら――歩いたり、起き上がったり、座ったり、話したりしながら、自分が身体ではないと気づいているなら――身体はただの空になるだろう。自分は身体ではないと知ることは稀有なことだ。それは極めて稀だ。これより貴重なものはない。身体と同化しなくなるのは、極めて稀なことだ。

身体と思考と感情が浄化されたのち、この身体の空についての実験を行なうと、それは起こるだろう。すると、あなたの生に、さまざまな変化が起こりはじめる。すべての過ち、あらゆる無意識の行為は身体に結び付いている。あなたが犯した過ちや間違いで、身体に結び付いていないものはひとつもない。自分は身体でないと気づくなら、もはやあなたの生に惨めさが存在する可能性はない。

もし誰かが刀であなたを突き刺したら、あなたは彼があなたの身体を刀で切ったのを見る。そして自分には何も起こらなかったことに気づいているだろう。あなたは触れられぬままだ。その瞬間、あなたは水中の蓮の葉のようだ。自分の身体の空に気づく瞬間、あなたの生は安らぎ、平静になる。すると、外側のいかなる出来事も、どんな雷鳴や嵐もあなたに触れることはない。なぜなら、それらは身体にしか触れられないからだ。それらの衝撃は身体にしか及ばず、身体にしか影響を与えない。しかしあなたは、その衝撃が自分に及ぶと誤解している——だから痛みに苦しんだり、幸福を感じたりするのだ。

これが霊的《スピリチュアル》訓練の第一段階だ——あなたは身体から自由になることを学ぶ。学ぶのは難しいことではない。努力する者は必ず体験するだろう。

霊的訓練の第二の要素は、思考からの自由だ。身体の空は身体の正しい観察を通して起こると言ったように、思考からの自由は、自分の思考の正しい観察を通して起こる。霊的訓練の基本要素は、正しい観察だ。この三つの段階では、正しい気づきと正しい観察によって、身体や思考や感情を見つめなければならない。

意識を通って流れる、思考の流れの傍観者になりなさい。河辺に座って川の流れを見ている人のように、マインドの傍らに座って見守りなさい。もしくは、林の中に座って鳥が連なって飛んでいくのを見る人のように、ただ座って見守りなさい。または、雨空や動いていく雲を見る要領で、思考という雲がマインドという空を動いていくのをただ見守りなさい。思考という飛ぶ鳥たち、思考という流れる川……同じように河原に静かに佇み、あるいはただ座って見守る。あたかも河原に座っているかのように、思考が流れていくのを見守る。何もしてはいけない。邪魔をしてはだめだ。いかなる方法でもそれらを止めないこと。いかなる方法でも抑圧してはいけない。やって来る思考があったら止めてはいけない。やって来なくても、来るように強制してはいけない。あなたは単に傍観者になる。

その単純な観察の中で、あなたは思考と自分とは別であることに気づき、それを体験するだろう――なぜなら、思考を見守っている者は思考から離れており、それとは違うことが理解できるからだ。そしてこのことに気づくにつれ、奇妙な安らぎがあなたを包む。それは、あなたがもう心配事を抱えることがないからだ。あらゆるたぐいの心配事のさなかにいても、その心配事はあなたのものではない。さまざまな問題の中にいても、その問題はあなたのものとはならない。思考に取り巻かれていても、あなたが思考になることはない。

そして自分が思考ではないと気づくと、こうした思考の命は弱まり、どんどん生気を失いはじめる。思考の力は、あなたがそれらを自分のものだと思う事実に存在する。誰かと議論しているとき、あなたは「わたしの考えでは……」と言う。いかなる思考もあなたのものではない。どの思考もあなたとは違うものであり、あなたとは別のものだ。あなたはただ、観照者なのだ。

このことがもっと深くわかるように、ある話をしよう。それは仏陀に起こった……。

一人の王子が得度し、まさにその初日に彼は托鉢に出た。彼は、仏陀に行きなさいと言われた戸口のところで食べ物を乞うた。彼は食べ物を受け取り、食べてから戻った。しかし、彼は戻ると仏陀に言った。「お許しください。あそこへはもう二度と行けません」

仏陀は尋ねた。「何が起こったのだ？」

彼は言った。「出かけたとき――二マイル行かねばなりませんでした――その道すがら、わたしは自分が食べたい食べ物のことを考えていました。そして、その戸口に辿り着くと、仏陀の在家信者であるシャラヴィカが、まさにその食べ物を用意していたのです。驚きました。それでも、偶然の一致だと思いました。しかし、食べようとして座ると、家にいた時分は毎日少しのあいだ休んでいたものだ、という思いがマインドにやって来ました。そしてわたしは、さて今日は誰がわたしに休まないかと尋ねるだろう？　と思いました。すると、ちょうどこう考えたとき、シャラヴィカが言ったのです。『ご兄弟、召し上がったあと、しばらく滞在してお休みになりたいのなら、お礼を申し上げ、感謝いたします。我が家は清められるでしょう』」

「わたしは本当に驚きました――しかしそのときもまた、自分のマインドに思考がやって来たのと、彼女もそう言ったことは、偶然の一致に違いないと思いました。そして横たわり、休息しかけたとき、マインドにある思考が訪れたのです――今日、わたしには自分自身の寝床も住まいもないのだ。今日、わたしは他人の屋根の下にいて、他人の布団に横たわっているのだ、と。するとその瞬間、シャラヴィカがわたしの背後から言いました。『まあ、お坊様、その寝床はあなたのものでも、わたしのものでもありません。この住まいはあなたのものでも、わたしのものでもありません』。それでわたしは怖くなってしまったのです！」

「こうした偶然の一致が何度も起こり得るのは、信じ難いことでした。そこでわたしはシャラヴィカに言いました。『わたしの思考があなたに届いているのですか？　あなたは、わたしの中に湧き起こる思考の小波《さざなみ》に気づいているのですか？』。するとシャラヴィカは、『たゆまず瞑想し、わたしの思考は消え去りました。いまではほかの人の思考がわかるのです』と答えました。それでわたしは心底怖くなり、ここに、あなたのもとへと駆けて来たのです。どうぞお許しください。明日、再びあそこへ行くことはできません」

仏陀は尋ねた。「なぜだめなのだ？」

すると彼は答えた。「なぜなら……どう言ったらいいでしょう？　お許しください。ただ、二度とあそこへ行けと言わないでください」

しかし仏陀が言い張ったので、彼は話さなければならなかった。「この美しい女性を見ていると、わたしの中にみだらな思いが湧き起こったのです――そして彼女もその思考を読み取ることができたに違いありません。もはや、どうして彼女に顔向けできるでしょう？　どうして彼女の戸口に立てるでしょう？　あそこへは二度と行けません」

しかし仏陀は言った。「あなたはただ、そこへ行かねばならない。それはあなたの瞑想の一環だ。この方法によってのみ、あなたは自分の思考に気づくだろう」

彼は途方に暮れた……翌日、そこに行かねばならなかった。しかし、翌日そこへ出かけたのは同じ人物ではなかった。最初のとき、彼は通りを眠りながら歩いていった――彼は、自分のマインドを通り過ぎる思考に気づいていなかった。翌日、彼は気づきを持って赴いた。いまや、恐れがあったからだ。彼はそこへ意識的に赴いた。彼女の戸口に到着すると、階段を登る前にしばらく待った。彼は自己を目覚めさせ、気づきの焦点を内側へと向けた。仏陀は言った。「ただ内側を見つめ、何もしないことだ――見逃す思考がまったくないよう、ただ気づいていなさい。見逃して通り過ぎる思考がまったくないよう、ただ気づいていなさい」

彼は、内側を見守りながら階段を登った。彼は、ほとんど自分の呼吸を見てとることができた。手や足の動きさえ見ることができた。そして食べるときは、一口噛むごとに気づいていた。まるで他人が食事をしていて、彼はただ見守っているかのようだった。

自己を見守りはじめると、内側にはふたつの流れが生じる――行なっていることと、ただ見守っていることだ。あなたの内側にはふたつの役柄が生まれる――一人は行為者、そして一人はただの観察者だ。

彼は食事をとっていた。しかしそこには、食事をとっている一人の人間と、見守っている別の人間がいた。インドでわたしたちは言う――そして、この世の知者たちはみな言う――「見守っている者があなたであり、行なっている者はあなたではない」

彼は見守った。彼は驚いた！　彼は踊りながら仏陀のもとに戻って言った。「これは素晴らしい！　わたしはふたつの体験をしました――ひとつの体験は、完全に気づいているとき、思考が止まるということです。トータルな気づきを持って内側を見つめると、思考が止まるのです。第二の体験は、思考が止まるとき、行為者と観察者が別だとわかることです」

仏陀は言った。「それこそ鍵だ。それを発見する人は、すべてを見出した」

思考の観察者になりなさい。だが考える人はだめだ——覚えておきなさい、考える人ではなく、思考の観察者だ。

だからわたしたちは見者のことを、考える人ではなく、見る人と呼ぶのだ。マハヴィーラは考える人ではないし、仏陀も考える人ではない。彼らは見る人、見守る人だ。考える人は病んだ人だ。無知な人は考える。知者は、考えずに見守る。彼らはそれを見ることができる。彼らにはそれが見える。そして見る手法とは、内側の思考を観察することだ。立ったり、座ったり、眠ったり、目覚めているとき、どんな思考の流れがあなたを通って流れていても見守り、どんな思考にも、自分がそれであるかのように同化しないことだ。思考を自分とは別に流れさせなさい。そして、それから離れるのだ。

あなたの中にはふたつの流れがあるはずだ。考えるだけの凡人には、ひとつの流れしかない。瞑想者の内側には、思考と観察というふたつの流れがある。瞑想者は内側に、思考と観照という、ふたつの平行する流れを携えている。

凡人の内側には、思考というひとつの流れがある。そして光明を得た人の内側にあるのも、ひとつの流れだけ――それは純粋な観察だ。これを理解しなさい――凡人の内側には思考というひとつの流れがあり、観察者は眠っている。瞑想者の内側には、思考と観察という、ふたつの平行する流れがある。光明を得た人の内側には、ひとつの流れしか残らない――それは観察だ。思考は死んでしまっている。

しかし、あなたは思考の状態から観察を学ぶしかないので、思考と観察を並べながら瞑想しなければならない。思考から観察へ移らなければならない場合は、思考と観察に対して同時に瞑想しなければならない。これがわたしの言う正しい観察であり、これがわたしの言う正しい想起だ。マハヴィーラはそれを「目覚めた知性」と呼んだ――留意、そして目覚めた知性だ。思考を見守っているのは、あなたの目覚めた知性だ。思索者を見つけるのはいともたやすいが、知性が目覚めた人を見つけるのは難しい。

知性を目覚めさせなさい。どう目覚めさせるかについては話をした――気づきを持って思考を見守るのだ。身体の動作を見守るなら、身体は消え去るだろう。疾走する思考や、思考の過程を見守るなら、思考は消え去るだろう。そして感情を間近で観察するなら、感情は消え去るだろう。

感情の浄化のためには憎しみの場所に愛を、敵意の場所に友愛を招きなさいとわたしは言った。今度は、この真実にも気づいていなさいと言おう――愛している人と憎んでいる人の背後には、ただの気づきというひとつの次元がある――愛することも憎むこともない次元だ。それは単に観照だ。

それは時に憎しみを見守り、時に愛が起こるのを見守る。それは、単に観照するという行為であり、単に見守るという行為だ。

誰かを憎むとき、ある地点で自分が憎んでいることに気づきはしないだろうか？　また、誰かを愛するとき、ふと内側で誰かを愛していると知ることはないだろうか？　気づいているものは、愛や憎しみの背後に存在する。それは身体や思考や感情――すべての背後にあるあなたの意識だ。だから古い教典は、それをネティ・ネティ、あれでもこれでもないものと呼ぶ。それは身体でも、思考でも、感情でもない。それはこれらの中のどれでもない。そして何もないところには、見守る人、見る人、観照する意識、魂がある。

だから、感情の観察者にもなることを覚えておきなさい。あなたは最終的に、ただ純粋な「見ていること」に至らなければならない。純粋な「見ていること」を保たなければならない。その純粋な「見ていること」とは知性だ。わたしたちは、その純粋な「見ていること」を英知と呼ぶ。その純粋な「見ていること」を意識と呼ぶ。それは、ヨーガやあらゆる宗教の最終的なゴールだ。

内なる霊的訓練の基本となる特質は、正しい観察だ。身体活動や、思考の過程や、内なる感情の流れの正しい観察。この三つの層を通り抜けて観照者になる人は、対岸に至るだろう。そして対岸に至ることは、ほとんどゴールに至ることだ。この三つのどれかにとらわれたままの人は、まだこちらの岸につながれている。いまだゴールには至っていない。

ある話を聞いたことがある――。

満月の夜だった……今日のように。月は丸く、たいそう美しい夜だったので、何人かの友人が真夜中に舟に乗りたくなった。楽しみたかったので、彼らは舟に乗る前にしこたま飲んだ。それから舟に乗り込み、オールを手にとって漕ぎ始めた。彼らは長いこと漕いだ。

夜が明けはじめると、冷たい風が吹き始めた。彼らは正気に戻って考えた。「どのくらい遠くに来てしまったんだろう？　夜通し漕いでいたのだ」

しかし、目をこらして見ると、まだ昨晩と同じ岸辺沿いにいることがわかった。そして彼らは、やり忘れていたことに気がついた――あれほど長いこと舟を漕ぎながら、綱をほどくのを忘れていたのだ。

そして、岸辺からボートの綱をほどかない人は、どれほど苦しんだり泣いたりしても、この神性という無限の大洋の中では、どこにも辿り着かないだろう。

あなたの意識という舟は、何につながれているだろう？――それはあなたの身体や思考や感情につながれている。身体、思考、感情――それがあなたの岸辺だ。あなたは酔いどれた状態で生涯を、無数の生涯を漕ぎ続けることもある。そして無数の生涯の果てに、目覚めた思考や英知という冷たい風があなたに触れるとき――あなたが光の筋に触れ、目をさましてものを見るとき――舟を漕いで数々の生涯を無駄にしてきたこと、出発したところと同じ岸辺につながれていたことがわかる。

そして舟の縄を解くのを忘れていたという、単純な事実に気づくだろう。

いかに舟を解き放つかを学びなさい。漕ぐのは実に簡単だが、舟の縄を解くのはとても難しい。普通、舟の縄を解くのはとても簡単で、漕ぐほうが難儀だ。しかし生の流れに関わるところでは、舟の縄を解くのはとても難しいが、漕ぐのはいともたやすい。かつてラーマクリシュナは言った。

「あなたの舟を解き放ち、帆を上げなさい。すると神性という風があなたを連れていってくれる――漕ぐ必要すらない」


彼の言ったことは事実だ――神性という風がすでに吹いており、舟を解き放てば、その風があなたを彼方の岸辺に連れていくのがわかるだろう。そして、彼方の岸辺に至らなければ、至福とは何かを知ることはない。しかしあなたは、まず舟を解き放たなければならない。

瞑想とは、あなたの舟を解き放つことだ。あの人たちが舟を解き放てなかったのはなぜだろう？彼らは酔いどれて無意識だった。そして朝、冷たい風を感じて正気に戻ったとき、舟がまだ河辺につながれていることに気づいたのだ。

わたしは正しい凝視について話をした。正しく見守ることは、無意識の逆だ。あなたはある無意識な状態にいる。だから、舟を身体や思考や感情につないでいるのだ。もし、正しい観察という冷たい風を感じて注意深くなるなら、舟を解き放つことは難しくない。無意識は舟に絡みつき、意識は舟を解放する。すべての行為に対する正しい観察は、意識への道だ。

内なる霊的訓練はひとつしかない。それは正しい想起だ——正しい想起、もしくは正しい知性、もしくは正しい意識だ。これを覚えておきなさい。なぜなら、それを常にたゆみなく用いることはとても重要だからだ。

三つの浄化と三つの空《くう》が起こり得るなら……。三つの浄化は、三つの空をもたらすのを助けるだろう。三つの空が体験されると、それはサマーディ、つまり光明だ。サマーディは真理への扉、自己への扉、神性への扉だ。サマーディで目覚めた者にとって、世界は消え去る。消え去るといっても、この壁が消えたり、あなたが消えたりするわけではない。消え去るとは、この壁がもはや壁ではなく、あなたがもはやあなたではなくなるということだ。葉がそよぐとき、あなたは葉だけでなく、それを動かす生命力をも見るだろう。そして風が吹くとき、あなたは風ばかりか、それを巻き起こす力をも感じるだろう。すると、たとえ塵の一かけらにも、限りあるものだけでなく、不滅なるものを見るだろう。神性が現れるという意味で、俗世は消え去る。

神はこの世界の創造者ではない。今日、ある人がわたしに、「誰がこの世界を創造したのですか?」と尋ねた。

あなたは山の近くや谷にいて、「誰がこの谷や樹々を創造したのですか? それらを創造したのは誰ですか?」と尋ねる。あなたは自分で体験するまで、こう尋ね続けるだろう。そしていったん知り得たら、もう誰が創造したかなどとは尋ねない。あなたは知る——それは存在そのものだ。創造者はいない。存在そのものが創造者なのだ。見る眼を持つとき、あなたには見えるだろう。創造そのものが創造者であることを見るだろう。そして、あなたの周りのこの壮大な世界は、神聖なものとなる。世界と対立していては、神性は体験されない——世俗的な態度が消え去るとき、神性は現れる。

そのサマーディの境地で、あなたは真理を知る——あの覆い隠されていた真理、普段は隠されていた真理を。それは何によって隠されているのだろう？　それは、ほかならぬあなたの無意識によって隠されている。真理を覆うヴェールはない。ヴェールはあなた自身の目にかかっている。だから、自分の目から覆いを落とす人は真理を知る。

わたしは、いかにあなたの目の前からヴェールを取り除くかについて話をした——三つの浄化と三つの空《くう》は、あなたの目からこうしたヴェールを取り除く助けとなるだろう。目にヴェールがかかっていないとき、それはサマーディと呼ばれる。ヴェールのない純粋な眺望こそ、サマーディだ。サマーディは宗教——あらゆる宗教、あらゆるヨーガの最終的なゴールだ。わたしはそれについて話をした。それを内省し、黙想し、瞑想しなさい。それについて考え、何らかの思いを与え、それをあなたの実存へと沈めなさい。庭師のように種を蒔く者は、いつの日か花が咲くのを見るだろう。鉱山を掘ることに励む者は、いつの日かダイヤモンドや貴重な石を見つけるだろう。そして水中に潜って深く進む者は、いつの日か自分が真珠を育てていたことに気づくだろう。

渇望を抱き、勇気を持つ者は、自分の生が変容されたのに気づき、進歩を遂げる。山に登ることは、自己を知ることほど偉大な挑戦ではない。自己を知らずにいることは、強靭さとエネルギーを持つ、知性ある人にとっては屈辱だ。どんな人でも、真理を知り、自己を知り、光明を知る決意を抱くことができる。この決意を持ち、これらの土台を用いれば、誰でも成功できる。このことを心しておきなさい。

では、夜の瞑想のために座ろう。夜の瞑想について、再び話そう。昨日わたしは、身体の五つのチャクラについて話をした――身体にはこれらのチャクラとつながる部分がある。それらのチャクラをリラックスさせるなら、リラックスしていくと絶えず語りかけるなら、身体の特定の部分が同時にリラックスする。

第一チャクラはムラダーラ・チャクラだ。第一チャクラは性器の近くに感じられる。このチャクラにリラックスするよう指示する。それに注意の焦点を完全に絞り、リラックスするよう言いなさい。

あなたは、「でもただそう言うだけで、何が起こるだろう？　リラックスしろと言ったからって、どうして脚がリラックスするだろう？　身体に凍れと言ったところで、どうして凍るだろう？」と思うだろう。

そんな些細なことを理解するのに、たいそうな知性はいらない。自分に向かって、「手よ、ハンカチを取り上げろ！」と言うと、手はどのようにハンカチを取り上げるかね？　また、足に向かって歩けと言うと、それはどのように歩くかね？　また、足に向かって歩くなと言うと、それはどのように立ち止まるかね？　身体のありとあらゆる原子は、あなたの命令に従う。もしあなたの命令に従わなかったら、身体は機能できない。目に閉じろと言えば、それは閉じる。内側に思考があると、目は閉じる。なぜだろう？　思考と目のあいだには、何の関係もないとでも思うかね？　もしなかったら、目を閉じなければと内心思いながら座っていても、目は閉じないかもしれない。また、歩かなければと思っていても、足は動かないかもしれない。

マインドの言うことは、すべて同時に身体に届く。いくらかでも知性的であるなら、あなたは身体に何でもさせることができる。あなたが毎日身体にさせていることは、ごく自然なことだ。しかしあなたは、それすら完全に自然ではないということを知っているかね？　そこにすら示唆の力がはたらいている。人間の子供が動物の中で育てられると、直立できなくなることを知っているだろうか？　そんな事件が起こったことがある。

以前、ラクノーの近くの林でそのような事件があった。狼に育てられていた少年が発見されたのだ。狼は村から子供たちをさらうのを好んでいた。狼は、時に彼らを育てることもあった。そのような事件は、たくさん起こっていた。そして四年ほど前、狼に育てられた十四歳の少年が林から連れ出された。狼は小さな子供のときに彼を村からさらい、ミルクを与え、育てたのだ。

その十四歳の少年は、完全に狼だった——彼は四つ足で歩き、直立できなかった。狼のような音声を発し、凶暴で危険だった。もし人間をつかまえたら、生きたまま食べてしまっただろう。しかし、彼は話せなかった。さて、なぜ十四歳の少年が話そうとしなかったのだろう？　そして彼に、話しなさい、話してごらんと言ったら、彼はどうしただろう？　また、なぜ十四歳の少年が直立しようとしなかったのか？——それは、一度も立ち上がりなさいと言われなかったからだ。だから、彼にはその行為が起こらなかった。

家に小さな子供が生まれ、みなが立っているのを見ると、それは彼に発想を与える。自分の周りを人々が歩いているのを見ると、彼の勇気はふくらみ、次第に二本の足で立って歩けるのだという発想を得る。その発想は、彼の意識の中へ深く浸透していく。そして歩く勇気を得て、努力をする。ほかの人たちが話しているのを見ると、彼は話せるのだという発想を得る——そして話す努力をする。発語を可能にする声帯がはたらきはじめる。

わたしたちの中には、はたらいていない腺がたくさんある。覚えておきなさい。人間は、まだ完全に発達していない。身体の科学を知る者によると、人間の脳ではたらいているのは、ほんの一部だけだ。残りの部分はまったくはたらいておらず、何らかの機能を持っているようにも見えない。そして科学者は、それらの機能を発見できずにいる。まだ、そうした部分には機能があるようには見えない。あなたの脳の大部分は、まったく使われないままそこにある。しかしヨーガは、こうした部分はすべて活性化できると言う。そして人類より下等な動物では、もっとわずかな部分しか使われていない――動物の脳は、さらに多くの部分が使われていない。梯子をさらに下ると、下等動物の脳はもっと多くの部分が使われていない。

仏陀やマハヴィーラの脳を調べられたら、脳全体が使われていたことがわかっただろう――どの部分も眠ってはいなかった。脳のすべての能力が使われていた。でもあなたの中では、ごく一部しか使われていない。

さて、その使われていない部分を活性化させるには、自分に示唆を与えなければならない。努力が必要だ。ヨーガはチャクラにはたらきかけることによって、脳のその部分を活性化しようとしてきた。ヨーガは科学だ。ヨーガが世界でもっとも優れた科学になる時が来るだろう。

話したように、注意の焦点をこの五つのチャクラに絞り、身体の特定の箇所に示唆を与える。そうすることで、チャクラはすぐにリラックスする。第一チャクラにリラックスするよう示唆を与え、同時に足がリラックスしていくのを想像する――すると、足は本当にリラックスするだろう。次に上へ移動する。臍の近くの第二チャクラに、リラックスしなさいと示唆する。すると、臍の近くのすべての臓器がリラックスする。そして上へ移動し、ハートの近くの第三チャクラにリラックスするように言う。すると、ハートをつくり上げているあらゆる複雑な器官がリラックスする。そして再び上へ移動し、両目のあいだにある第四チャクラに、リラックスしなさいと示唆する。すると、顔のすべての筋肉がリラックスするだろう。さらに上に移動し、第五チャクラにリラックスしなさいと示唆する。すると脳の内部がすべてリラックスし、沈黙するだろう。

しっかり示唆すればするほど、事は完璧に起こる。それを数日間、継続して実践したら、あなたは成果を感じはじめるだろう。

すぐに成果を感じられないのではないかと恐れてはいけない。すぐに何も起こらなくとも、心配するには及ばない。たとえ何生かかったとしても、魂を見出すことに渇きを覚えている人にとっては、さほど長い時間ではない。ありふれたことを学ぶにも、何年もかかるものだ。そう、この実験を全一なる決意と、忍耐と、沈黙を持って行えば、結果は約束される。

この五つのチャクラに示唆を与えて、身体をリラックスさせる。次に、わたしが呼吸をリラックスさせるようにと言ったら、呼吸をリラックスさせなさい。そしてわたしは、呼吸が静かになってきていると言う……そうしたらそう示唆しなさい。最後にわたしは、あなたの思考が消えつつあり、マインドが空っぽになりつつあると言う。

これが、わたしたちの瞑想の実験となるだろう。しかしこの瞑想の前に、二分間こうした示唆を行なう。そして示唆を二分間行なう前に、五回決意を固める。

さあ、夜の瞑想を始めよう。この瞑想では全員横たわりなさい。それは横たわってしかできない。だから、自分のスペースをつくりなさい。座って決意をし、示唆を与え、それから横たわりなさい。

第8章

真理―あなたの生得権

Truth ; Your Birthright

親愛なる人たちへ

ある人が尋ねている。

真理とは何でしょうか？　それを部分的に知ることは可能ですか？　また、そうでないとしたら、それを成就するために何ができるでしょうか？　なぜなら、すべての人が見者になれるわけではないのですから。

第一に、どの人も見者になる可能性を持っている。この可能性を現実に変容させないとしたら、それは別の問題だ。一粒の種子が木に育てないとしたら、それは別の問題だ。しかし、どの種子も木になるための秘められた能力を持っている。どの種子にもこの可能性がある。そうならないのは、まったく別の問題だ。肥料を得られなかったり、土壌を見つけられなかったり、水や光を得られなかったら、種子は死ぬだろう。それはあり得る。しかし、種子には確かに可能性がある。

ありとあらゆる人が、見者になる可能性を持っている。だから、まずはあなたのマインドから、光明を得るのは限られた人の特権だという考えを捨て去ることだ。光明を得ることは、特別な人の権利ではない。そして、この考えを広めた人は、ひとえに自分のエゴを満足させるためにそうしているのだ。誰かが、光明を得ることは実に困難で、ほんの一握りの人にしか可能ではないと言うなら、それは彼らのエゴを肥えふとらせているのだ。これは、幾人かの人が自分のエゴを満足させる手段にすぎない。そうではなく、すべての人が見者になる可能性を持っている。なぜなら、真理を体験するスペースと機会は、どの人にもあるからだ。

あなたがそれを体験しないなら、それはまた別のことだとわたしは言った。そのためには、あなたにこそ責任があるのであって、あなたの可能性に責任はない。ここに座っているわたしたち全員に、起き上がって歩く力がある。しかし、歩かずに座り続けているとしたら何になるだろう？ あなたは力を活性化することで、それを見出す。使わないでいる内は、それを知ることはない。

ちょうどいま、あなたはただここに座っている。あなたに歩く能力があることは誰にもわからない。また、自己の内側を見つめても、自分でもこの歩くという能力の場所を特定できないだろう。あなたはそれを見つけられない。歩く能力があるかどうかは、歩いてみた後ではじめてわかる。そして、自分がその能力を持っているか否かは、光明を得ようと試みる過程を体験した後でこそわかる。試みない人はきっと、この可能性を持っているのは一握りの人だけだと感じるだろう。それは間違いだ。

だから第一点——真理に至るのはすべての人の権利であり、すべての人の生得権なのを理解することだ。この点においては、誰も特権など持ってはいない。

それから、質問の第二点——「真理とは何でしょうか？　それを部分的に知ることは可能ですか？」

真理は部分的にはわからない。なぜなら真理はひとつだからだ。部分には分けられない。つまり、いまは少しだけ知り、そして少し、そしてまた少しというように真理を知ることは不可能だ。それはそんなふうには起こらない。真理はひとつとして体験される。つまり、段階的な過程ではないということだ。それは丸ごと体験され、爆発の中で体験される。しかし、それは丸ごとでしかわからないと言うと、あなたは少し不安になるだろう。なぜなら、あなたはとても無力に感じているからだ。どうやって、それが丸ごとわかるというのか？

家の屋根にあっという間に登ったとしても、その人はそこまでのステップを一歩ずつ登ったのだ。一歩で屋根に辿り着いたわけではない。最初の一歩では屋根の上にはいない。そして最後の一歩でも、まだ屋根の上にはいない——屋根に近付き始めたが、まだその上にはいない。

徐々に真理へ近づくことは可能だ。しかし真理に至ったとき、それは全体的《トータル》だ。つまり、真理へは徐々に近づくことができるが、真理への到達は全体的であり、決して部分的ではない。それは決して断片的ではない。このことを覚えておきなさい。

だから、わたしがあなたがたに与えた瞑想への入門には一連の段階がある——それを通して真理を知ることはないが、あなたはそれを通して真理に近づく。そしてわたしが「感情の空《くう》」と呼んだ最後の一歩において、この感情の空をも飛び越えるなら、あなたは真理を体験するだろう。ただしそのとき、真理は丸ごとわかる。

神性の体験は、断片的には訪れない。それは全体として起こる。しかし神性へ至る道は、多くの部分に分けられる。これを覚えておきなさい——神性へ至る道は部分に分けられるが、真理そのものは部分的ではない。だから、「わたしのような弱い人間に、どうして真理全体がわかるだろう？少しずつ知ることができるのなら、やっと何とかわかるだろう」などと考えてはいけない。

いいや、あなたにもわかる。なぜなら、一度に短い距離だけ道を歩けばいいのだから。全行程を瞬時に歩くことはできない。あなたは全行程を一瞬にして歩けはしない。一度に少しずつ歩んでいかなくてはならない。しかし、目的地は常に全体として到達される。決して部分的には至れない——このことを覚えておきなさい。

ある人が尋ねている。

真理とは何でしょうか？

それを言葉で語るすべはない。今日にいたるまで、それを人間の言語で語るのは不可能だった——そして将来も語られることはないだろう。かつてわたしたちは、それを語るに充分足りる豊かな言語を持っていなかったわけではないが、将来それを語れることもない。それは、決して語られることがないだろう。

これには理由がある。言語は他者とのコミュニケーションを目的として編み出されたものだ。言語は人とのコミュニケーションのためにつくられたものであって、真理を表現するためにつくられたものではない。そして、言語をつくった人々が、真理を知り得ていたとは思われない。だから究極の真理には言葉がないのだ。そして真理を知った人々は、言語を通して知ったのではなく、沈黙を通して知った。つまり、真理を体験したとき、彼らは完全に沈黙していた。そこにはいかなる言葉も存在しなかった。だから問題がある――体験ののち、それについて語り始めたとき、彼らはひとつの点に気づいた――真理は言葉で表現するすべがないということを。それに言葉を与えることは不可能だ。そして彼らが言葉を与えたとき、言葉は不完全で、事足りないものだった。

そして、こうした言葉だけをもとに論争が生まれた――この、まったく同じ言葉についてだ！なぜなら、あらゆる言葉は不充分であり、真理を表現できないからだ。それらは、ちょうどヒントのようなもの。あたかも誰かが月を指差しているようなものだ。もし、それを月だと思って指をつかんだら問題になるだろう。指は月ではない。ただの指標だ。指標にしがみつく人は、厄介なことになる。指が差していたものが目に見えるよう、あなたは指を放棄しなければならない。あなたは言葉を落とさなければならない。すると、そのときはじめて真理の一瞥を得るだろう。しかし、言葉にしがみつく人はこの体験を逃すだろう。

わたしがあなたに、真理とは何かを説くすべがないのはこのためだ。そして、説くことを主張する人は、自分自身を欺いている。誰かがあなたに真理を説いたら、彼は自分とあなたを欺いている。真理は説明のしようがない。もちろん、いかに真理を体験するかを説くすべはある。真理を知るための手法や過程なら説明できる。しかし、真理とは何であるかは語れない。

　真理に至る手法はあるが、真理の定義はない。この三日間、わたしはこうした手法を検討してきた。そしてあなたは、わたしたちが真理そのものを完全に無視したと感じているかもしれない。わたしは真理について話してきたが、そもそも真理とは何かは語らなかった。

　そうだ、それは語れない。体験できるのみだ。真理は、説明できないが体験できる――そしてそれはあなたの体験となるだろう。手法は与えることができるが、真理の体験はあなた自身のものだ。真理の体験は常に個人的であり、他人には伝えられない。

　だからわたしは、あなたに真理とは何かを説くつもりはない。何かをあなたに隠しておきたいからではなく、語ることができないからだ。遠い昔、ウパニシャッドの時代、誰かが見者のもとに行き、「真理とは何でしょうか？」と尋ねるたびに、見者はその人を鋭く見据えたものだ。

　再びその人は、「真理とは何でしょうか？」と尋ねた。さらに、「真理とは何でしょうか？」と三度尋ねた。

　すると見者は言った。「わたしが何度も話しているのに、あなたは理解しない」

その人は言った。「何をおっしゃっているのです？　わたしは三回尋ねました。そして、あなたは三回とも沈黙していました。なのにあなたは、何度も話したとおっしゃるのですか？」

すると見者は言った。「わたしは、あなたがわたしの沈黙を理解できることを願っている。なぜなら、そのときあなたは真理とは何かを理解するだろうから」

沈黙こそ、それを語る唯一の方法だ。真理を知った者は沈黙した。真理が語られるとき、彼らは沈黙する。

沈黙することができたら、あなたはそれを知るだろう。沈黙していないなら知り得ないだろう。あなたは真理を知ることができるが、ほかの人に理解させることはできない。わたしが真理とは何かを語ろうとしないのはこのためだ――なぜなら、それは語ることができないのだから。

ある人が尋ねている。

人の行為は、何生もの行為の結果に縛られているのでしょうか？　もしそうなら、今生で一人一人が手にしている生とは、何なのでしょうか？

質問はこうだ――「もしわたしたちが、過去の行為や過去生の価値に支配されているなら、いまわたしたちに何ができるのでしょうか？」。もっともな質問だ。人が完全に過去の行為に縛られていることが真実なら、自分自身の手の内にあるものは何だろう？　いま、わたしたちにできることは何か？　そして過去の行為にまったく縛られないことが真実なら、何かを為すことの意味とは何だろう？——過去の行為に縛られないなら、いま何をしようと明日は縛られることはないのだから。つまり、今日何かいいことをしても、明日その善行から恩恵を得る可能性はない。そして、もし完全に過去の行為に縛られているなら、何をしようと意味はない——なぜなら人は何もできず、完全に縛られているからだ。

これに対して完全に自由であるなら、何かを為すことに意味はない。何をしようと明日はそれから自由であり、過去の行為は自分に影響を及ぼさないからだ。だから人は完全に縛られてもいないし、完全に自由でもない——一方の足は縛られ、もう一方は自由だ。

その昔、ある人がハズラット・アリに尋ねた。「人は自分の行為から自由なのでしょうか、それとも縛られているのでしょうか？」

アリは言った。「一方の足を上げなさい」

その人は、左足と右足のどちらを上げようと自由だった。彼は左足を上げた。するとアリは言った。「では、もう一方を上げなさい」

その人は答えた。「あなたは気が狂っているのですか？　もう片方は、もはや上げられません」

アリは尋ねた。「なぜだね？」

その人は答えた。「一度に一本しか上げられないのです」

アリは言った。「人の生の場合も同じだ。あなたには常に二本の足がある。しかし一度に一本しか上げられない——一方は常に縛られているのだ」。

だからあなたには、自由に動ける足の助けを借りて、縛られた足を自由にする可能性が存在する。しかし、縛られたほうの足のせいで、自由なほうを縛り付ける可能性も存在するのだ。

過去に何をしたのであれ、あなたはしてしまった。そうするのは自由であり、あなたはそうしてしまった。あなたの一部は凍りつき、縛られている。だが、ほかの部分はまだ自由だ。あなたは、自分がしたのと反対のことを自由に行なうことができる。反対のことをすることによって、あなたは以前したことを帳消しにできる。違うことをすることによって、それを打ち破れる。より良いことをすることによって、それをしりぞけられる。あらゆる過去の条件付けを洗い流すことは、一人一人の手の内にある。

昨日まで、あなたは怒っていた——怒るのは自由だ。この二十年間毎日怒ってきた人は、当然のことながら怒りに縛られるだろう。たとえば二人の人がいる——この二十年間、絶えず怒ってきた人がある朝起きると、ベッドのとなりにスリッパが見当たらない。二十年間怒ることがなかった人がある朝起きると、これまたベッドのとなりにスリッパが見当たらない。この状況で、怒り出す可能性が高いのはどちらだろう？　最初の人、つまり二十年間怒ってきた人が怒り出すだろう。

この意味で、彼は縛られている。なぜなら何かが自分の起こってほしいように起こらないと、二十年に及ぶ怒りの習慣が、たちまち内側に湧き起こるからだ。二十年に及ぶ条件付けのために、いつもしてきたのと同じことをしたくなるという意味で、彼は縛られている。それにしても、強く縛られているあまり、彼が怒らない可能性はゼロなのだろうか?

いや、誰もそのように縛られてはいない。まさにその瞬間、気づくことができたら立ち止まれる。怒りがやって来るのを阻止することは可能だ。怒りは変容できる。そしてそうするなら、二十年に及ぶ習慣が問題になろうとも、彼を完全に引き止められはしない——なぜなら、習慣を生み出した人がそれに対抗するなら、彼はそれを完全に打ち破る自由を手にするからだ。何度もその実験を行なったら、それから自由になるだろう。

過去の行為はあなたを縛るが、完全に縛りはしない。行為はあなたを捕らえるが、完全に捕らえはしない。それには鎖があるが、あらゆる鎖は壊すことができる——壊せない鎖などはない。そして壊れないものは、鎖とは呼べない。

鎖はあなたを縛るが、あらゆる鎖には壊されるという可能性がもともと備わっている。壊せない鎖があったら、それを鎖とは呼べまい。あなたを縛り、それでいて壊すこともできるものこそ鎖と呼べる。あなたの行為は、壊すこともできるという意味で鎖だ。人の意識は常に自由だ。あなたには常に、重ねてきた歩みや、歩んできた道を戻る自由がある。

だから過去はあなたを制限するが、あなたの未来は完全に自由だ。一方の足は縛られているが、もう一方は自由だ。過去という足は縛られるが、未来という足は自由だ。望むなら、あなたはこの未来という足を、過去という足が繋がれている方向へ上げることができる。すると、あなたは束縛され続けるだろう。望むなら、あなたはこの未来という足を、過去という足とは反対の方向へ上げることもできる——すると、あなたは自由であり続けるだろう。それはあなたの手の内にある。両足が自由である状態は、モクシャすなわち光明と呼ばれる。そして、とことん最低なたぐいの地獄は、両足が縛られた状態だ。

こうした理由から、過去や過去生を恐れる必要はない。そうした行為を行なった者は、それでもなお別の行為を自由に行なうことができるのだから。

ある人が尋ねている。

観照者になったあと、考える者は誰ですか?

あなたが観照者であるとき、思考はない。何かを考える瞬間、あなたはもはや観照者ではない。わたしは庭に立っていて、花の観照者になっている。わたしは花を見ている——ただ見ているだけならわたしは観照者であり、考えはじめるようなら観照者ではない。考えはじめた瞬間、花はもうわたしの目前にはない――わたしと花の間に、思考の流れが現れる。花を見て、「この花は美しい」と言うとき、マインドが花は美しいと言った瞬間、わたしは花を見ていない。なぜなら、マインドはふたつのことを同時に行なわないからだ――あいだに薄いカーテンが現れる。また、「この花は前に見たことがある。この花のことは知っている」と考えはじめるなら、この花はわたしの目から消え去る。もはや、見ていると想像しているだけだ。

以前、わたしは遠くから来た友人を川のボート漕ぎに連れていった。彼は遠い国から帰ってきたばかりだった。彼はたくさんの川や湖を見てきて、そうした川や湖の思いでいっぱいだった。満月の夜、わたしが彼をボート漕ぎに連れ出したとき、彼はスイスの湖やカシミールの湖のことを話し続けた。一時間たって戻りながら、彼はわたしに言った。「君が連れていってくれた場所は、実に素晴らしかったよ」

わたしは言った。「君は嘘をついている。その場所を見もしなかったではないか。わたしはずっと感じていたんだが、君はスイスやカシミールにいたも同然で、わたしたちの座っているボートにはいなかったのだ」

「それから、このことも君に言いたい」とわたしは言った。「スイスにいたとき、君はどこか別の場所にいたに違いない。そしてカシミールにいたときは、君の話す湖にはいなかったはずだ。わたしが言っているのは、君がわたしの連れていった湖を見なかったということだけではない――君は、こうした湖のどれも見たことがないと言っているのだ」

思考のカーテンは、あなたが観照者になることを阻む。思考はあなたを観照者にさせない。しかし思考を落とし、思考から離れたら、あなたは観照者になる。思考の不在があなたを観照者にする。しかし、わたしが観照者になりなさいと言っているのに、あなたは「誰が考えているのでしょう?」と尋ねている。

違う、考えている者などいない。あるのは観照だけで、その観照はあなたの本性だ。あなたが完全な観照の境地にいるなら——どんな思考も湧き起こらず、どんな思考の小波《さざなみ》も湧き起こらない境地にいるなら、あなたは自己の内側へと入るだろう。同じように大洋に波がまったくなかったら、まったく動きがなかったら、その水面は静まり返る。そしてあなたは、その水面下を見ることができるだろう。

思考は波だ。思考は病であり、思考は興奮剤だ。思考の興奮を失ったとき、あなたは観照に至る。あなたが観照しているときは、何者も考えていない。考えるなら、あなたはもはや観照していない。考えることと観照することは矛盾している。

だからわたしたちは、この瞑想法を理解するために、これほど全力を傾けて努力してきたのだ。実のところ、わたしたちは思考を落とすという実験をしてきた。そして、ここで行なっている実験の中で、思考がなく、考える主体しかいない境地に至るために、わたしたちは思考を極力弱めている。考える主体という言葉で意味しているのは、思考する主体だ——彼だけが存在するが、彼は考えていない。そして考えないとき、見ることが起こる。このことを理解しなさい——考えることと観照することは、ふたつの相反することだ。だからわたしは以前、考えるのは盲目の人だけだと言ったのだ。眼を持つ人は考えない。もしわたしに目がなくて、この家を出ていきたいとしたら、わたしは「扉はどこだ？」と思うだろう。もしわたしに目がなくて、この建物から出たいとしたら、わたしは「扉はどこだ？」と思うだろう。しかし、わたしに目があるなら、考えることなどあるだろうか？　わたしは出口を見て、出ていくだろう。つまり要点は、わたしに目があったら出口を見るだろうし、どうしてそれについて考えるだろうか？　ということだ。

人は、見えなくなればなるほど、ますます考えるようになる。世間は彼らを思索家と呼ぶが、わたしは彼らを盲人と言う。人は見えるようになればなるほど、ますます考えなくなる。

マハヴィーラと仏陀は、偉大な思索家ではなかった。わたしは、非常に知性的な人が、彼らのことを偉大な思索家だったと言っているのを聞く。それは完全に間違いだ。彼らはまったく思索家ではなかった。なぜなら、彼らは盲目ではなかったのだから。インドでは彼らを、見る人、見守る人と呼ぶ。

だからインドでは、この手法の科学をダルシャン——見ることと呼ぶ。ダルシャンとは見ることだ。それを哲学とは言わない——哲学とダルシャンは同意語ではない。しばしば人々はダルシャンを「哲学」と呼ぶが、これは誤りだ。インドのダルシャンをインド哲学と呼ぶのは間違っている

――まったく哲学などではない。哲学とは思索すること、黙想すること、内省することを意味する。そしてダルシャンは、思索も黙想も内省も、すべて落とすという意味だ。

西洋には思索家が存在してきた。西洋にはその哲学がある。彼らは、真理とは何かを考えてきた――彼らはそれについて考えてきた。インドでは、真理とは何かと考えるのではなく、いかに真理を体験できるかについて考える。つまり、いかに眼を開けるかについてだ。だからこそ、わたしたちのプロセス全体は一種の開眼なのだ。わたしたちのワークのすべては、眼を開けることだ。

論理は思考のあるところにのみ発達する。思考は論理を通してつながり、関連する。ダルシャン、すなわち見ることに関連するものや、それに関わるものは、ヨーガを通したものだ。

東洋では論理がまったく発達しなかった。わたしたちは、まったく論理を好まなかった。それは遊戯《ゲーム》、子供の遊戯と見なしていたのだ。わたしたちは何か別なもの――ダルシャン、すなわち見ることを探し求めてきた。そして、それを成就するために、ヨーガの方面を探究してきた。ヨーガとは、それによって眼を開き、見ることを可能にするプロセスだ。そして見るためには、観照者となる実験をすることだ。思考が弱まり、無思考の瞬間がやって来る。わたしが語っているのは、思考の欠如ではなく、無思考についてだ。

思考の欠如と無思考には大きな違いがある。思考が欠如した状態にある人は思索家よりも下であり、無思考の境地にある人は思索家よりも遥かに上だ。マインドに思考の流れがない状態が無思考の境地だ。マインドは沈黙し、その沈黙から観照する能力が湧き起こる。思考が欠如した状態とは、何をすべきか理解していない状態だ。

だからわたしは、思考の欠如ではなく、無思考の境地に至りなさいと言っている。思考を欠いた人は、理解のない人だ。無思考の境地にある人は、理解するだけでなく、観照することもできる人だ。そして観照はあなたを知へ、あなたの内なる魂へと連れていってくれる。


呼吸の観照を呼び覚ますために行なった実験、すなわち瞑想の実験は、あなたは存在するが、思考のない瞬間を体験できるようにするためのものにほかならない。あなたはいるが、思考はない——その純粋な瞬間をたとえ一瞬でも体験できたら、生において非常に稀な宝を発見したことになるだろう。

その方向へ向かい、それに到達する努力をしなさい。そして、意識は存在するが思考の存在しない瞬間を、あなたの最大の渇望としなさい。

意識に思考がまったくないとき、あなたは真理を体験する。意識が思考でいっぱいのときや、意識が抑圧されているときは、真理を体験することはない。ちょうど空が雲で覆われていると太陽が見えないのと同じように、マインドが思考で覆われていると、あなたの内なる王国は見えない。太陽を見たいなら、太陽の光が雲の背後から顔を出せるよう、雲を散らし、取り除かなければならない。同じように思考も取り除く必要がある。すると、内なる王国が感じられ、体験できるだろう。

今朝、わたしが家を出ようとしていたとき、ある人が「この時代に光明は可能でしょうか？」と尋ねた。

わたしは彼に、「そうだ、可能だ」と言った。

次に彼が尋ねた質問はこうだった。「この時代に光明が可能なら、わたしがあなたに尋ねたい質問とは何か、言い当てられますか？」

光明の意味を、次の質問が何かを言い当てる能力を持つことだと考えているとしたら、あなたは大きな誤解をしている。あなたは蛇使いに騙され、わずかな金額を求めて通りで興行をする手品師に、騙されるだろう。この手品師は、わずかな金額であなたのマインドの内を言い当てられる。仮に光明を得た人がこの考えに同意したとしても、手品師は光明を得た人物ではない。

光明の意味とは、誰かのマインドに流れているものを言い当てられることではない。あなたはその意味をまったく理解していない。光明とは、知られる物もなく、知る者もなく、ただ純粋な知だけが残る意識の境地だ。光明とは、純粋な知だけが残ることだ。

ちょうどいま、あなたが何かを知るときは、常に三つのことが含まれている。第一に、知る者がいる——彼は認識する人だ。次に、知ること——対象がある。そしてさらに、このふたつのあいだの関係性——つまり知がある。この純粋な知の境地、つまり光明は、知る者とその対象に押さえ込まれている。光明とは、対象が消えてしまうことだ。そして対象が消え去るとき、どうして知る者が存在できよう？　対象が消え去るときは、知る者も消え去る。では、あとに残るものは何か？　あとに残るのは、純粋なる知だけだ。その知の瞬間、あなたは究極の解放を達成する。つまり、光明とは純粋な知の体験なのだ。わたしが光明と呼んだものは、純粋な知の体験だ。これこそ、さまざまな宗教すべてが説く真理だ。だから宗教が異なれば、真理についての言葉も異なる。パタンジャリがサマーディと呼んだものを、ジャイナ教徒はケヴァル・ギャン——究極の知と呼び、仏陀はプラギャと呼んだ。

光明とは、他人の頭によぎっているものを言い当てることではない。それは、いともたやすいことだ。よくある精神療法《セラピー》や読心術にすぎない——光明とは無関係だ。他人の頭によぎっているものを知ることにそれほど興味があるなら、となりに座っている人のマインドに起こっていることを知る方法について、教えてあげよう。わたしは、あなたのマインドに起こっていることを言い当てるつもりはない。他人のマインドに起こっていることを知る方法を教えよう——そのほうが簡単だ。

瞑想の実験の中で、あなたはわたしの話してきた決意を行なった。その際、あなたは息をすべて吐き出し、しばらく呼吸をせずに待つ。これと同じように、家に帰ったら小さな子供と一緒に、この実験を三、四日やってみなさい。すると、わたしの言わんとすることがわかるだろう。完全に息を吐き出し、子供をあなたの前に座らせる。そして内側にまったく息が残っていないとき、目を閉じ、揺るぎない決意を持って、子供のマインドによぎっているものを見ようとするのだ。そして子供には、何かちょっとしたこと……花の名前を考えてごらんと言う。ある花の名前を指示するのではなく、自分で花の名前を考えてごらんと言いなさい。それから目を閉じ、息を吐き出し、彼のマインドによぎっているものを見る決意を固める。

それは二、三日の内にわかるようになるだろう。たった一語しかわからなくとも構わない。なぜなら、次は文章もわかるようになるのだから。それは長い道のりだ。

だが、あなたが究極の知を成就したという意味だとは思わないように！　それは、究極の知とはまったく関係がない。他人のマインドに起こっていることが読めるということは、マインドについての知識だ。そして、このためには宗教的である必要はなく、聖人になる必要もない。

西洋では、このことについて多くの研究が行なわれている。精神療法や読心術に取り組んでいるサイキックな集団は多数ある。彼らは科学的な体系を開発した。一世紀もしくは、せいぜい半世紀のうちに、すべての医師がそれを利用し、すべての教師がそれを利用できるようになるだろう。すべての店主が、顧客の好みを知るためにそれを利用し、それはすべて人々を不当に利用するために使われるだろう。これは究極の知といっさい関係がない。それは単なるテクニックだ。しかし、そのテクニックは多くの人に知られてはいないから、あなたはそれを普通でないものと考える。ちょっと実験したら驚くだろう。そして、何かを理解することさえ可能かもしれない。だが、これは光明ではない。光明は、まったく別の事柄だ。
光明とは、純粋な知という究極の境地を体験することだ。あなたはその境地において、永遠なるもの、そしてわたしがサッチタナンドと呼んだもの――真理・意識・至福を体験する。

ある友人が尋ねている。

光明を得ずに、究極なるものを一瞥することは可能ですか？

いや、それは不可能だ。光明は唯一の扉だ。それはまるで、扉なしで家に入れるかどうかと尋ねるようなものだ。そこであなたは何と言うかね？　それは不可能だと言うだろう。壁を突き破って入ったとしても、それでもあなたはその壁の穴を入口と呼び、扉と呼ぶだろう。しかし、扉なしでは家に入れない。どのように入ろうと、扉を通らなければならない。もしあなたが聡明なら、扉を通って入るだろう。聡明でないなら、壁のどこかに穴を開けるだろう。
光明を得ること以外に方法はない。光明は究極なるものへの扉、真理への扉だ。扉なしではあなたがどうやって入れるのか、わたしにはわからない――扉なしで入った人は誰もいなかった。
このことを覚えておきなさい。そして、サマーディなしに、究極なるものが可能だなどとは考えないように。マインドは、安易な方法があることを願う――マインドとはそのようなものだ。それは、自分で歩かなくてもよい道があるとほのめかす。だが、あなたは自分の道を歩まねばならない。あなたが歩くことによってつくり出すもの――それが道の意味だ。あなたは、通らなくても目的地に辿り着ける扉があることを望む。しかし、通らずにどこかへ導いてくれる扉など存在しないのだ。

しかし、マインドには多くの弱点がある。マインドの弱点のひとつは、ただで何かを得たいと思うことだ。特に究極なるものの体験にかけては、あなたは何もせずにそれを得られるかどうかを考えることこそ、価値があると思っている。そして実際問題、誰かがそれを、ただであなたに与える用意があっても、あなたは受け取るか受け取るまいか、二度考えるだろう。

昔、サドゥー――スリランカの僧侶がいた。彼は毎日のように光明や、ニルヴァーナやサマーディについて語っていた。人々は、何年も彼の話を聞いてきた。

ある日、一人の男が立ち上がって彼に言った。「あなたにお尋ねしたい。こんなに多くの人が、これほど長いあいだあなたの話を聞いてきました――果たして誰か光明を得たでしょうか？」

僧侶は言った。「それがあなたの質問なら、今日あなたに光明を得させようではないか。覚悟はいいかね？　覚悟ができているなら、本当にわたしは今日、あなたに光明を得させてあげよう」

しかし男は言った。「今日ですって？　ちょっと考えさせて下さい。いつか……そんな、今日ですって？　少し考えさせて下さい。あとで言いに来ますから」

誰かがあなたに、まさにこの瞬間、神を紹介しようと言ったとしても、あなたのマインドがすぐにイエスと言うだろうとは思わない。マインドは、それについて考えはじめる。わたしは真実を語っている。マインドは、それを知るべきか否か考えはじめるだろう。たとえ神をただで得られるとしても、まずあなたは考える。何らかの代価を支払うとき、それについて考えるのは当然だ――しかしマインドは常に、あらゆるものをただで欲しがる。あなたは、マインドが価値を認めない物については、何でもただで欲しがる。マインドが価値を認める物については、何にでも代価を支払う。わずかでも神性の体験を心がけているなら、あなたはそのためにすべてを諦める覚悟があると感じるだろう。神性のほんの一瞥のためにすべてを諦めなければならないとしたら、あなたはそうする覚悟がある。

ある人が尋ねている。「光明なしに、究極なるものの一瞥は可能ですか?」。いや、それは不可能だ。努力なしでは不可能だ。決意なしには不可能だ。全身全霊を捧げることや、献身なくしては不可能だ。

しかしこの手の弱い人々は、ずる賢い人々に搾取する機会を与えてしまう。世のいたるところで、一種の宗教的な搾取が行なわれている。というのも、あなたが何かをただで得たがっているからだ。中には、自分の祝福によって、欲しいものを手に入れられると説く人々がいる――「わたしを崇め、足元にひれ伏しなさい。我が名を心に刻み、信仰しなさい。するとあなたは、そのすべてを達成するだろう」。そして人々は弱いがゆえに、これを信じ、彼らの足に触れながら生涯を浪費してしまう。このやり方では、あなたは何も得ないだろう。それは単なる搾取だ。

あなたに光明を授けられるグルはいない。彼は、そこへ至る道なら示すことができる。しかし、あなたは自分でその道を歩んでいかねばならない。あなたのために歩けるグルはいない。他人のために歩ける人など、この世には存在しない。あなたを歩かせるのは、あなた自身の脚だ。あなたは自分の脚で歩かなければならない。もし誰かが、「あなたに望むことがひとつだけある——わたしたちを信仰することだ。あとはわたしたちが面倒を見よう」と言ったら……彼らはあなたを搾取している——こんなふうに言う人は大勢いる。そしてあなたは弱いから、彼らの搾取を許してしまう。

この世に起こっている宗教的な偽善はすべて、偽善者のせいというよりも、あなたの弱さゆえにますます増えつつある。あなたが弱くなければ、この世のいかなる宗教的偽善も、存続する見込みはないだろう。ほんの少しでも強さや勇気があるなら、自分の生に対してプライドや敬意を抱いてさえいたら、誰かが「わたしの祝福によって、あなたに神性を成就させてあげよう」と言っても、彼は「ごめんこうむります、それは大きな侮辱です」と言うだろう。それどころか彼は、「あなたの祝福によって究極なるものを成就すべきだなんて、そんな考えよりひどい侮辱はあり得ましょうか？」と言うだろう。

そして、厚意として誰かから与えられたものもまた、いともたやすく奪われてしまう。厚意として授けられたものが、その厚意が失われたために奪われたとき、あなたは何を手にしているだろう？　そして、授けたり奪ったりすることのできる光明や、他人があなたに授ける光明は、まやかしでしかない。

他人に真理や光明を授けられる人など、この世にはいない。それは自分自身の努力と献身を通して体験しなければならない。だから、一瞬でもそんなことは考えないことだ。あなたの弱さは、あなたの致命傷になる。そしてあなたを損なうだけでなく、偽善者やぺてん師や偽のグルをも、はびこらせてしまう。彼らは偽者であり、価値がない。そのうえ危険で破壊的だ。

ある人が尋ねている。

エゴのエネルギーは何に変化させるべきですか？

すでに話したが、怒りのエネルギーが生じたら、それを創造的に変容できる。わたしは、それがセックス・エネルギーだとしたら、それもまた変容できるとも言った。怒りやセックスや強欲はエネルギーだが、エゴはそれと同じ意味合いでは、エネルギーではない。その意味では、エゴはエネルギーではない。怒りは時おり湧き起こり、性欲はたまにしか存在しない。強欲があなたの意識をとらえるのも時たまだ。エゴは、時たま存在するだけではない――光明を得るまで、常にあなたとともにある。それはエネルギーではなく、あなたの状態だ。違いを理解しなさい。

エゴはエネルギーではなく、あなたの実存の状態だ。それは、来ては去っていくものではない。常に、あなたとともにある。あなたのあらゆる行為の背後に立っている。それはあなたの状態だ。そのせいでさまざまなことが起こるが、エゴそのものは常にそこにある。怒りはエゴゆえに生じる。あなたがエゴイストなら、より怒りっぽいだろう。エゴイストなら、より名声に貪欲で強欲で、より権力に飢えているだろう。あなたがエゴイストなら、エゴゆえにこうしたことが湧き起こる。エゴはあなたの意識の状態だ。そこに無知があるかぎり、エゴは存在する。しかし知が生じるとエゴは消え去り、あなたはその場で自らの実存を体験する。

エゴは、あなたの実存を取り巻く見えない覆いだ。エゴは実存の周りにあるカーテンだ。それはエネルギーではなく、無知なのだ。この無知ゆえに、さまざまなエネルギーが湧き起こる。それを破壊的に使うと、エゴイスティックさは強まる一方だ。しかし、こうした湧き起こるエネルギーを創造的に使うと、エゴの強さは弱まり続け、エゴイスティックさは弱まっていく。エネルギーがすべて創造的に使われるなら、ある日エゴは消え去る。そしてエゴの煙りが消え失せるとき、あなたはその背後で、自らの実存の炎に出会うだろう。エゴの煙りは、あなたの魂の炎を取り囲んでいる。無意識が晴れるとき、エゴという煙りが一掃されるとき、「わたし」という層がすっかり消え去るとき、そして「わたしは在る」という考えも消え去ったとき、あなたは深みを体験する。

ラーマクリシュナは、よくこんな物語を話したものだ。昔、塩で作られた像が浜辺の祭りを見に行った。彼は浜辺で、海が果てしないのを見た。道で誰かが、「どのくらい深いのだろう？」と尋ねた。

像は言った。「行ってつきとめてくるよ」

そして彼は水に飛び込んだ。何日も過ぎ、何年も経ったが、像は戻らなかった。彼は、「行ってつきとめてくるよ」と言った——だが、彼は塩で作られた像だったのだ。大洋に飛び込んだ瞬間、塩は溶けて消えてしまった。そして彼は、決して大洋の底を見出すことはなかった。

神を求めて大洋の深みを探す「わたし」は、探求の中で消え去る。それは塩で作られたただの像であって、エネルギーではない。

そう、あなたが神性の探求に乗り出すときは、「わたしは神性を見つけるつもりだ」という思いから始める。しかし探求を続けるうちに、神性はどこにも見当たらず、探求者も消えつつあることに気づく。「わたし」が完全に空っぽになる時が訪れる瞬間、あなたは自分が神性を見出したことを発見する。

つまり、「わたし」は決して神性に出会わないということだ。「わたし」がいないとき、そのときはじめて神性はある。しかし「わたし」がいるかぎり、神性は決して見つからない。だからカビールは、「愛の道はとても狭い——その上に二人はいられない」と言ったのだ。いられるのは、あなたか神性のどちらかだ。あなたがいるかぎり、神性は存在できない。そしてあなたが消えるとき、神は存在する。

このエゴは、ただの無知だ。あなたの生エネルギーの多くは、この無知ゆえに誤用されている。正しく使えば、エゴは餌を得ることなく、徐々に消えていく。

だから、わたしが生の浄化の三つの実験と呼んだもの——身体の浄化、思考の浄化、そして感情の浄化を試みるなら、この三つの実験をやり続けるなら、ある日エゴが消えてしまったことに気づくだろう。怒りは消えないが、エゴは消える。怒りのエネルギーは新しい形でそこにあるが、そこにエゴはない。エゴが消え去るとき、あとには何の痕跡も残らない。怒りやセックスは消えるのではなく、変容される。それらは違う形で存在する。怒りのエネルギーはとどまるが、違う形をとる。それが慈悲になることもあり得る——しかしエネルギーは同じだ。

癇癪持ちの人のエネルギーが変容されると、彼らはそれと同じくらい慈悲に溢れる。なぜなら、エネルギーが新しい形をとるからだ。エネルギーは破壊されない。ただ新しい形をとるだけだ。はじめのほうで言ったが、精力旺盛な人こそ、真の禁欲を体験する人だ。なぜなら、まさにその性エネルギーが変容され、禁欲となるからだ。しかしエゴが消えるとき、それは別のものにはならない。というのも、そもそもそれはただの無知だったからだ。それが変容することは決してない

――ただの幻想だったのだ。暗闇にいる人が綱を蛇だと思い、しかし近づくと実は綱だったとわかるようなものだ。そして彼に「何が蛇に化けたんだい？」と尋ねると、彼は「何も蛇には化けていなかった。蛇などいなかったんだよ」と言うだろう。それが別のものに変わることはない。

同じように、エゴとはあなたの実存に関する誤解の結果だ。それは実存についての幻惑された認識だ。エゴを実存だと思うことは、綱を蛇だと思うことと同じだ。実存に近づくにつれ、あなたはエゴが存在しないことに気づく。だから、それは何ものにも変容しない。決して変容することはない。それはただ、存在しないのだから！　それは、そこにあるように見えた幻にすぎなかった。エゴとは無知であり、エネルギーではない――しかし無知があるなら、それはエネルギーを誤用するきっかけとなる。エネルギーの誤用こそ、無知の中で起こることだ。

だから覚えておきなさい。エゴは変化しないし、変容もしない。エゴはただ消え去る。その意味ではエネルギーではないのだ。

最後の質問だ。

なぜ、魂は存在と溶け合う必要があるのですか？

あなたは「魂が至福へと消え去る必要性とは何ですか？」と尋ねたほうがいいだろう。「魂が健康になる必要性とは何ですか？」と尋ねたほうがよかっただろう。「魂が暗闇から光へと向かう必要性とは何ですか？」と尋ねたほうがいいだろう。

魂が神性へと消え去らねばならないのは、生というものが、痛みや苦悩を通しては決して満たされないからにほかならない。別の言葉で言えば、生は常に、苦悩を受け入れられないということだ。生は常に至福を求める。苦悩することは、神性から離れることだ。あなたが神性とひとつになったら、生は至福となる。

だから、これは神や神性の問題ではない。あなたが苦悩から至福へと向上する問題であり、内側に存在する暗闇から光へと向かう問題だ。しかし必要性がないと感じるなら、苦悩に満足することだ。

だが、惨めでいることに満足できる人などいない。惨めさは、まさにその性質からして、あなたを自分自身から引き離す。至福は、まさにその性質からして、あなたを自分自身に引き戻す。世俗は惨めなものであり、神性は至福だ。神性と溶け合う必要性は、宗教的な必要性ではない。神性と溶け合う必要性は、根本的な必要性だ。

人が神にノーと言うことはあるだろうが、至福に対してノーと言う人は誰もいない。だからわたしは、無神論者など存在しないと言う。至福を拒否する人だけが、無神論者になれる。この世の誰もが有神論者だ――誰もが至福に渇きを覚えているという意味で、有神論者だ。

有神論者は二種類いる。ひとつは世俗的な有神論者、もうひとつは霊的《スピリチュアル》な有神論者だ。一方は世間を信じ、世間を通して至福を見出すと信じている。もう一方は、霊的な世界においてのみ、至福を知ると信じている。あなたが無神論者と呼ぶ人は、世間に対する態度においては有神論者だ。彼らの探求も至福なのだ。彼らもまた、至福を求めている。そして遅かれ早かれ、この世間に至福はないと覚《さと》るとき、彼らには霊的なことに興味を抱く以外に選ぶ道はない。

あなたの探求は至福に向かっている。神性を探求する人は誰もいない。あなたの希求は至福へと向かう。至福とは神だ——わたしは完全なる至福の状態を神と呼ぶ。完全な至福の境地にある瞬間、あなたは神性だ。つまり、内側に欲望が残っていないとき、あなたは神性になる。完全なる至福とは、欲望が残っていないことを意味する。まだいくらかの欲望があったら、依然としていくらかの惨めさもある。もはやどんな欲望もないとき、あなたは完全なる至福の中にある——そのときはじめて、あなたは存在とひとつになる。

あなたは尋ねている。「神性なるものとひとつになる必要性とは何ですか?」。わたしはそれをこう言い換えよう——神性なるものとひとつになる必要性があるのは、あなたに必要性があるからだ。あなたに必要性がなくなる日、もはや神性とひとつになる必要性はなくなる——あなたは神性になったのだ。

誰もが自分の必要性から自由になりたがる。どんな必要性にも縛られず、ただ無制限で果てしなく、達成すべきものは何も残されていない自由の瞬間を渇望する。何も奪い去られず、何もあとに残されない。その無制限さ、限り無さこそ神だ。

神とは、どこか高いところに座っている人がいて、彼を見ることができ、彼はあなたを祝福し、彼の足元にあなたが座って、天国を楽しむというようなものではない。そのような神は、どこにも存在しない。そんな神を求めているなら、あなたは幻を見ている。そんな神は決して見つからない。これまで、こうした神を見つけた人はいなかった。

神とは、あなたの意識の究極なる至福の境地だ。神は人物ではなく、体験だ。だから神に会うとか、神に会いに行くとか――神があなたの前に立ち、あなたが神に見《まみ》える会見といった意味で、神と対面することは決してない。あなたが見ているものは、すべて空想だ。あらゆる空想や思考が意識から消え去ったとき、あなたは突如として、自分がただこの無限の世界、この存在、この宇宙の、生きている一部にすぎないことに気づく。心臓の鼓動は、全存在の鼓動とひとつになる。呼吸は存在とひとつになり、生命力は存在とひとつになって脈動する。いかなる境界も残らず、あなたと存在のあいだには何の違いもない。

そのときあなたは知る。「アハーム・ブラフマースミ――我は神なり」と。そして「我」として知っていたものは、全存在の欠くことのできない一部であることを覚《さと》る。「我は存在なり」――わたしはこれを、神の体験と呼ぶ。

もう質問はおしまいだ。ではしばらくのあいだ、わたしに一人で会いたい人たちは、数分間だけわたしと会ってもいい。個人的に質問したければしてもいい。

第9章

一度に一歩

One Step at a Time

親愛なる人々へ

この三日間、あなたのハートの中には、愛や安らぎや至福がふんだんに降り注いだ。わたしは巣を持たない鳥の一人だが、あなたはそのハートの中に、わたしの居場所を与えてくれた――わたしの思いや、わたしのハートから溢れ出すものを愛してくれた。それらに静かに耳を傾け、理解しようと努め、愛を表現してくれた。そうしてくれたことに感謝している。あなたの瞳の中に、あなたの歓びの中に、あなたの歓びから来る涙の中に見たものに対し、あなたに感謝を捧げる。

わたしはとても嬉しい。あなたの中に至福への渇きを生み出せたことが嬉しい。あなたに、満たされぬ思いを感じさせることができて嬉しい。これこそ、わたしの人生において目の当たりにすることであり、おそらくわたしのワークなのだ――おとなしく満足している人々に、満たされぬ思いを感じさせること、つつましく行動している人々を目覚めさせ、あなたのこの生は本当の生ではないと言うこと、あなたが生と考えているものは単なるまやかしであり、死であると言うこと。なぜなら、死によってしか終わらない生は、生とは見なせないからだ。永遠の生へと導く生こそ、真の生だ。

この三日間、あなたはこの、真の生を生きようとしてきた。それに焦点を当てようとしてきた。あなたの決意が固ければ、あなたの渇望が深ければ、この三日間でほんの少しだけ癒した渇きを、完全に癒すことは不可能ではないだろう。

今宵、この別れの時に、もう少し言っておこう。第一に、神性の体験への渇望が内側で炎となったら、すぐにその渇望を行動に移しなさい。善を為すことを延期する人は逃すだろう。悪を急いで行なう人もまた、逃すだろう。善を為すのを延期する人は逃し、悪を急いで行なう人も逃す。

これは生の鍵のひとつだ——悪をはたらこうとするときは、立ち止まって延期しなさい。しかし善を為そうとするときは、立ち止まって延期してはいけない。

よい考えがマインドに訪れたら、すぐ行動に移すといい。なぜなら、明日は不確かだからだ。次の瞬間は当てにならない。わたしたちが存在するか否か、それは断言できない。死がわたしたちを連れ去る前に、わたしたちは是非とも、死が唯一の目的地にはならないことを証明すべきだ。死の前に、死を越えたものをいかに体験するかを、学ばなくてはならない。そして死というものは、いつでもやって来るし、いかなる瞬間にもやって来る。いま、わたしは話しているが、この瞬間にもそれは訪れるかもしれない。だから、常に準備していなければならない。いかなる瞬間にも準備をしていなければならない。だから明日まで延期してはいけない。何かを正しいと感じたら、すぐ行動に移しなさい。

昨晩、わたしたちが湖のほとりに座っていたとき、わたしはチベットのラマの話をした。ある人が真理について尋ねるために、彼に会いに行った。チベットには、ラマの周りを三回巡り、彼の足元にぬかずき、それから質問するという伝統があった。この若者は出かけたが、ラマの周りを巡らず、足元にぬかずきもしなかった。彼はただラマのもとに行き、「質問があります！　答えてください！」と言った。

ラマは言った。「まず正式な儀式を終えなさい」

若者は言った。「三回巡る儀式を要求しているのですね。わたしはあなたの周りを三千回でも巡れます。しかし真理を知る前に、三回巡っているあいだにわたしが死ぬとしたら、それは誰の責任になるでしょう？　わたしですか、あなたですか？　だから、まずわたしの質問に答えてください。それからきちんと巡りましょう」。彼は、「わたしは巡っているあいだに死ぬかもしれない――それは誰にもわからない」と言ったのだ。

そう、瞑想者にとって、もっとも意義ある認識は、死という現実についての気づきだ。それがいかなる瞬間にも起こり得ることを、常に意識していなければならない――「今晩、わたしは眠りにつく。でも誰にわかるだろう？……これはわたしの最後の夜かもしれないのだ。わたしは、朝になっても二度と目覚めないかもしれない。だから今夜は、何も不完全なままにしないで眠りにつかなければ。そうすれば安らかに眠れる。たとえ死が訪れたとしても歓迎だ」

だから、美しいことを明日に延期してはいけない。そして、よからぬことはできるだけ延期しなさい——そのあいだに死が訪れるかもしれない。そうすれば、悪事をはたらかなくて済む。何かよからぬことをする気になったら、できるだけ長く延期しなさい。死はさほど遠くない——よからぬ行為を十年か二十年、ただ延期できたとしたら、あなたの生は神性になるだろう。死はさほど遠くない。邪《よこしま》な行為を数年延期できるなら、生は純粋になるだろう。死はさほど遠くない——善を為すことを延期しすぎる人は、生のいかなる至福も体験しないだろう。

そう、善は急げということを思い出してほしい。何かいいと感じることがあったら、それから始めなさい。考えて、明日に延期してはいけない。明日やろうと考える人は、本当はやりたくないのだ。「明日やろう」は延期の手段だ。やりたくないのなら、やりたくないということをはっきりさせなさい——それはまた別の問題だ。だが、明日に延期するのは危険だ。明日に延期する人は、ある意味で永遠に延期したのだ。明日まで何かをほっておく人は、ある意味で永遠にそれを捨てたのだ。

生において何かが正しいと感じられたら、正しいと感じた瞬間こそ、行動に移す瞬間でもある。まさにその瞬間に始めることだ。

だから善は急ぎ、よからぬことは先に延ばすことを心にとめておきなさい。また、善や真理の実験のためにあなたに与えた鍵は、知的な教義ではないということも、心にとめておきなさい。言い換えるなら、わたしは教義を説明することに興味はない。わたしは、学究的なことには興味がない。わたしはあなたに実行してもらうために、こうした鍵について話したのだ。そしてもし実行に移すなら、それらはあなたに何かをしてくれる。実行する用意があるのなら、これらの鍵はあなたを助けてくれる。そして、それらを用いるなら、それらはあなたを変容させるだろう。こうした鍵は非常に生き生きとしていて、炎のようだ。それらを少しでも燃え立たせたら、あなたは自分の中に、新しい人間の誕生を体験するだろう。

わたしたちは両親から最初の誕生を授かる。それは誕生ではなく、もうひとつの新しい死の到来でしかない。それは、死で終わるもうひとつのサイクルだ。誕生ではなく、新たな身体を得ることにすぎない。

両親から授かるのではない、もうひとつの誕生がある。ただし、それは瞑想を通して起こる。それこそ真の誕生だ。この誕生ののちに、はじめて人はドゥウィジャ、二度生まれた者になる。人は、自らにこの誕生を授けなければならない。だから、自分の内側でこの第二の誕生を知るまでは満足してはいけないし、休息してもいけない。それまでは、内側でいかなるエネルギーも、眠ったままであってはならない。あらんかぎりのエネルギーを集め、動きはじめなさい!

わたしがあなたに与えたいくつかの鍵について、あなたが決意を持って懸命に取り組むなら、すぐに内側に新しい人間が生まれつつあること——まったく新しい人間の誕生に気づくだろう。この新しい人間が内側に生まれるのに比例して、外側の世界も新しくなる。

わたしたちに見る眼や受けとめるハートさえあれば、世の中には素晴らしい光が、まばゆい輝きが、途方もない美しさがある。そして、その見る眼や受けとめるハートは、あなたの中に生まれ得る。そしてこれこそ、わたしがこの三日間、こうしたすべてをあなたがたと分かち合ってきた理由にほかならない。


ある意味で、要点はさほど多くない——実のところ、ほんのわずかだ。わたしは、ただふたつの点を話したにすぎない——生は純粋であれ、意識は空《くう》であれということだ。わたしはこの二点しか話さなかった——生は純粋であれ、意識は空《くう》であれ。実のところ、わたしが話したのはただひとつ——意識は空であれ、ということだ。生の浄化こそ、このための唯一の土台だ。

意識が空であるとき、その空は存在の隠された秘密を看破する能力を、あなたに与えてくれる。するとあなたは、葉を葉としては見ない……葉の内側の生命が見えるようになる。そして大洋の波を波としては見ない——波を生み出すものを見はじめる。そして人々の身体を見るのではなく、その身体に脈打つ生命を感じはじめる。あなたが感じはじめるその驚きや奇跡を、言い表すすべはない。

わたしは、この神秘へと向かうために、あなたがたをここに招待し、呼び寄せた。そしてこの神秘を体験するための鍵を、いくつか与えた。これらの鍵は不滅だ。これらの鍵はわたしのものでも、ほかの誰のものでもなく、永遠なるものだ。人間が存在するかぎり、人間が神性への渇望を抱いているかぎり、こうした鍵は用意されてきた。それらは特定のいかなる宗教とも無関係であり、いかなる教典とも無関係だ――それらは永遠なるものだ。こうした鍵は、教典や宗教がある前からすでに存在していた。そして、明日あらゆる宗教や教典が滅んだとしても、寺院やモスクがすべて崩れ落ちたとしても、こうした鍵は存在し続けるだろう。

宗教は不滅だ。宗派は作られ消えていくが、宗教は不滅だ。教典は記され風化していくが、宗教は不滅だ。ティールタンカラやパイガンバーラたちは、生まれては消え去っていく。

わたしたちがクリシュナや、マハヴィーラや、キリストや、仏陀がいたことを忘れてしまう時が来るかもしれない――だが、宗教は滅びないだろう。人が内側に至福への渇きや探求を抱いているかぎり、不幸を克服したいと思っているかぎり、宗教は滅びないだろう。

あなたが不幸で、それを自覚していたら、その苦しみに耐え続けていてはいけない。それとともに生きていてはいけない。苦しみに立ち向かい、それを取り除くために何かをしなさい。普通の人が苦しんでいるときにすることと、瞑想者が苦しんでいるときにすることには、ほんのわずかしか違いはない。普通の人が苦しんでいるとき、彼はそれを忘れる方法を探す。瞑想者が苦しんでいるとき、彼は痛みを打ち砕く方法を探す。世の中には二種類の人間しかいない――ひとつは痛みや苦しみを忘れる方法を探す人、もうひとつは痛みや苦しみを打ち砕く方法を探す人だ。わたしはあなたがたが一番目ではなく、二番目のグループに属していることを祈る。

痛みを忘れようとすることは、一種の無意識だ。あなたは一日二十四時間、痛みを忘れる方法を探している。内側に多くの痛みを抱えていることを忘れるために、人と話したり、音楽を聴いたり、酒を飲んだり、トランプをしたり、かけ事をしたり、自分を忘れられるような、何らかの悪さに熱中したりしている。

あなたは一日二十四時間、自分を忘れる方法を探している。見ると怖いから、あなたは痛みを見たがらない。だから、ありとあらゆることをして痛みを忘れ、痛みを隠す。だがこの痛みは、忘れたら消え去っていくものではない。傷を隠すことで癒えることはないのと同様に、痛みは忘れることで消え去りはしない。美しい服で覆っても、何も変わらない。それどころか美しい服で覆うと、それらは毒となり致命的になる。

だから、傷を隠してはいけない。覆いを払い、痛みに直面しなさい。忘れようとしてはいけない――覆いを払い、それを知り、打ち砕く方法を見つけなさい。積極的に痛みを打ち砕こうと試み、それを忘れない人だけが、生の神秘を知ることができる。

わたしは二種類の人しかいないと言った。わたしは、痛みを打ち砕く方法を探している人を、宗教的と呼ぶ。痛みを忘れる方法を探している人は、非宗教的と呼ぶ。自分のしていることを見つめてごらん――痛みを忘れる方法を探しているかね？　痛みを忘れようとする方法がすべて奪われたら、あなたはいっそう惨めになるだろう。

昔、たまたま大臣の一人が王様に言った。「人を隔離して監禁したら、三ヶ月以内に気が狂うでしょう」

王様は言った。「いい食事や、よい衣服を与えても気が狂うというのかね？」

大臣は言った。「それでも気が狂うのです。なぜでしょう？——それは、その孤独の中で自分の痛みを忘れることができなくなるからです」

そこで王様は言った。「やってみよう。村でいちばん健康で、若くて、幸せな者を囚人にしろ」

村には、その美しさと健やかさで有名な若者がいた。この若者は捕らえられ、独房に監禁された。あらゆる快適さや便利さ、いい食事や、よい衣服が彼にあてがわれた。だが、時間をつぶすものは何も与えられなかった。彼が所有したのは、壁と空っぽの部屋だけだった。さらに、そこに配置された監視人は、彼の言葉を理解せず、話しもしなかった。食事が与えられ、水が与えられたが、彼は監禁されていた。一日か二日のあいだ、彼はなぜ自分は閉じ込められているのだと本当に叫び、大騒ぎした。彼は数日間、食事をとらなかった。だが次第に叫ぶのをやめ、食事をとり始めた。五日か七日たつと、孤独の中で、座って自分に話しかけているのが見受けられた。大臣は、窓越しに彼を王様に見せた。「わかりますか。いま、彼は忘却のための最後の手段を試みています——自分に話しかけているのです」

そばに誰もいないと、あなたは自分に話しはじめる。人は往々にして、年をとるにつれて独り言を言いはじめる。若い時分は閉じられているが、年をとるにつれ、昼はあたかも生気を得るようだ――彼らは独り言を言いはじめる。あなたは、独り言を言いながら通りを歩いている人を見たことがあるに違いない。彼らは何をしているのだろう？――自分を忘れようとしているのだ。

この若者は三ヶ月監禁されていた。三ヶ月後に解放されると、彼は狂っていた。彼が狂ったことは、何を意味するだろう？　それは、彼が自分の周りに空想の世界をつくり出したということだ。彼には友人や敵がおり、彼らと喧嘩をしたり、話したりしていた。彼の狂気は何を意味するのか？――それは、現実の世界がなかったということだ。喧嘩をする相手も、話す相手もいなかったから、彼は自分の周りに空想の世界をつくり出した。すると彼は、もはや現実の世界とは無関係になった――彼は自分のことを忘れられる、自分だけの世界をつくったのだ。

この若者は気が狂った。店や仕事に出かける必要がなくなったり、朝、誰とも喧嘩する必要がなくなったり、朝起きてすぐ馬鹿げたことから逃れられず、無意味な活動に携わったりしていたら、誰もが狂うだろう。一日二十四時間、何の気晴らしもなく完全に独りにされたら、あなたは気が狂うだろう。内側の痛みが見えないのは、こうした気晴らしのおかげだ。この痛みがすべて見えたら、あなたは自殺を企てるか、自分を忘れるための想像力を使って、狂う道を見つけるだろう。

宗教的な人とは、仮に独りにされても、まったく独りにされても、痛みを感じないし、逃げ道を探すこともない人だ。

かつて、ドイツにエクハルトという名の僧侶がいた。ある日、彼は林に行き、木の下に独りで座っていた。彼の数名の友人も、林を歩いていた。エクハルトが独りでいるのを見ると、彼らは彼のところへ行って言った。「友よ、わたしたちはあなたがここで独り座っているのを見た。だからわたしたちもあなたのところに行って、仲間に入ろうと思ったのだ」

エクハルトは彼らを見て言った。「友よ、いままでわたしは神とともにいた。あなたたちが来たので、わたしはさみしくなってしまったよ」

彼の言葉は実に素晴らしい！　あなたはちょうどその反対だ――自分自身といなくてすむように、一日二十四時間、誰かとともにいる。自分自身と出会わないように、誰かとともにいる。あなたは自分を恐れている――この世の誰もが自分を恐れている。この自分に対する恐れは、危険なものだ。

わたしが話してきた鍵は、あなたを自己に引き合わせ、この恐れを打ち破るためのものだ。そうすれば、この惑星で完全に独りになっても、まったく独りになったとしても、地球全体が人々で溢れているかのように、あなたは至福に満ちた境地にいるだろう。完全に独りでも、周りに人がいるときと同じ至福の中にいるだろう。独りあることの至福を体験した人だけが、死を恐れない――なぜなら、死はあなたを完全に独りにするからだ。それ以外に何ができるだろう？　あなたがそれほどまでに死を恐れる唯一の理由は、あなたが存在せず、群衆だけが存在してきたからだ。だが、死は群衆を奪い去る――あらゆる関係性を奪い去り、あなたはまったく独りで残される――そして、孤独が恐れをもたらすのだ。

この三日のあいだにわたしたちが瞑想について話してきたことはすべて、基本的に、まったく独りになる中で、完全に独りあることへと向かう実験だ。あなたは、自分だけが存在し、ほかには誰もいない中心へと、向かわなければならない。

そしてこの中心は素晴らしい。この中心を体験する人は、大洋の下の深みを体験するだろう。あなたは大洋の波に浮いているにすぎない。この波の下には、いまだかつて波が行ったことのない、波が立ち入ったことのない無限の深みが隠されている。そのことにあなたは気づいていない。

あなたの内側には、さまざまな深みがある。独りあることの中で、人々から遠ざかって自己の中へ入っていけばいくほど、他者を振り切って自己の内側へ歩んでいけばいくほど、あなたはますます自己の中へ深く入っていく。そして、これは大いなる神秘なのだが、自己の内側へ入っていけばいくほど、外側の生ではさらなる高みへと至るのだ。

それは数学の原理だ。自己の内側へより深く進むほどに、外側の生ではさらなる高みを体験する。自己の内側へ深く進まなければ、外側の高みはさして高くない。これは数学の原理だ。自己の内側へ深く進むことがまったくなかった人は、外側では何の高みも持ち合わせないだろう。自己の内面に深みを持ち、その深みの結果、外側にも高みを持つようになった人を、わたしたちは偉大だと言う。

だから生において高みを望むなら、自己の内側へ深く進まなければならない。あなたの深みの源泉はサマーディだ。サマーディは究極の深みだ。

サマーディに向かっていかに歩むかについて、わたしはいくつかのことを話した――いかに自己を鍛錬するか、いかに自己を涵養するか、そして神性の花を咲かせる種をいかに蒔くか。しかし、ほんの少しでもあなたのマインドに引っ掛かる事柄があるなら、あなたのハートという土壌に一粒でも種が落ちるなら、必ずそれは発芽し、あなたに新しい生の体験を授けてくれるだろう。

これまで生きてきたとおりに生き続けようとする欲望は、落としてしまいなさい。そこには何の意味もない。あなたの生に、何か新しいもののためのスペースをつくりなさい。これまでどおりに生き続けるのなら、唯一の結果は死だ。

この欲求、この餓《かつ》えが、内側に生まれなければならない。これ以外に、わたしがあなたに望むことはない。普通人々は、宗教とは充足だと言う。だがわたしは、宗教的な人こそ餓えを抱くと言う。生におけるすべては、彼らの中に餓えを生み出すばかりだ。そして、そのときはじめて彼らは宗教へと目を向けはじめる。

だから、わたしはあなたに充足してほしくない。満足してほしくはない。飽き足らず、まったく飽き足らないでいてほしい。ハートの全細胞に、魂の全細胞に餓えを抱かせなさい――神性に餓え、真理に餓えるのだ。この餓えの炎の中で、あなたは新たな誕生を迎える。
この新たな誕生に向けて、一瞬たりとも無駄にしてはいけない。その妨げになる時間をつくらないように。この新しい誕生のために、また、心にとめておきなさい……。

昨日、ある人が尋ねていた。

こうした瞑想のために、わたしたちは世間を放棄しなければならないのでしょうか？　サニヤシンになる必要があるのでしょうか？　この空《くう》を実践すると、家庭や世間に何が起こるでしょう？

この最後の日に際して、この点について話すのは重要なことだ。わたしはあなたに言おう。宗教は家庭や世間に背くものではない。宗教は家庭や世間に反目するものではない。過去数十年、数世紀にわたって、あなたのマインドに根づいてきたこの考えは、あなたと宗教の双方に、ひどく害を与えてきた。
宗教は世間に背くものではない。宗教は家庭に背くものではない。宗教は、すべてを捨てて遁世することとは無関係だ。宗教とは、あなたの意識の変容だ。外側の環境とは無関係で、あなたのマインドの状態に関わるものなのだ。それは環境の変化ではなく、マインドの変化の問題だ。あなたは自分自身を変えるのだ。

外側の世界から逃げることで変容する人はいない。憎しみに満ちていたら、わたしは林で何をするだろう？――わたしはそこでも憎しみに満ちているだろう。エゴでいっぱいなら、わたしは山で何をするだろう？――わたしは依然としてエゴでいっぱいで、その上、別の危険があるだろう。社会や群衆の中で暮らしているかぎり、あなたは日々、自分のエゴに出くわす。しかし、ヒマラヤの冷気の中で山上に座っていると、そこには誰もおらず、自分のエゴに気づくことはない。そして、気づかないでいることは、エゴが消え去ることとはまったく別物だ。

あるサドゥーの話を聞いたことがある。彼は三十年ヒマラヤにいて、その三十年のあいだに自分は完全に沈黙し、エゴは消え去ったと感じた。すると弟子たちが言った。「谷間で宗教祭があります。あなたに来ていただきたいのですが」

そこで彼らは山を降りて祭りに行った。しかし彼らが人込みの中に入ると、見知らぬ人がサドゥーの足を踏んだ。彼は、怒りやエゴが再び湧き上がるのに、すぐ気づいた。彼は驚いた――「わたしの足を踏んだ見知らぬ人は、ヒマラヤが三十年かけても教えてくれなかったことを教えてくれた」

だから、逃避は的はずれだ。遁世する必要はない。変容することだ。そして、逃避を人生の鍵とせず、むしろ変容を人生の鍵としなさい。宗教が現実逃避に基づくものになるとき、それは生気を失う。宗教が変容に基づくものになるとき、それは再び生命力を取り戻す。覚えておきなさい。変えるべきは、環境ではなく自分自身だ。

環境を変えるのは無意味だ。環境を変えるのは欺くことだ。なぜなら、そうすれば、あることに気づかないで済むからだ。新しい環境、新しい静かな雰囲気の中では、自分は沈黙したと考えはじめるかもしれない。

好ましくない環境では存続できないような沈黙は、まったく沈黙などではない。だから知性ある人は、好ましくない環境で沈黙を実践することを選ぶ。なぜなら、こうした好ましくない環境の中で沈黙を達成したら、それこそ本物の沈黙だからだ。

だから、生から逃げることは問題外だ。生を試練と見なしなさい。そして、周りの人すべてが自分を助けてくれることを覚えておきなさい。朝あなたを罵倒した人も、あなたを助けている――彼はあなたに機会を与えてくれた。あなたが望むなら、自分の中に愛を見出すことができる。あなたに対して怒りを表す人も、あなたを助けている。批評する人も助けてくれている。あなたの全身に泥をはねかける人も、あなたを助けている。あなたの道に荊《いばら》を敷く人も、あなたを助けている。なぜなら、それもまた機会であり、試練だからだ。それを越えられたら、あなたは彼に恩義を感じるだろう。この世で聖人が教えられないことを、あなたの敵が教えてくれる。
もう一度言おう――この世で聖人が教えられないことを、あなたの敵が教えてくれる。あなたが明敏で、学ぶ知性を持っているなら、生のありとあらゆる石くれから、梯子をつくることができる。

しかし無知な人々は、踏み石さえも障害物だと思い、立ち止まってしまう。あなたが知性的なら、どんな石でも踏み石にできる。あなたが知性的なら、あらゆる石が階段になり得る。

このことについて少し考えてごらん。あなたの家や家族や、障害物のように見えるもの――あなたは、それらが自分の沈黙を妨げていると思っている――それをみな、あなたの瞑想の中心にしなさい。すると、まさにそれが、あなたの沈黙を助けてくれているとわかるだろう。あなたを沈黙させないものは何だろう？　家庭内の障害物とは何だろう？　何があなたを妨げるのか？　それを踏み石にする方法があるかどうか、ちょっと考えてみなさい。方法は必ずある。それについて考え、理解するなら、あなたは道を見出すだろう。

家庭を捨てたら沈黙し、真理を体験する――この論理はいったい何だろう？　そこに真の論理はない。自分の生、自分のマインドを正しく理解するよう努めなさい。そして、周りの環境をすべて利用しなさい。だが、あなたは何をしているのか？　あなたはこうした環境を利用せず、それどころか環境のほうがあなたを利用している。あなたは自らの一生を見失ったままだ。というのも、あなたは環境を利用せず、環境のほうがあなたを利用するのを許しているからだ。そしてあなたは反応し続け、決して行動を起こさない――だから見失い続ける。

あなたがわたしを侮辱すると、わたしはすぐにもっと手厳しくあなたを侮辱する。あなたがわたしを罵倒すれば、わたしはもっと口汚ない言葉を使って、さらにあなたを罵倒する。そして、自分がただ反応しただけだとは思わない。悪口がひとつ浴びせられたから、ふたつお返しする。これは行動ではなく、反応だ。

自分の生活を二十四時間見つめたら、反応しかないのに気づくだろう。誰かが何かをすると、あなたはそれに反応して何かをする。尋ねるが、あなたは反応以外のことをするだろうか？　何かへの返答ではないこと、反応から生じたものではないこと、反応とは異なる行動というものを、することはあるかね？　これが行動の原則だ。

それについて考えるなら、自分が一日二十四時間、反応していることがわかるだろう。ほかの人が何かをすると、反応して何かをする。ほかならぬあなたが為すこと、あなたの内側に端を発すること、あなたの内側に生まれたことを実行したことはあるだろうか？　ちょっとそれを見つめ、それに瞑想してごらん……そうすれば、まさに家族や家庭や世間の中にいて、あなたはサニヤスを成就する。

サニヤスは、世間に対抗するものではない。サニヤスとは世の浄化だ。あなたが世間にいて純粋になっていくなら、ある日、自分がサニヤシンになったことを知るだろう。サニヤシンになることは、衣服を変えることではない……衣服を変えればサニヤシンになるわけではない。サニヤスとは変容であり、あなたの実存全体の開発だ。サニヤスとは成長だ。それはゆっくりとした、非常にゆっくりとした成長なのだ。

どんな状況が起ころうと、それを利用して自分の生を正しく用いるなら、徐々に自分の中にサニヤシンが生まれつつあるのに気づくだろう。それは、あなたのあり方について考えることであり、それを純粋に、空っぽにすることだ。

自分の内側を見つめ、あなたのどんなあり方が、自らを世俗的にしているかを見定めなさい。覚えておくことだ。あなたを世俗的にしているのは、他人ではない。あなたは家族とともにいる……さて、どうして父親や妻があなたを世俗的にできるのかね？　あなたは、父親や妻に抱いている執着という感情のせいで、世俗的になっているのだ。

妻から逃げたら、何が起こるだろう？——こうした執着は、あなたについて回る。執着からは誰も逃れられない。もし逃れられるなら、人生はいともたやすいだろう。しかし逃走すると、ちょうど影が従うように、あらゆる執着があなたについて来る——あなたはそれを何か別なものに押しつけ、どこか別のところに、新しい所帯をつくり出すだろう。

あなたのいわゆる偉大なサニヤシンたちでさえ、大所帯を成して終わる。彼らは自分の所帯を持ち、新たな執着、新たな熱中の対象が生まれる。そして再び、幸福と悲しみの狭間で生きはじめる。というのも、彼らは新しい場所に行くにも、こうした執着を持ち運ぶからだ。何の違いも生まれない。人は変わっても、こうした物事は同じままだ。

だからわたしは、物事を捨てて逃げなさいとは言わない。わたしは、そのあり方を捨てなさいと言う。物事は変わらないが、あなたのあり方は変わる――するとあなたは自由になる。

昔、日本に殿様がいた。この殿様の村はずれで、ある遊行者《サニヤシン》が木の下に横たわりながら、しばらく暮らしていた。彼はたぐい稀な遊行者だった――彼は、溢れんばかりの恩寵や輝き、そして光を放っていた。彼の生には溢れんばかりの芳香が漂っていた！　次第に、殿様はこの磁力に引き付けられるようになり、彼に会いにいった。殿様は、彼が横たわっているのを何日も眺め、しばしば彼の足元に行っては座った。遊行者の影響はだんだん強まり、ある日殿様は彼に言った。「この木のもとを去り、わたしと一緒に城にいらっしゃいませんか？」

遊行者は言った。「お好きなように。わたしはどこへでも行こう」

殿様は少し驚いた。そのころ感じていた尊敬の念が、ショックを受けた。彼は遊行者が、「城だと？　でもわたしは遊行者だ。わたしが城で何をするというのだ？」と言うだろうと思っていたのだ。

これは、その遊行者がまね事でしかない遊行者なら、たいてい言うことだった。彼らは、「わたしたち遊行者は城とは無縁だ。わたしたちはそれを落としてしまった」と答えるだろう。しかしこの遊行者は、「お好きなように。わたしはどこへでも行こう」と言ったのだ。

殿様はショックだった。そして、「これはまた、何という遊行者だろう？」と思った。

しかし自分で招待したものだから、取り下げるわけにはいかなかった。殿様は彼を連れていくことになった。こうして遊行者は、殿様とともに出かけた。殿様は自分にするのと同じように、彼のために必要な手配をすべて整えた。遊行者はそこで暮らし始め、生活を楽しんだ。大きな寝床がつくられ、彼はそこで眠った。大きな絨毯が敷かれ、彼はその上を歩いた。おいしい食事が饗せられ、彼はそれを食べた。殿様はもはや疑うことなく確信した。彼は思った。「これはまた、何という遊行者だろう？　自分はあのような布団の上では眠れない、板の上でしか眠れないとは、ただの一度も言わなかった。自分はこんなおいしい食事は食べられない、ごく質素な食事しか食べられないとは、ただの一度も言わなかった」

彼の生活の面倒をみるのは、殿様にとってますます難しくなってきた。一週間か十日もたたないうちに、殿様は彼に言った。「申し訳ありませんが、わたしは不信感を抱いています」

すると遊行者は言った。「それはいまにかぎったことではない。自分と一緒に来てくれとわたしに頼んだ日に、すでに存在していた。この不信感は、いまに始まったことではない。あの日、すでに始まっていたのだ。だが、教えてほしい。その不信感とは何だ？」

すると殿様は彼に言った。「不信感とは、あなたがいったいどんな遊行者なのか？　そして遊行者であるあなたと、俗人であるわたしにどんな違いがあるのか？　ということです」

遊行者は言った。「違いを理解したいのなら、わたしと一緒に村のはずれに来なさい」

殿様は言った。「わたしは知りたい。この不信感のせいで、わたしのマインドはひどく掻き乱されています。いまでは睡眠まで妨害されているのです。あなたが木の下にいたときのほうがよかった。そのときわたしは、あなたを尊敬していました。いまではあなたは城にいて、わたしの尊敬の念は消えてしまいました」

そこで遊行者《サニヤシン》は、殿様を村はずれへ連れていった。村境の川を渡り、彼らは歩き続けた。そして殿様は言った。「どうか、もう教えてください」

しかし遊行者は言った。「もう少し歩こう」

とても暑くなりはじめた。真昼で、太陽は頭上にあった。殿様は言った。「ともかく、いま教えてください。ずいぶん遠くまで来てしまいました」

遊行者は言った。「これこそ、わたしの言いたいことだ――わたしはもう戻らず、歩き続けるつもりだ。わたしと一緒に来るかね？」

すると殿様は言った。「どうしてあなたと一緒に行けるでしょう？　家族や妻や、自分の領地を残してきてしまいました」

だが、遊行者は彼に言った。「違いが見られるのなら、見なさい。わたしは進み続ける。わたしはあとに何も残してこなかった。城にいたとき、わたしは城の中にいたが、城はわたしの中にはなかった。城の内側にいたが、城はわたしの内側にはなかった。だからわたしは、いま進んでいけるのだ」

殿様は彼の足元にくずれ落ちた。不信感は晴れた。彼は言った。「お許しください！　わたしは生涯、後悔します。どうかお戻りください」

遊行者は言った。「わたしはいまでも戻れるが、あなたの不信感も戻ってくるだろう。進まずに戻っても、わたしはいっこうに構わない。わたしは戻ってもいい――しかし、あなたの不信感が再び戻ってくるだろう。あなたへの慈悲から、わたしは進み続けるつもりだ」

彼の言った言葉は、覚えておく価値がある。彼は言った。「あなたへの慈悲から、わたしはいま、進み続ける。わたしの慈悲が進めと言っている」

だから注意してほしい。マハヴィーラの裸身は、裸になりたい衝動からというよりは、あなたへの慈悲から来るものだ。では、林に横たわる真の遊行者《サニヤシン》はどうか？――それは、林の中で横たわることへの執着によるものというより、あなたへの慈悲から来るものだ。そして、裸になって一軒ごとに托鉢しに行くのは、物を請う欲望というよりは、あなたへの慈悲から来るものだ。そうでなければ、物乞いをする代わりにあなたの家に住み、屋外の道で眠る代わりに城で眠ることもできるだろう。

それは、サニヤシンにとってはどうでもいいことだ。そう、偽のサニヤシンにとっては、大いに問題だが。

真のサニヤシンにとって、それはどうでもいいことだ。なぜなら、彼の意識の中には、何も入り込まないのだから。物事はそれぞれの場所にある。城の壁はあるべきところにあり、わたしたちが座っているクッションも、あるべきところにある。それらが意識に入り込まないのなら、わたしは心を動かされない。わたしはそれらから遠く離れている。

わたしは、あなたがいるところから立ち去りなさいとは言わない。自分を変えなさいと言っているだけだ。あなたがいるところから、逃れなさいとは言わない。弱い人は逃げる。わたしはあなたに変わりなさいと言う——その変化は本物だ。

マインドの状態に気づき、それを変えるよう試みはじめなさい。どの一面でもいいから取り上げ、そこから取り組みはじめなさい。大洋は一滴ずつ満たされる。少しずつ歩けば、神性は見出せる。一度に一歩だけ進みなさい。それ以上のことをしなさいと言うつもりはない。単純に一度に一歩進めば、神性は見つかる。能力がないとか、到達できないなどと思ってはいけない。

ある人がわたしに言っていた。「わたしは弱く、さほど能力もありません。どうやったら到達できるのでしょう?」

いかに弱かろうと、誰でも一歩進むことは可能だ。わたしがあなたに本当に言うべきことは……もっとも有能な人でも、一度に一歩より多く進めたか? ということだ。もっとも有能な人でも、一度に一歩より多くは進めなかった。そして、一度に一歩進むことは誰にでもできる。

だから踏み出しなさい。そしてもう一歩踏み出しなさい。あなたは常に一歩だけ進めばいい。しかし、一度にほんの一歩でも進み続ける者は、無限の距離を踏破するだろう。そして、一度に一歩進んでも、たいしたことは起こるまいと思って踏み出さない者は、決してどこにも辿り着かない。

だからわたしは、その一歩を踏み出しなさいとあなたを招く。あなたがたはわたしの話を、あふれる愛と強い忍耐を持って聞いてくれた。わたしは大きな歓びを感じ、それに感謝している。あなたがたに感謝を捧げる。わたしに与えてくれた、あなたがたのハートのスペースに対して、厚く感謝する。だからどうか、言い尽くせないほどのわたしの感謝と愛を、受け取ってほしい。


では、今日の最後の瞑想の実験のために座ろう。それから、さよならを言って帰る。わたしは、この望みとともに、さよならを言う——再び会うときは、あなたの沈黙が深まり、至福が育ち、踏み出してほしいと願ったステップをあなたが踏み出し、数滴の神酒《ネクター》があなたの中に入り込み、あなたが不死性に近づいているのが見られるように。少なくとも一歩踏み出す能力を、神性があなたに授けてくれるように。そのあとの次の一歩は、おのずと起こるだろう。

夜の瞑想のあと、わたしたちは静かに立ち去る。わたしは五時に発つので、朝はあなたがたに会えないだろう。だからこれが、最後の挨拶となる。

あなたの中に住まう神性へのわたしの挨拶を、一人一人がどうか受けてほしい。どうかわたしの挨拶を、受け取ってほしい。

瞑想の道──ディヤン・スートラ新装版

二〇十七年十一月十五日　新装版第一刷発行

講　話■ＯＳＨＯ
翻　訳■マ・アナンド・ムグダ
照　校■マ・ジヴァン・アナンディ
装幀・カバー写真■スワミ・アドヴァイト・タブダール
発行者■マ・ギャン・パトラ
発　行■市民出版社
〒一六八─〇〇七一
東京都杉並区高井戸西二─十二─二〇
電　話〇三─三三三三─九三八四
ＦＡＸ〇三─三三三四─七二八九
郵便振替口座：〇〇一七〇─四─七六三一〇五
e-mail：info@shimin.com
http://www.shimin.com
印刷所■シナノ印刷株式会社
Printed in Japan
ISBN978-4-88178-259-0 C0010 ¥2200E

●著者（OSHO）について

OSHOの説くことは、個人レベルの探求から、今日の社会が直面している社会的あるいは政治的な最も緊急な問題の全般に及び、分類の域を越えています。彼の本は著述されたものではなく、さまざまな国から訪れた聴き手に向けて、即興でなされた講話のオーディオやビデオの記録から書き起こされたものです。

OSHOは、「私はあなたがただけに向けて話しているのではない、将来の世代に向けても話しているのだ」と語ります。OSHOはロンドンの「サンデー・タイムス」によって『二十世紀をつくった千人』の一人として、また米国の作家トム・ロビンスによって『イエス・キリスト以来、最も危険な人物』として評されています。

また、インドのサンデーミッドデイ誌はガンジー、ネルー、ブッダと共に、インドの運命を変えた十人の人物に選んでいます。

OSHOは自らのワークについて、自分の役割は新しい人類が誕生するための状況をつくることだと語っています。彼はしばしば、この新しい人類を「ゾルバ・ザ・ブッダ」――ギリシャ人ゾルバの世俗的な享楽と、ゴータマ・ブッダの沈黙の静穏さの両方を享受できる存在として描き出します。

OSHOのワークのあらゆる側面を糸のように貫いて流れるものは、東洋の時を越えた英知と、西洋の科学技術の最高の可能性を包含する展望です。

OSHOはまた、内なる変容の科学への革命的な寄与――加速する現代生活を踏まえた瞑想へのアプローチによっても知られています。その独特な「活動的瞑想法《アクティブメディテーション》」は、まず心身に溜まった緊張を解放することによって、思考から自由でリラックスした瞑想の境地を、より容易に体験できるよう構成されています。

●より詳しい情報については　http:// **www.osho.com**　をご覧下さい。

多国語による総合的なウェブ・サイトで、ＯＳＨＯの書籍、雑誌、オーディオやビデオによるＯＳＨＯの講話、英語とヒンディー語のＯＳＨＯライブラリーのテキストアーカイブやＯＳＨＯ瞑想の広範囲な情報を含んでいます。

ＯＳＨＯマルチバーシティのプログラムスケジュールと、ＯＳＨＯインターナショナル・メディテーションリゾートについての情報が見つかります。

●ウェブサイト

http://.osho.com/Resort

http://.osho.com/AllAboutOSHO

http://www.youtube.com/OSHOinternational

http://www.Twitter.com/OSHOtimes

http://www.facebook.com/pages/OSHO.International

◆問い合わせ　Osho International Foundation ; www.osho.com/oshointernational,
oshointernational@oshointernational.com

●ＯＳＨＯインターナショナル・メディテーション・リゾート

場所：インドのムンバイから百マイル（約百六十キロ）東南に位置する、発展する近代都市プネーにあるＯＳＨＯインターナショナル・メディテーション・リゾートは、通常とはちょっと異なる保養地です。すばらしい並木のある住宅区域の中にあり、二十八エーカーを超える壮大な庭園が広がっています。

ＯＳＨＯ瞑想：あらゆるタイプの人々を対象としたスケジュールが一日中組まれています。それには、活動的であったり、そうでなかったり、伝統的であったり、画期的であったりする技法、そして特にＯＳＨＯの活動的《アクティブ》な瞑想が含まれています。瞑想は、世界最大の瞑想ホールであるＯＳＨＯオーディトリアムで行なわれます。

マルチバーシティー：個人セッション、各種のコース、ワークショップがあり、それらは創造的芸術からホリスティック健康管理、個人的な変容、人間関係や人生の移り変わり、瞑想としての仕事、秘教的科学、そしてスポーツやレクリエーションに対する禅的アプローチなど、あらゆるものが網羅されています。マルチバーシティーの成功の秘訣は、すべてのプログラムが瞑想と結びついている事にあり、私達が、部分部分の集まりよりもはるかに大きな存在であるという理解を促します。

バショウ（芭蕉）・スパ：快適なバショウ・スパは、木々と熱帯植物に囲まれた、ゆったりできる屋外水泳プールを提供しています。独特のスタイルを持った、ゆったりしたジャグジー、サウナ、ジム、テニスコート……そのとても魅力的で美しい環境が、すべてをより快適なものにしています。

料理：多様で異なった食事の場所では、おいしい西洋やアジアの、そしてインドの菜食料理を提供しています。それらのほとんどは、特別に瞑想リゾートのために有機栽培されたものです。パンとケーキは、リゾート内のベーカリーで焼かれています。

ナイトライフ：夜のイベントはたくさんあり、その一番人気はダンスです。その他には、夜の星々の下での満月の日の瞑想、バラエティーショー、音楽演奏、そして毎日の瞑想が含まれています。

あるいは、プラザ・カフェでただ人々と会って楽しむこともできるし、このおとぎ話のような環境にある庭園の、夜の静けさの中で散歩もできます。

設備：基本的な必需品のすべてと洗面用具類は、「ガレリア」で買うことができます。「マルチメディア・ギャラリー」では、ＯＳＨＯのあらゆるメディア関係の品物が売られています。また銀行、旅行代理店、そしてインターネットカフェもあります。ショッピング好きな方には、プネーはあらゆる選択肢を与えてくれます。伝統的で民族的なインド製品から、すべての世界的ブランドのお店まであります。

宿泊：ＯＳＨＯゲストハウスの上品な部屋に宿泊する選択もできますし、より長期の滞在には、住み込みで働くプログラム・パッケージの一つを選べます。さらに、多種多様な近隣のホテルや便利なアパートもあります。

www.osho.com/meditationresort
www.osho.com/guesthouse
www.osho.com/livingin

日本各地の主なOSHO瞑想センター

OSHOに関する情報をさらに知りたい方、実際に瞑想を体験してみたい方は、お近くのOSHO瞑想センターにお問い合わせ下さい。

参考までに、各地の主なOSHO瞑想センターを記載しました。尚、活動内容は各センターによって異なりますので、詳しいことは直接お確かめ下さい。

◆東京◆

・**OSHOサクシン瞑想センター**　Tel & Fax 03-5382-4734
マ・ギャン・パトラ　〒167-0042　東京都杉並区西荻北1-7-19
e-mail osho@sakshin.com　http://www.sakshin.com

・**OSHOジャパン瞑想センター**
マ・デヴァ・アヌパ　Tel 03-3701-3139
〒158-0081　東京都世田谷区深沢5-15-17

◆大阪、兵庫◆

・**OSHOナンディゴーシャインフォメーションセンター**
スワミ・アナンド・ビルー　Tel & Fax 0669-74-6663
〒537-0013　大阪府大阪市東成区大今里南1-2-15 J&Kマンション302

・**OSHOインスティテュート・フォー・トランスフォーメーション**
マ・ジーヴァン・シャンティ、スワミ・サティヤム・アートマラーマ
〒655-0014　兵庫県神戸市垂水区大町2-6-B-143
e-mail j-shanti@titan.ocn.ne.jp　Tel & Fax 078-705-2807

・**OSHOマイトリー瞑想センター**　Tel　0798-55-8722
スワミ・デヴァ・ヴィジェイ
〒662-0016　兵庫県西宮市甲陽園若江町1-19親和マンション101
e-mail vijay1957@me.com　http://mystic.main.jp

・**OSHOターラ瞑想センター**　Tel 090-1226-2461
マ・アトモ・アティモダ
〒662-0018　兵庫県西宮市甲陽園山王町2-46　パインウッド

・**OSHOインスティテュート・フォー・セイクリッド・ムーヴメンツ・ジャパン**
スワミ・アナンド・プラヴァン
〒662-0018　兵庫県西宮市甲陽園山王町2-46　パインウッド
Tel & Fax 0798-73-1143　http://homepage3.nifty.com/MRG/

・**OSHOオーシャニック・インスティテュート** Tel 0797-71-7630
スワミ・アナンド・ラーマ　〒665-0051　兵庫県宝塚市高司1-8-37-301
e-mail oceanic@pop01.odn.ne.jp

◆愛知◆

・**OSHO 庵瞑想センター**　Tel & Fax 0565-63-2758
スワミ・サットゥ・プレム　〒 444-2326 愛知県豊田市国谷町柳ヶ入２番
e-mail satprem@docomo.ne.jp

・**OSHO EVENTS センター**　Tel & Fax 052-702-4128
マ・サンボーディ・ハリマ
〒 465-0058　愛知県名古屋市名東区貴船 2-501 メルローズ 1 号館 301
e-mail: dancingbuddha@magic.odn.ne.jp

◆その他◆

・**OSHO チャンパインフォメーションセンター**　Tel & Fax 011-614-7398
マ・プレム・ウシャ　〒 064-0951　北海道札幌市中央区宮の森一条 7-1-10-703
e-mail ushausha@lapis.plala.or.jp
http:www11.plala.or.jp/premusha/champa/index.html

・**OSHO インフォメーションセンター**　Tel & Fax 0263-46-1403
マ・プレム・ソナ　〒 390-0317　長野県松本市洞 665-1
e-mail sona@mub.biglobe.ne.jp

・**OSHO インフォメーションセンター**　Tel & Fax 0761-43-1523
スワミ・デヴァ・スッコ　〒 923-0000　石川県小松市佐美町申 227

・**OSHO インフォメーションセンター広島**　Tel 082-842-5829
スワミ・ナロパ、マ・ブーティ　〒 739-1733　広島県広島市安佐北区口田南 9-7-31
e-mail prembhuti@blue.ocn.ne.jp http://now.ohah.net/goldenflower

・**OSHO フレグランス瞑想センター**　Tel & Fax 0846-22-3522
スワミ・ディークシャント
〒 725-0023　広島県竹原市田ノ浦 3 丁目 5-6
e-mail: info@osho-fragrance.com http://www.osho-fragrance.com

・**OSHO ウツサヴァ・インフォメーションセンター**　Tel 0974-62-3814
マ・ニルグーノ　〒 878-0005　大分県竹田市大字挟田 2025
e-mail: light@jp.bigplanet.com　http://homepage1.nifty.com/UTSAVA

◆インド・プネー◆

OSHO インターナショナル・メディテーション・リゾート

Osho International Meditation Resort
17 Koregaon Park Pune 411001 (MS) INDIA
Tel 91-20-4019999 Fax 91-20-4019990

http://www.osho.com
e-mail : oshointernational@oshointernational.com

＜OSHO 既刊書籍＞ ■価格は全て税別です。

探求

真理の泉—魂の根底をゆさぶる真理への渇望

人間存在のあらゆる側面に光を当てながら、真理という究極の大海へと立ち向かう、覚者 OSHO の初期講話集。若き OSHO の燃えるような真理への渇望、全身全霊での片時も離れない渇仰が、力強くあなたの魂の根底をゆさぶり、今ここに蘇る。

＜内容＞ ●生を知らずは死なり ●秘教の科学 ●真如の修行 他

■四六判並製 448頁 ¥2,350（税別） 送料 ¥390

奇跡の探求Ⅰ，Ⅱ—内的探求とチャクラの神秘

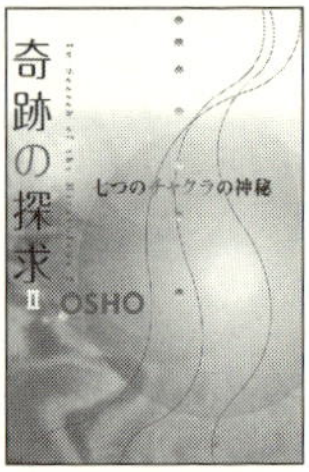

内的探求と変容のプロセスを秘教的領域にまで奥深く踏み込み、説き明かしていく。Ⅱは七つのチャクラと七身体の神秘を語る驚くべき書。男女のエネルギーの性質、クンダリー二、タントラ等について、洞察に次ぐ洞察が全編を貫く。

＜内容＞ ●道行く瞑想者の成熟 ●シャクティパット・生体電気の神秘
●クンダリー二・超越の法則 ●タントラの秘法的側面 他

第Ⅰ巻■四六判上製 488頁 ¥2,800（税別） 送料 ¥390

改装版第Ⅱ巻■四六判並製 488頁 ¥2,450（税別） 送料 ¥390

死ぬこと 生きること—死の怖れを超える真実

OSHO 自身の幽体離脱の体験や、過去生への理解と対応、死におけるエネルギーの実際の変化など、「死」の実体に具体的にせまり、死と生の神秘を濃密に次々と解き明かしていく。 若き OSHO の 力強さ溢れる初期講話録。

「私たちは生きてはいるが、生とは何かを知らない。いったん、私は身体とは別のものだとわかると死は終わる。そして、いったん身体と実存との間の分離がわかると、生の体験が始まる。— OSHO」

＜内容＞ ●生を知らずは死なり ●秘教の科学 ●真如の修行 他

■四六判並製 448頁 ¥2,350（税別） 送料 ¥390

■ 隠された神秘—秘宝の在処—

寺院や巡礼の聖地の科学や本来の意味、占星術の真の目的、神聖なるものとの調和など、いまや覆われてしまった古代からの秘儀や知識を説き明かし、究極の超意識への理解を喚起する貴重な書。 四六判上製 304頁 2,600円（税別）送料 390円

■ 探求の詩（うた）—インドの四大マスターの一人、ゴラクの瞑想の礎

神秘家詩人ゴラクの探求の道。忘れられたダイヤの原石が OSHO によって蘇り、途方もない美と多彩な輝きを放ち始める。小さく窮屈な生が壊れ、あなたは初めて大海と出会う。

四六判並製 608頁 2,500円（税別）送料 390円

■ グレート・チャレンジ —超越への対話—

知られざるイエスの生涯、変容の技法、輪廻について等、多岐に渡る覚者から探求者への、興味深い内面へのメッセージ。和尚自身が前世の死と再誕生について語る。未知なるものへの探求を喚起する珠玉の一冊。 四六判上製 382頁 2,600円（税別）送料 390円

＜OSHO 既刊書籍＞ ■価格は全て税別です。

質疑応答

炎の伝承Ⅰ，Ⅱ — ウルグアイでの珠玉の質疑応答録

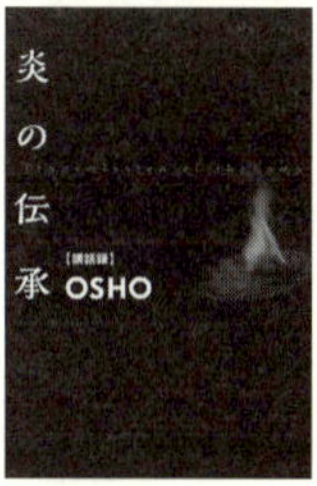

内容の濃さで定評のあるウルグアイでの講話。ひとりの目覚めた人は、全世界を目覚めさせることができる。あたかも炎の灯された１本のロウソクが、その光を失うことなく数多くのロウソクに火を灯せるように……。緊迫した状況での質問に答え、秘教的真理などの広大で多岐に渡る内容を、縦横無尽に語り尽くす。

＜内容＞●純粋な意識は決して狂わない　●それが熟した時ハートは開く
●仏陀の鍋の中のスパイス　●変化は生の法則だ　他

■各四六判並製　各 496 頁　各 ¥2,450（税別）送料 ¥390

究極の錬金術Ⅰ,Ⅱ
— 自己礼拝 ウパニシャッドを語る

苦悩し続ける人間存在の核に迫り、意識の覚醒を常に促し導く炎のような若き OSHO。探求者との質疑応答の中でも、単なる解説ではない時を超えた真実の深みと秘儀が、まさに現前に立ち顕われる壮大な講話録。

＜内容＞●宇宙に消え去る ●光、生命、そして愛
●意志か、明け渡しか ●無欲であること　他

四六判並製Ⅰ：592 頁　2,880 円（税別）送料 390 円
Ⅱ：544 頁　2,800 円（税別）送料 390 円

こころでからだの声を聴く
—ボディマインドバランシング

OSHOが語る実際的身体論。最も身近で未知なる宇宙「身体」について、多彩な角度からその神秘と英知を語り尽くす。そして、緊張・ストレス・不眠・肩凝り・加齢・断食など、人々から寄せられる様々な質問に、ひとつひとつ具体的な対処法を呈示する。（ガイド瞑想CD"Talking to your Body and Mind"付）

A5 判変型並製／ 256 頁　2,400 円（税別）送料 390 円

ガイド瞑想CD付

インナージャーニー
— 内なる旅・自己探求のガイド

マインド（思考）、ハート、そして生エネルギーの中枢である臍という身体の三つのセンターへの働きかけを、心理・肉体の両面から説き明かしていく自己探求のガイド。頭だけで生きて根なし草になってしまった現代人に誘う、根源への気づきと愛の開花への旅。

＜内容＞●身体——最初のステップ ●真の知識 他

四六判並製　304 頁　2,200 円（税別）送料 390 円

新瞑想法入門— OSHO の瞑想法集大成

禅、密教、ヨーガ、タントラ、スーフィなどの古来の瞑想法から、現代人のために編み出された OSHO 独自の方法まで、わかりやすく解説。技法の説明の他にも、瞑想の本質や原理、探求者からの質問にも的確な道を指し示す。真理を求める人々必携の書。

＜内容＞●瞑想とは何か ●初心者への提案　他
●覚醒のための強烈な技法

A ５判並製　520 頁　3,280 円（税別）送料 390 円

アティーシャの知恵の書（上）（下）
—あふれる愛と慈悲・みじめさから至福へ

みじめさを吸収した途端、それは至福に変容される……「これは慈悲の技法だ。あなたの苦しみを吸収し、あなたの祝福を注ぎなさい。 いったんあなたがそれを知るなら人生は天の恵み、祝福だ」——（本文より）

＜内容＞●世界からの追放　●内的錬金術の大学　他

（上）四六判並製　608 頁　2,480 円（税別）　送料 390 円
（下）四六判並製　450 頁　2,380 円（税別）　送料 390 円

愛の道— カビールの講話初邦訳

儀式や偶像に捉われず、ハートで生きた神秘家詩人カビールが、現代の覚者・OSHO と溶け合い、響き合う。機織りの仕事を生涯愛し、存在への深い感謝と明け渡しから自然な生を謳ったカビールの講話、初邦訳。「愛が秘密の鍵だ。愛は神の扉を開ける。——OSHO」

＜内容＞●愛と放棄のハーモニー　●愛はマスターキー他

A5 判並製　360 頁　2,380 円（税別）送料 390 円

魂のヨーガ— パタンジャリのヨーガスートラ

「ヨーガとは、内側へ転じることだ。それは百八十度の方向転換だ。未来へも向かわず、過去へも向かわないとき、あなたは自分自身の内側へ向かう。パタンジャリはまるで科学者のように人間の絶対的な心の法則、真実を明らかにする方法論を、段階的に導き出した——OSHO」

＜内容＞●ヨーガの純粋性 ●苦悩の原因 ●実践と離欲 他

四六判並製 408 頁　2,400 円（税別）送料 390 円

神秘家の道— 覚者が明かす秘教的真理

少人数の探求者のもとで親密に語られた、珠玉の質疑応答録。次々に明かされる秘教的真理、光明の具体的な体験、催眠の意義と過去生への洞察、また、常に真実を追求していた子供時代のエピソードなども合わせ、広大で多岐に渡る内容を、縦横無尽に語り尽くす。

＜内容＞●ハートから旅を始めなさい　他

四六判並製　896 頁　3,580 円（税別）送料 390 円

神秘家 **エンライトメント** ●アシュタバクラの講話	インド古代の12才の覚者・アシュタバクラと比類なき弟子・帝王ジャナクとの対話を題材に、技法なき気づきの道についてOSHOが語る。 ■ A5判並製／504頁／2,800円 〒390円
ラスト・モーニング・スター ●女性覚者ダヤに関する講話	過去と未来の幻想を断ち切り、今この瞬間から生きること――。スピリチュアルな旅への愛と勇気、究極なるものとの最終的な融合を語りながら時を超え死をも超える「永遠」への扉を開く。 ■ 四六判並製／568頁／2,800円 〒390円
シャワリング・ウィズアウト・クラウズ ●女性覚者サハジョの詩	光明を得た女性神秘家サハジョの、「愛の詩」について語られた講話。女性が光明を得る道、女性と男性のエゴの違いや、落とし穴に光を当てる。 ■ 四六判並製／496頁／2,600円 〒390円
禅 **禅宣言** ●OSHO最後の講話	「自分がブッダであることを覚えておくように――サマサティ」この言葉を最後に、OSHOはすべての講話の幕を降ろした。禅を全く新しい視点で捉え、人類の未来に向けた新しい地平を拓く。 ■ 四六判上製／496頁／2,880円 〒390円
無水無月 ●ノーウォーター・ノームーン	禅に関する10の講話集。光明を得た尼僧千代能、白隠、一休などをテーマにした、OSHOならではの卓越した禅への理解とユニークな解釈。OSHOの禅スティック、目覚めへの一撃。 ■ 四六判上製／448頁／2,650円 〒390円
そして花々は降りそそぐ ●パラドックスの妙味・11の禅講話	初期OSHOが語る11の禅講話シリーズ。「たとえ死が迫っていても、師を興奮させるのは不可能だ。彼を驚かせることはできない。完全に開かれた瞬間に彼は生きる」――OSHO ■ 四六判並製／456頁／2,500円 〒390円
インド **私の愛するインド** ●輝ける黄金の断章	光明を得た神秘家や音楽のマスターたちや類まれな詩などの宝庫インド。真の人間性を探求する人々に、永遠への扉であるインドの魅惑に満ちたヴィジョンを、多面的に語る。 ■ A4判変型上製／264頁／2,800円 〒390円
タントラ **サラハの歌** ●タントラ・ヴィジョン新装版	タントラの祖師・サラハを語る。聡明な若者サラハは仏教修行僧となった後、世俗の女性覚者に導かれ光明を得た。サラハが国王のために唄った40の詩を題材に語るタントラの神髄！ ■四六判並製／480頁／2,500円〒390円
タントラの変容 ●タントラ・ヴィジョン 2	光明を得た女性と暮らしたタントリカ、サラハの経文を題材に語る瞑想と愛の道。恋人や夫婦の問題等、探求者からの質問の核を掘り下げ、内的成長の鍵を明確に語る。 ■ 四六判並製／480頁／2,500円 〒390円
スーフィ **ユニオ・ミスティカ** ●スーフィ、悟りの道	イスラム神秘主義、スーフィズムの真髄を示すハキーム・サナイの「真理の花園」を題材に、OSHOが語る愛の道。「この本は書かれたものではない。彼方からの、神からの贈り物だ」OSHO ■ 四六判並製／488頁／2,480円 〒390円
ユダヤ **死のアート** ●ユダヤ神秘主義の講話	生を理解した者は、死を受け入れ歓迎する。その人は一瞬一瞬に死に、一瞬一瞬に蘇る。死と生の神秘を解き明かしながら生をいかに強烈に、トータルに生ききるかを余すところなく語る。 ■四六判並製／416頁／2,400円 〒390円
書簡 **知恵の種子** ●ヒンディ語初期書簡集	OSHOが親密な筆調で綴る120通の手紙。列車での旅行中の様子や四季折々の風景、日々の小さな出来事から自己覚醒、愛、至福へと導いていく。講話とはひと味違った感覚で編まれた書簡集。 ■ A5判変型上製／288頁／2,300円 〒320円

数秘&タロット&その他

■ **わたしを自由にする数秘**—本当の自分に還るパーソナルガイド／著／マ・プレム・マンガラ
＜内なる子どもとつながる新しい数秘＞ 誕生日で知る幼年期のトラウマからの解放と自由。 同じ行動パターンを繰り返す理由に気づき、あなた自身を解放する数の真実。無意識のパターンから自由になるガイドブック。 A5判並製384頁 2,600円（税別）送料390円

■ **直感のタロット**—人間関係に光をもたらす実践ガイド／著／マ・プレム・マンガラ
＜クロウリー トートタロット使用 ※タロットカードは別売 ＞ 意識と気づきを高め、自分の直感を通してカードを学べる完全ガイド本。初心者にも、正確で洞察に満ちたタロット・リーディングができます。 A5判並製368頁 2,600円（税別）送料390円

■ **和尚との至高の瞬間**—著／マ・プレム・マニーシャ
OSHOの講話の質問者としても著名なマニーシャの書き下ろし邦訳版。常にOSHOと共に過ごした興味深い日々を真摯に綴る。 四六判並製256頁 1,900円（税別）送料320円

＜OSHO 瞑想 CD＞

ダイナミック瞑想

全5ステージ
60分

◆デューター

¥2,913（税別）

生命エネルギーの浄化をもたらすOSHOの瞑想法の中で最も代表的な技法。混沌とした呼吸とカタルシス、フウッ！というスーフィーの真言《マントラ》を、自分の中にとどこおっているエネルギーが全く残ることのないところまで、行なう。

クンダリーニ瞑想

全4ステージ
60分

◆デューター

¥2,913（税別）

未知なるエネルギーの上昇と内なる静寂、目醒めのメソッド。OSHOによって考案された瞑想の中でも、ダイナミックと並んで多くの人が取り組んでいる活動的瞑想法。通常は夕方、日没時に行なわれる。

ナタラジ瞑想

全3ステージ
65分

◆デューター

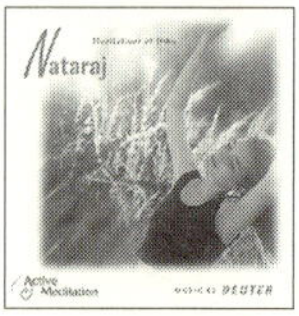

¥2,913（税別）

自我としての「あなた」が踊りのなかに溶け去るトータルなダンスの瞑想。第1ステージは目を閉じ、40分間とりつかれたように踊る。第2ステージは目を閉じたまま横たわり動かずにいる。最後の5分間、踊り楽しむ。

ナーダブラーマ瞑想

全3ステージ
60分

◆デューター

¥2,913（税別）

宇宙と調和して脈打つ、ヒーリング効果の高いハミングメディテーション。脳を活性化し、あらゆる神経繊維をきれいにし、癒しの効果をもたらすチベットの古い瞑想法の一つ。

チャクラ サウンド瞑想

全2ステージ
60分

◆カルネッシュ

¥2,913（税別）

7つのチャクラに目覚め、内なる静寂をもたらすサウンドのメソッド。各々のチャクラで音を感じ、チャクラのまさに中心でその音が振動するように声を出すことにより、チャクラにより敏感になっていく。

チャクラ ブリージング瞑想

全2ステージ
60分

◆カマール

¥2,913（税別）

7つのチャクラを活性化させる強力なブリージングメソッド。7つのチャクラに意識的になるためのテクニック。身体全体を使い、1つ1つのチャクラに深く速い呼吸をしていく。

ノーディメンション瞑想

全3ステージ
60分

◆シルス&シャストロ

¥2,913（税別）

グルジェフとスーフィのムーヴメントを発展させたセンタリングのメソッド。この瞑想は旋回《ワーリング》瞑想の準備となるだけでなく、センタリング《中心を定める》のための踊りでもある。3つのステージからなり、一連の動作と旋回、沈黙へと続く。

グリシャンカール瞑想

全4ステージ
60分

◆デューター

¥2,913（税別）

呼吸を使って第三の目に働きかける、各15分4ステージの瞑想法。第一ステージで正しい呼吸が行われることで、血液の中に増加形成される二酸化炭素がまるでエベレスト山の山頂にいるかのごとく感じられる。

ワーリング瞑想

全2ステージ
60分

◆デューター

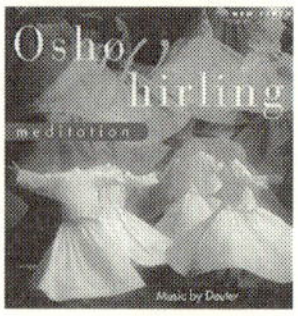

¥2,913（税別）

内なる存在が中心で全身が動く車輪になったかのように旋回し、徐々に速度を上げていく。体が自ずと倒れたらうつ伏せになり、大地に溶け込むのを感じる。旋回を通して内なる中心を見出し変容をもたらす瞑想法。

ナーダ　ヒマラヤ

全3曲
50分28秒

◆デューター

¥2,622（税別）

ヒマラヤに流れる白い雲のように優しく深い響きが聴く人を内側からヒーリングする。チベッタンベル、ボウル、チャイム、山の小川の自然音。音が自分の中に響くのを感じながら、音と一緒にソフトにハミングする瞑想。